片山廣子

古谷智子 著

本阿弥書店

傘を持つ片山廣子、明治31年、20歳

写真提供（表紙とも）：東洋英和女学院

長男達吉を抱いて、明治34年、23歳

昭和4年ごろ、大森にて

写真提供（2点とも）：東洋英和女学院

第一歌集『翡翠』
（竹柏会出版部、大正5年）

資料提供：高志の国文学館

第二歌集『野に住みて』
（第二書房、昭和29年）

撮影：瀬戸正人

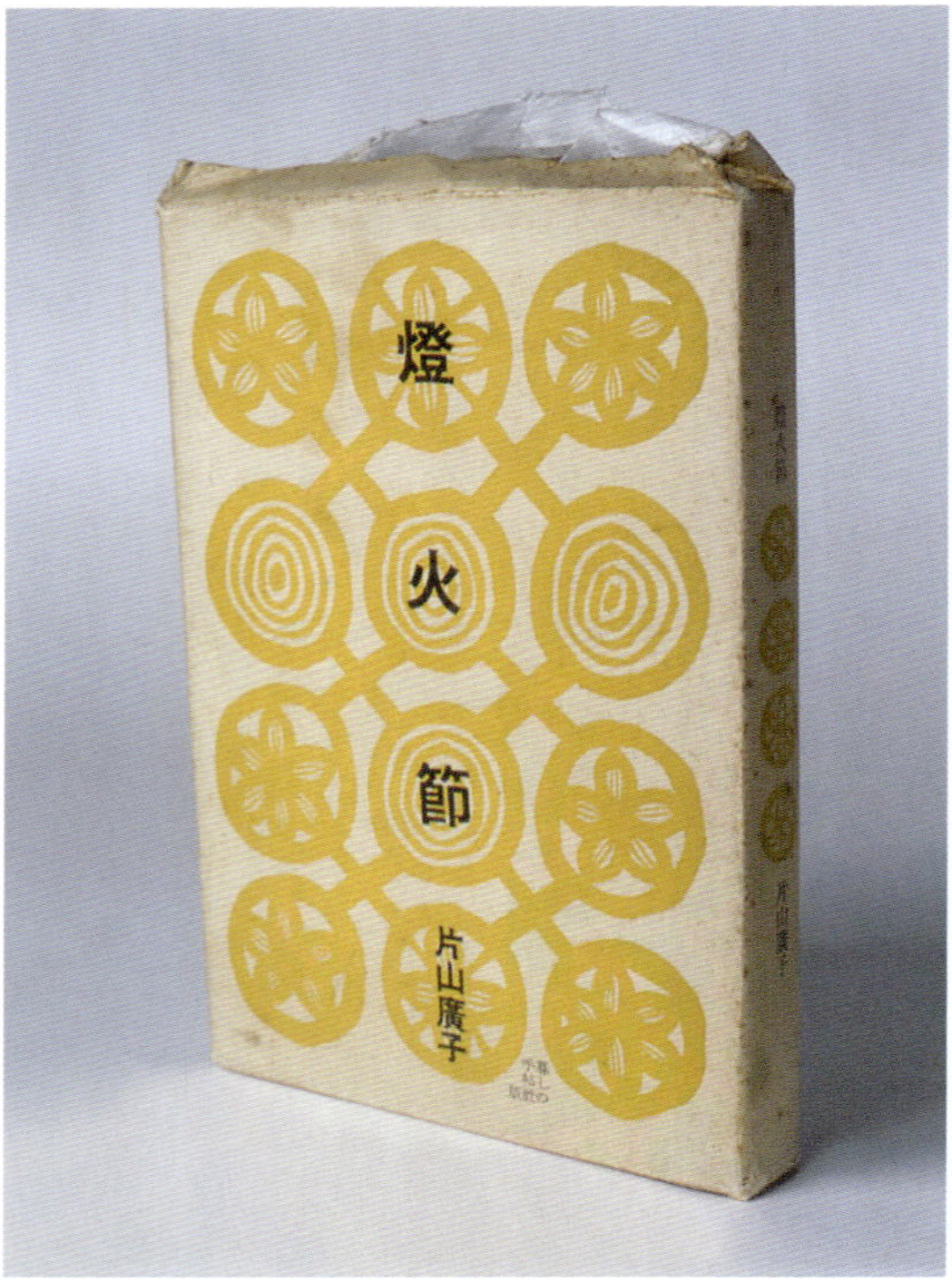

随筆集『燈火節』（暮しの手帖社、昭和28年）　撮影：瀬戸正人

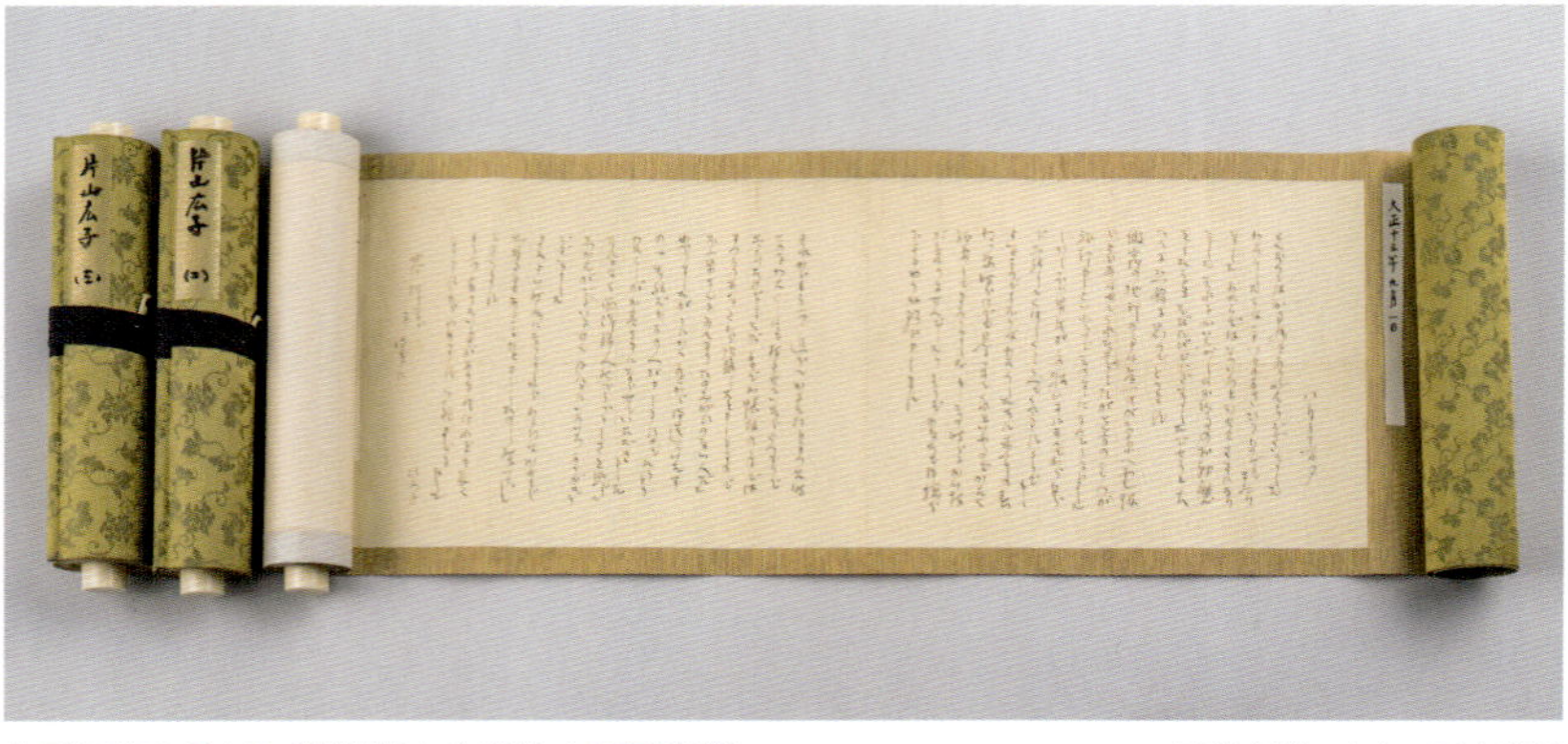

大正13年9月1日、芥川龍之介宛片山廣子書簡　資料提供：高志の国文学館

はじめに　廣子プロフィール

片山廣子は静かな変革の人であった。芥川龍之介にくちなしの花にも喩えられた廣子はかつて「心の花」に属した優れた近代歌人であり、また松村みね子と称するアイルランド文学の先駆的な翻訳者でもあった。さらには晩年の随筆集『燈火節』が、昭和三十年に第三回日本エッセイスト・クラブ賞を得るなど、随筆の名手としても知られた。歌と翻訳が両輪となって奥行きのある文章を生み出し、幻想的な発想をゆたかに引き出した。片山廣子の歌人としての存在と、アイルランド文学の翻訳者松村みね子としての存在が深く影響し合い、文学的にゆたかな相乗効果を上げたのだった。

だが一方で、両方の仕事がその質と量を二分しあった部分も見られる。時間的にも精神的にも、どちらか一方を徹底的につきつめることが叶わなかった。同年生まれの与謝野晶子や、後輩の柳原白蓮、村岡花子にくらべれば社会的な露出度は低く、語られることがきわめて少ない。

しかし、平成十年代に入って相次いで再評価がなされ、歌や文章の発掘の機運が高まりつつある。まず、平成十六年（二〇〇四）十一月に、初期文集や童話、小説などを網羅した随筆集

『燈火節』（月曜社）が上梓された。さらに、平成十八年（二〇〇六）四月に、第一歌集『翡翠《かはせみ》』、第二歌集『野に住みて』を含む全歌業と、その詳細な資料を蒐集した『野に住みて』（月曜社）が刊行された。この二冊の資料によって、片山廣子の仕事の全貌が正確に把握できることになった。

また平成二十四年（二〇一二）四月には、廣子の姪の子に当たる秋谷美保子編『片山廣子全歌集』（現代短歌社）が詳細な年譜とともに上梓され、新たな関心を呼んだ。平成にはいった今、なぜつぎつぎ片山廣子の著作が見直され、生涯の仕事への関心が高まったか不思議でもある。まずなによりも、現代ではすっかり希薄になってしまった優雅な香気を歌や随筆が濃く漂わせていることの魅力が挙げられる。また、翻訳から童話に至るまで多岐にわたる仕事の全貌を残したいという強い要請がある。全著作が著作権に抵触する時期を過ぎたことも上梓を促す大きな要因となったと思われる。加えて、バブル経済崩壊後の平成三年（一九九一）ごろから始まった経済低迷期とそれにつづく低成長時代における価値観の転換もある。過剰な消費経済が弾けた後のやり場のない虚無のはてに、清廉で毅然とした生き方を求める人々の憧憬となりモデルになったのだろう。経済や文化の発展が頂点に達し、社会的閉塞感のある昨今の混迷はさらに深く、衣食足りたのちの心の在り方を模索する上で、廣子の心の定め方は特に注目される。歌や翻訳、随筆等を鑑賞しつつ、ロマンとユーモアを大切に育んだ廣子の生き方とその強靱な精神に触れ、廣子の文学の芯に迫ることができたら幸いだ。

＊

片山廣子が生まれたのは、明治十一年（一八七八）二月十日であった。その成長過程は、家制度にしばられた前近代的な封建制度が確立されゆきわたる時代である。家父長の権力を明文化した民法が二十年代に公布され、三十一年には女性の政治参加が全面的に禁止された。男尊女卑があらゆる制度を支配した時代だ。

廣子の境遇は、そのなかでは恵まれていた。東京麻布三河台の広大な旧旗本屋敷で誕生し、ニューヨーク総領事をつとめた父吉田二郎のもとで、ミッション系の東洋英和女学校に寄宿して学び、外国人や英文に触れる機会も多かった。女学校卒業後は作歌に勤しみ、新進の学者であり歌人であった若き佐佐木信綱が主宰する「竹柏園《ちくはくえん》」（機関誌「いさゝ川」のちの「心の華」）に入門した。文学少女として、古今の文学書や西洋の原書に触れて成長し、官吏である父の質実な気風のなかで手厚く養育された。その環境下で、廣子はおもねることのない批評精神と、純粋な詩精神を育んだ。

明治三十二年、二十一歳で片山貞次郎と結婚する。彼は大蔵省勤務で廣子より八歳年上であった。歌の師である佐佐木信綱は、文学少女であった廣子の道を拓くべく、歌文の勉強に理解ある人へ嫁がすように廣子の父に進言した。そのために当時としては婚期が遅れたが、甲斐あって結婚後も夫の了解のもとに心置きなく歌文の創作をつづけられる環境を得た。

明治三十四年に「心の花」と改称された歌誌の有望な新進作家としてただちに注目され、歌文にめきめき頭角をあらわした。後に日本銀行の理事にもなった夫貞次郎は、病弱ではあったが廣子の歌文の才をみとめて作歌をさらに押しすすめてくれる力になった。

また、父の知己でもあった仏教学者鈴木大拙との親交によって、氏の夫人ベアトリスとめぐり会った。当時のアイルランド文芸復興の波に乗って、日本でもアイルランド文学の翻訳が始まり、森鷗外などがその力強い先駆者として両国の交流を促進した。廣子は、その潮流の中で、アイルランド文学の翻訳にも文学活動の活路を見出すことになったのだ。

このように恵まれた家庭環境と文学的境遇にあったわけで、積極的に自己を押し出して、歌壇の中枢に立つこともできただろうし、優れた力を見せたアイルランド文学の翻訳に繋がる将来的な道も大きく開けていたに違いない。しかし、目立つ言動を避け、社会の前面に立つことをよしとせず、謙虚に生きる姿勢を貫いた。

アイルランド文学の翻訳にのめりこんだ時期は、歌から一時離れたこともある。そのために六十年以上にもおよぶ長い歌歴の中で、歌集は大正五年、三十八歳の第一歌集『翡翠』と、昭和二十九年、七十六歳のときの第二歌集『野に住みて』のわずか二冊だけである。

大正三年頃からはじめたアイルランド文学の翻訳も、昭和二年ごろからは減少し、同四年ごろにはぷっつりと中断された。昭和二年といえば、信頼を寄せ合った芥川龍之介の自死の年でもあり、廣子がその死に殉じて文筆や社会的な活動をきびしく自粛したと思われる。

廣子の私生活をめぐる謎の一つに、肖像写真がきわめて少ないことが挙げられる。何気ないスナップ撮影のときにも、ふっと掻き消えるようにいなくなるという。このこと一つを見ても、同じ明治十一年生れの短歌革新のスターであった与謝野晶子の大胆な言動とはまったく違う対照的な生き方が偲ばれる。晶子が溢れんばかりの情念を全開させ、みずからの境遇を積極的に牽引しながら歌の革新を推し進めたのに対して、廣子は生来の立ち位置を少しもずらすことなく一点に立ち、時代を見据え、静かな知的革新をはかった。それは言葉を変えれば、退くことによってのみ見えてくる確かな景色の把握だったとも言える。身を退きつつ時代の全景をみる姿勢、遠目に客観的に社会と自己の全貌をとらえる立ち位置の確認を意図的に試みたのではないだろうか。

*

いま一つ特筆されるのは、その家族歴である。父の外遊がつづき、幼少時から一風寂しい母子家庭だった。父の海外勤務のために戸主不在で、肩を寄せ合うような留守宅の後見人は、母方の祖父の吉田六三郎である。その祖父も廣子三歳のときに没する。十歳から十七歳までは、父母の海外駐在生活のために自宅から歩いても遠くはない東洋英和女学校に転入し、寄宿舎生活をした。

明治三十六年、一高生の弟精一を喪う。明治三十八年、二十七歳のときに父が病没。大正九年、廣子四十二歳のときに家の大黒柱であり、文学活動の最大の支援者であった夫貞次郎が長い闘病の末に病没する。昭和十四年には母を、さらに晩年近くの昭和二十年、廣子六十七歳の春に、将来を嘱望されていた長男達吉を心臓疾患で喪った。同年には、弟吉田東作が終戦直前の爆撃で死去する。彼は帝大卒業時に銀時計を授与されるほど優秀で外務省にはいったが、関東大震災のとき朝鮮人と間違えられて、なぶりものとなった記憶から立ち直ることができず、口も利かず、笑いもしない寂しい生涯であったという。声を立てて笑うことの少なかったと伝えられる廣子の心の有りようにも深く響く出来事であった。

翌二十一年には、仲の良い妹次が病没して、さらに心細い境遇となる。長女である總子も、仙台の俊英山田秀三に嫁ぎ、晩年の廣子はまったくの孤り暮しとなった。長男達吉も長女總子もともに子がいなかったために、廣子の子孫は子の代で自然に絶えることになった。

幼少時のひっそりと寂し気な家庭環境と、病夫を看取る結婚生活、後半生の徐々に係累を喪ってひとりになる生活。そうした家族の推移が廣子の歌や文章にどう影響しただろう。

拙著『幸福でも、不幸でも、家族は家族。』（北冬舎、平成25・6）で、主に近代から現代の家族の歌五百余首を鑑賞し、時代をさかのぼって「家族」の意味するものを探った。その中でも片山廣子の次の歌は、きびしい孤塁をみつめて印象的だった。

動物は孤食すと聞けり年ながくひとり住みつつ一人ものを食へり　『野に住みて』

家族のなかの孤独をしっかりと見つめて詠っており、きわめて現代的であった。バブル崩壊後の日本は、世界にも類を見ないほどの少子化社会となった。平成二十三年の出生率は1・39で、平成二年の1・54に比べると人口はなお減少しつづけている。すべての人のこころのなかに晩年の孤独な自己像が揺曳する。掲出歌は、長寿社会である現代の孤独の先端にふれながら、遥かな原初の動物の孤独にも通じるものだ。物事の本質を見抜くしなやかで力づよい視線は、歌の目指すものはなにか、人の自立とはなにかを問い、ひいては、自然体のあるがままの生き方へと通じる静かなひとすじの道を指し示している。

*

後半生の芥川龍之介との珠玉のような文学的邂逅は、明るい日差しのように廣子の人生を照らし出す。東京に生まれ、夫の療養先の鎌倉や娘の嫁ぎ先仙台に行く以外には、目立った旅さえもしなかった廣子だが、軽井沢にだけは頻繁に出かけた。懇意の旅館に滞在したり、みずから別荘を構えるなど、軽井沢はことさら親しい土地であった。家族歴も文学歴も、この地をぬきに語ることはできない。

芥川との稀有な出会いもまた軽井沢だった。生真面目で一本気なふたりの気質を柔らかく解きほぐした軽井沢の自然は現在もほのかに残っており、当時の雰囲気を伝えている。浅間石を積み上げた門柱をたどり、交流の深かった室生犀星や堀辰雄の足跡に重ねて、廣子の文学の軌跡を軽井沢に幾度も訪ねた。当時のまま奇跡的に残っている片山廣子の別荘の佇まいに、謙虚で奥深い文学を愛した彼女の面影が遥かに偲ばれる。また平成二十九年一月に、思いがけず公開された芥川龍之介宛の書簡十四通は、廣子がいかに熱い情にあふれた女性であったかを証しており、冷たい孤高の人としての人物像をくつがえすものであった。

*

昭和三十二年三月十九日に没した片山廣子の葬儀の様子を書きとめた田村俊子賞受賞作家阿部光子（佐佐木信綱門下）の追悼文には次のようにある。

告別式の帰り途、佐多稲子さんが、くり返し、「片山さんは立派な顔をしていらした」とおつしやつたが、その立派なとしかいいようのないお顔だつた。親に貰つたのでなく、自分でみがき上げた顔立ちである。昔、まだ片山夫人におめにかゝらない頃、芹澤光治良氏が、「すばらしい方ですね、あんな立派な方を初めてみた」と、片山さんのことをおつしやるので、「たとえば×夫人のような方ですか」と、私の知るかぎりで一番美しい中年の夫人の名をいうと、「とんでもない、あんな泥くさい方じやなくて、生粋の貴族です」という返事だつた。この貴族は勿論、精神の貴族である。私は、フエミニストのようでいてなか〳〵女に点の辛い芹澤氏に百点以上もらわれた片山夫人に心ひそかにあこがれたものだつた。

阿部光子「心の花」昭和32・5

明治十一年に生まれ七十九歳の生涯を全うし、最後まで高潔であった片山廣子の生き方が偲ばれる。廣子は、芥川龍之介の最後の恋人でもあり、当代一の才力を誇った龍之介をして、その才力に感服したと言わしめた。その高い知性や、典雅な魅力をもつ人柄とはいかなるものか、さらなる興味を引かれる。

＊

本書では、廣子のごく初期の歌をふくめ、人生の節目節目をいろどる一首を選び、その生涯と文学的立ち位置を見つめた。単なる歌の鑑賞にとどまらず、人生のある時期を象徴する歌を軸として読み解き、展開し、結果的には子細な廣子の評伝ともしたいという意図をもっている。歌の読解にあまり力点が置かれなかった廣子の作品を、人生の流れに沿ってなるべく丁寧に読むことが何より大切だと思う。

また作品の解析のなかから、ロマネスクの系譜もたどることができたら幸いだという思いもある。「ロマン」を「浪漫」と翻訳したのは明治の文豪夏目漱石だ。また、漱石より五歳年長の森鷗外は廣子の翻訳を絶賛したが、彼こそ明治二十三年の「舞姫」（「国民之友」）によって、日本にロマン主義文学を注入した人物だ。「ロマン」がふくむ意味も単一ではなく多岐にわたる。廣子の歌や美文、小説、翻訳に漂う固有の味は、当時のロマンの在り方を濃く反映している。単なる幻夢的発想のみではなく、視点を低く据えた社会への視点があったからこそ、アイルランド文学復興に協賛する翻訳の道を拓いたとも考えられる。じつに幅の広いロマン主義に根差した文学活動だったと言えるだろう。

こうした文学活動に参画したのは、廣子の知的判断であったと同時にその気質とも深い関連がある。冷静で沈着にみえる外面とはうらはらに、内面には燃えるような文学への愛着と、それを束縛する封建的社会制度への疑念があったことが窺える。文学への秘めた情熱があったからこそ、湿潤な和歌からの脱却を目ざし、小説に挑戦し、当時としては困難なアイルランド文学翻訳の道を切り拓いたのではないだろうか。芥川龍之介との恋も、その文学的情熱とつよく呼応するものであり、精神的な至高に咲いた花だろう。ロマンとは、やわな甘いものではない。滾る情熱を抑制し、押しとどめたところに得も言われぬ芳醇な香りを放つ。その意味で、廣子の生き方そのものがロマンである。奔放に溢れた与謝野晶子のロマンをさらに発展させたところに、廣子のロマンはあり、のちの女性歌人へと受け継がれたものが多い。廣子の典雅さのなかに秘められた熱い思いを甦らせ、その香気を大切に味わいたいと思うのである。

目次

はじめに　廣子プロフィール……1

I部　時間と抒情　歌にたどる廣子

一　遥かなる肖像《ポートレート》　伝聞に見る廣子像、孤高の令夫人……21

二　初期歌篇時代　「心の華」掲載歌、星の光すごし……31

三　合同歌集時代　『あけぼの』『玉琴』、いのちあらせよ……41

四　第一歌集『翡翠』時代　瑞々しい魂の書

1　二つの序文　佐佐木信綱とヨネ・ノグチ……51

2　キーワード「髪」　晶子との対比……61

3　芥川の『翡翠』評　うら若き芥川……70
4　廣子と白蓮　わたつみを恋ふ……80
5　「われ」という謎　わが胸に来て……89

五　第二歌集『野に住みて』時代　精神の自立の書
1　ユートピア・軽井沢　時間の推移と抒情……100
2　『野に住みて』の主題　夢よりもよし……110
3　芥川とシバの女王　しろくかがやく微笑……120
4　キーワード「白」　梔子夫人……130

Ⅱ部　越境の精神　散文と翻訳にたどる廣子

一　小説の魅力
1　「赤い花」の精緻　一等入選作品にみる描写……143

2　「櫛」の心理　描かれた心の襞 …… 152

二　翻訳の力量
1　翻訳への接近　もうひとりの廣子・松村みね子 …… 163
2　『かなしき女王』　グレゴリー夫人と訳詩 …… 172
3　ロマンの系譜　晶子と時雨と廣子 …… 183
4　ロード・ダンセイニ　極北の男爵 …… 193

三　童話への親和
1　『カッパのクー』　芥川へのオード、愛蘭文学との再会 …… 204
2　『指輪物語』　弁天池の指輪 …… 214

四　随筆への道・物語のヒロイン
1　お声そのままに　師への直言 …… 224
2　カレードスコープ『燈火節』　ウビガンの香り …… 234

3　うつつの聖母　『聖家族』と『菜穂子』……244
五　未発表歌「砂漠」　内なるものの声、旅路の果て……255
Ⅲ部　匂い立つ思慕　書簡にたどる廣子
一　手紙という鏡　芥川様御もとへ……267
二　思ひいづれば　わか草の恋……278
三　龍之介様御もとへ　静かな心が来るやうに……289
四　歌稿「追分のみち」　青き蝶のむれ……300

Ⅳ部　廣子歌枕　場所にたどる廣子
一　軽井沢探訪
1　軽井沢の家　家族の時代
（1）追分抒情　道祖神の虹……311
（2）家族のみえる場所……315
（3）廣子の別荘……319
（4）理想の村　革新の温床・晶子、廣子、龍之介……323
2　晶子と伊作をめぐって　家族と革新
（1）大震災と家族……327
（2）反骨の源……333
（3）家庭観の変化と家……336
（4）共鳴する時代精神……339
（5）関東大震災と廣子……340

二　富山と金沢探訪
1　富山「高志の国文学館」　安住の館
（1）夏の訪問　自筆の息遣い……358
（2）冬の訪問　書簡の面白さ……362
2　金沢の室生犀星と鈴木大拙　良き隣人たち……366
（1）犀川の西　犀星の養家……367
（2）犀川の東　大拙とベアトリス……371
3　染井墓地の春……377

代表歌一二五首……386
片山廣子年譜……394
参考文献一覧……429
後記……435

装幀　小川邦惠

片山廣子――思ひいづれば胸もゆるかな

古谷智子

Ⅰ部　時間と抒情

歌にたどる廣子

一　遥かなる肖像《ポートレート》　伝聞に見る廣子像、孤高の令夫人

わか草の若かりし世の物思ひ思ひいづれば胸もゆるかな　廣子

この歌は、明治三十七年の「心の花」九月号に掲載された片山廣子の「声なき星」一連にある。どの歌集にも収録されることなく、ひっそりと存在する若き日の歌である。同時に作られた前後の歌は廣子の初期歌篇をおさめた合同歌集『あけぼの』におさめられているが、これだけは取りのこされている。自分を人前にさらすのがことさら嫌いだった廣子だが、その胸中を晒すような幼さの漂う内容が、発表をためらわせたのだろう。

「声なき星」一連が作られたのは二十代半ばであり、「若かりし世」というのは、さらに幼い少女時代を回想してのことだ。また、ごく初期の作品であるので、言葉の重複や、古風な枕詞の使い方などにまだ幼さがのこる。こうした理由があって歌集に採られることなく、人目に触れることなく埋もれたのだろう。しかし実は、この幼く未熟な歌のなかにこそ、片山廣子の実像の大切な部分が潜んでいるのではないかと思われた。

片山廣子については、つねに冷静で知的で、毅然とした姿のみが語り継がれている。以下い

くつかを挙げて、その遥かなる肖像をなぞってみよう。

どういふ場合でも他人の陰口をいはない典雅な夫人だつた。年よりもずつと若くてどこかフランチェスカ・ベルチニといふイタリイの古い女優の顔に似てゐた。

室生犀星「青い猿」

片山廣子をくちなし夫人と呼び出したのは、芥川と室生犀星である。長身で少し赤毛。色白で瞳の色も少々鳶色の、エキゾチックな美しさの所有者である。気品といい教養といいちょっと周囲には見当たらない種類の貴婦人。名声は持とうとも考えないひと。

近藤富枝『馬込文学地図』

東洋と西洋の教養が混然とした、明治でなければ生まれないタイプの見ごとな女性だった。

村岡花子・昭和40年、近藤富枝のインタビュー

廣子の身辺をよく知る人々の人物評である。明治の後期にあらわれた清楚で香り高い貴婦人の肖像が彷彿とする。またそのエキゾチックな美しさは、高く広範な知的魅力に富んでいる。それも当然のことで、彼女は歌と同時に、海外文学の紹介と普及にも先駆的な実績をあげてい

る。なかでも当時の日本のアイルランド文芸復興運動協賛の気運をうけて、多くのアイルランド文学の翻訳を手がけた。その際に使用した筆名が、松村みね子である。そのために、片山廣子の名をまったく知らなくても、松村みね子の名を知っている人は意外に多い。両者がよく結びついていないきらいもある。廣子の生まれた明治の社会では、女性の活動範囲がきわめて狭く限定されており、作歌以外の分野にむやみに進出することは、社会的通念に反していた。家族の平穏をかえりみるとき、本名を使うことにためらいがあった、と廣子自身が明かしている通りである。最初の小説「草団子」を歌誌「心の花」（大正2・3）に発表する際に、初めてこの筆名を使った。そのきっかけがいかにもこだわりのない廣子の性格をあらわしていて面白い。よい筆名を思案中のある雨の日、電車の前の座席にすわった可愛い少女の傘に「松村みね子」と書かれていたので、いい名前だと思いそれを拝借したのだという。あれこれと策を弄することのないさっぱりとした性格が偲ばれる。典雅だと評される反面、「男性的な性格であった」（佐佐木治綱「独特な風韻」）という評があるのも頷ける。

なによりも廣子の知的で高雅な人物像を決定づけるのは、芥川龍之介の言葉だろう。廣子の第一歌集である『翡翠』の書評を「新思潮」誌上に掲載したとき、芥川はまだ帝国大学英文科の学生であった。廣子はそのとき三十八歳であり、芥川は二十四歳だった。短くきびしくはあったが、好意に満ちた書評だった。それ以来、著作を交換するなどの文学的な交流がつづいたが、大正十三年夏の軽井沢での出会いによって、事情が大きく転換する。十四歳という年の差があったにもかかわらず、若い芥川の廣子への思慕が一気にたかまったのだった。互いに当代一流の知的レベルをもっていたために、話は尽きず、啓発されることの無上の喜びがあったからだと推測される。芥川が廣子を、「シバの女王」に喩えたことを見ても、それは確かなことだ。芥川の死の直前に発表された「なぜソロモンはシバの女王とたった一度しか会わなかったか?」(「三つのなぜ」「サンデー毎日」春季特別号、昭和2・4)にその意図は明かされている。後に詳しく触れる機会を作りたい。

さらに、芥川は昭和二年の自死の間際に、「或阿呆の一生」を書いた。死後の発表の是非を、久米正雄に全面的に託した小説だ。そして、結果的に公にされたのだが、その小説の第三十七節に、「越し人」という一連がある。これは廣子を対象にした芥川の思慕の情であり、惜別の表白であった。当時の社会事情もあり、家庭人としての廣子の立場を考えれば、発表をためらう気持ちもつよくあったに違いない。

彼は彼と才力の上にも格闘出来る女に遭遇した。が、「越し人」等の抒情詩を作り、僅かにこの危機を脱出した。それは何か木の幹に凍った、かがやかしい雪を落すように切ない心もちのするものだった。

風に舞ひたるすげ笠の/何かは道に落ちざらん/わが名はいかで惜しむべき/惜しむは

君が名のみとよ。

「或阿呆の一生」昭和２・10

廣子を語るとき、かならずと言っていいほど取り上げられるのがこの文章と旋頭歌だ。「彼と才力の上にも格闘出来る女に遭遇した」という、端的にして万感の重みをもつ一行は、だれもが忘れることができない印象的な人物評だ。芥川の葬儀の場で、廣子は芥川夫人の文と遭遇している。夫人はそのときの印象をこのときの言葉を使って、「芥川と才力の上にも格闘できる女、それは私です」と言っておられるようで、私は何かヒヤリとしたものを感じて、思わず廻りを見まわしました（『追想芥川龍之介』）、と複雑な心境を記している。明治大正の文壇仲間でも、極め付きの博学者であった芥川の言葉は的確で、今もなおつよい喚起力がある。

精神的親交の深かった芥川龍之介の、「才力の上にも格闘できる女」という篤い信頼とともに、当時の文壇のフィクサー的存在でもあり、「文藝春秋」を創刊した菊池寛の廣子への信頼もじつに深かった。彼をして、「日本婦人中もっとも学識のある婦人なり」（「文壇交友録」）と言わしめた。芥川の主観的見方とは少し違う立場から見つめた客観的な見方であり、信頼に足る意見だ。菊池は時事新報の記者時代に、廣子にインタビューをして、筆名松村みね子の由来を聞きだした人でもある。

こうした多くの視点の交わったところに立ちあがる廣子像は、文化の薫り高く、知的かがやきをもつひんやりと冷たい貴婦人像に収束する。それだけでも充分に魅力的だ。女性にとってはじつに束縛の多い明治、大正社会に生まれたにもかかわらず、家庭の一主婦として、作歌に、翻訳に励み、晩年の昭和三十年には、第三回日本エッセイスト・クラブ賞を受賞した随筆集『燈火節』を書くなど、おのれの分をわきまえつつも懸命の努力をした女性の見事さは、特筆されるべきものだ。

女性に対する、明治の封建的な社会がもつ過酷さは、若き日の廣子によってこうも詠まれている。

『あけぼの』

きくまゝに胸の思もやすまりてやみ夜のあまねき雨の音かな
心老い身はおとろへし今にして君にあはむもやさしからずや
世にふれどあるかひもなし人の親の女を生むは罪にあらずや
のちの世は蝶ともならむ塵ともあれ物おもふ人と又はうまれじ

すべて「わか草の若かりし世の物思ひ思ひいづれば胸もゆるかな」(「心の花」明治37・9)と同時に作られ、捨てられることなく第一合同歌集『あけぼの』におさめられた歌群だ。

一首目、真闇の部屋のうちで、作者はひとりぽつねんと思いに耽っている。その思いは誰にも言えない重い悩みだったのだろう。あまねく降る雨の音は、二十代半ばの作者の若いこころを自然になだめてくれたという。抑揚の少ない、静かな雨音にみちた実感深い一首である。

二首目、この若さにして「心老い身はおとろへし」という感慨は、早すぎる。若ければ若いほど老いを恐れる例はあるが、ここは日常の実感としての老いだろう。廣子はすでに結婚して子がいた。明治の女の年齢意識としては、ごく普通かと思われる。それだけ早く、社会の裏側に置かれ仕舞われたのが、他家に嫁いだ主婦としての女性の常だった。

三首目、「世にふれどあるかひもなし人の親の女を生むは罪にあらずや」という一首の下句には、驚かされる。上句は、これまでの過去を振り返って取り返しのつかない虚しさがあったということだろう。作者を即、作品の主人公にするのではないが、体験をふまえた実感が滲んでいる。「女を生むは罪にあらずや」というストレートな物言いには、当時の女性にとっての閉鎖的な社会の有りようが、おどろくほど端的に写されている。

四首目の、「のちの世は蝶ともならむ塵ともあれ物おもふ人と又はうまれじ」には、さらに激しい感情がこめられている。上句の「蝶ともならむ」は、夢みがちな少女の発想と重なると思われそうだが、そうではないらしい。一見美しいが、ひらひらと重みのない挙動が象徴的に託されている。言葉をもたない蝶は、言葉をもたないことを悩まない。自己主張の意志もなければ、その苦悩もない蝶に生まれ変りたいと言うのだ。蝶はプラスではなく、マイナスとして捉えられているのだが、美しいだけまだ希望がある。「塵ともあれ」という言葉には、そうした救いが見いだせない。塵のほうがいいとはなかなか言えないだろう。二十代半ばにして、「物おもふ人と又はうまれじ」と断言した結句は、やはりただ事ではない。よほどの悔しさがあったと見るべきだ。強い願望があり、それが叶えられなかった絶望が背後に滲む。それほど、廣子をつよく突き動かす内的な衝動があったのだ。

四首目まで来て、あらためて三首をふりかえると、その正体が鮮明にみえる。「女を生むは罪にあらずや」という言葉が木霊のように響くのだ。廣子が生まれたのは明治十一年二月十日だった。言うまでもなく前近代的な封建制度がゆきわたらんとしていた。

明治初期には、四民平等や一夫一婦のたてまえにもかかわらず、家の存続や男系の血統の重視のために、家族の関係や夫と妻の関係では女性は一段低く位置づけられていた。

『日本女性の歴史』

という世に生まれ出た。女性蔑視の最たることの一つに、妾の公認や公娼制度がある。明治十三年には、世界廃娼連合会から日本政府へ公娼廃止の勧告がなされたほどだった。明治二十二年には、帝国憲法制定、二十三年には天皇制国家体制が整備され、家父長の権力を明文化した民法も二十年代に暫時公布されはじめた。三十一年にはすべてが施行されて、女性の政治参加が全面的に禁止されたのだ。男尊女卑があらゆる制度を支配し、大衆に沁みこみ、社会の後方に押しやられるのが世の常の女性の立場だった。

後に詳しく触れたいが、廣子の環境は、こうした風潮の中では格段に恵まれていた。東京の麻布三河台の広大な敷地の旧旗本屋敷で誕生し、ニューヨーク総領事をつとめた進歩的な父吉田二郎のもとで養育され、ミッション系の東洋英和女学校に寄宿して学んだ。外国人とも頻繁に接し英文に触れる機会も多かった。生来記憶力が良く、五歳ごろには百人一首もすべて暗誦したという記録もあり、才能にも恵まれていた。こうした豊かな文化的環境のなかで、若き日の廣子は自己の将来の夢を大きく育んだのだった。

廣子の「わか草の若かりし世の物思ひ」は、通常の少女の、良妻賢母的なおだやかで平凡な夢とは、明らかに違っていた。そうでなければ、同時に「女を生むは罪にあらずや」という必死な訴えを含んだ歌を詠むはずがない。通常の少女よりもっとつよい意欲と希望がすでに生まれていたのだ。その願望は、ただ単に趣味として詠む歌を志向していたのではないだろう。また、おとなしい事なかれ主義の童話や物語の翻訳にのみ充足するはずのものでもないだろう。もっと深いもの、もっと高いものを志す、意志のマグマをすでにもっていた。その熱い情熱のマグマは少女期から身のうちの深いところに存在し、つねに「思ひいづれば胸もゆるかな」と廣子を鼓舞しつづけた。

大人になった廣子の人物像が、つよくひろく流布して、その知的で冷静で冷やかとも思わせる風貌が焼きついている。しかし、その奥にいつまでも変わらぬ少女期の夢と願望が人一倍強くあった。芥川や菊池の指摘する高貴で豊饒な人物の魅力を味わうとともに、廣子本来のこまやかに揺れ動く熱い人間像の魅力をも、もういちど見つめ直したいと思うのである。

二　初期歌篇時代　「心の華」掲載歌、星の光すごし

風あらく星の光のすごしかゝる夜にいかなるつみをたれ犯すらむ　　廣子

この歌は、明治三十四年二月、佐佐木信綱選により刊行された『竹柏園集・第一編』（博文館）に発表された。「つゆくさ」と題する一連十二首の掉尾に置かれている。

連作を編むとき、その巻頭と掉尾に置く一首は、作者にとって大切で、最も注意を要するところでもある。連作への思いをそれとなく喚起するのが巻頭歌だとすれば、一連の主題をひきしめ無理なく読者の胸にとどめ置くことができるようにするのが掉尾の歌だろう。

この歌は、初句の「風あらく」という出だしの言葉の激しさが、結句の「犯すらむ」というさらに苛烈な言葉へと発展してゆく構造になっており、厳しい内容だ。「星の光」をただ単に美しいと眺めているのとは違う。ここに使われている「すごし」は、素晴らしいというのではなく、さらに踏み込んで、ぞっとするほどの寂しさや恐ろしさを感じるという強い荒涼感をともなった感動をあらわすものだ。星の荒涼たる光を風景に、「いかなるつみをたれ犯すらむ」という下句がつづくのである。

では、「つみ」とは、一体何だろう。この歌の前には次のような歌がならんでいて、ヒントを与えてくれる。

おさへてもそゞろにうごく心かな岩にもあらず木にもあらぬ身は
おなじくは耳なき人に告げんより石をあつめてわれかたらばや
知らずしてすぎこし方も今みれば神のまもりはある世なりけり
人の手にとらんとすれば消にけり神のめでますつゆのしらたま

最初の歌は、岩でも木でもない自分のこころは、少しもじっとしておらず、抑えてもそわそわと動き出すと言う。一か所にじっとしていることができない若い心の躍動が捉えられている。次の歌は、聞く耳をもたない人たちに告げるよりは、心をもたない石を集めて語った方が気が楽だと言う。年端もゆかぬ女である自分の夢語りを一笑に付す世間の人々に、大きな不満を示している。

これらの歌には、つねに種々の物に興味をひかれ、夢を広げ、独自の活動をしたくてたまらない若い女性の姿が写されている。それは廣子そのものの姿だ。物事に憧れいづる魂を持て余している姿である。こうした魂をもつことは、封建時代では「つみ」かも知れない。

三、四首目はやや難解だ。「神のまもり」という言葉や、「神のめでます」という言葉の意味が、文字通りには伝わりにくいからだ。廣子の言う「神」とはなにかを理解すると、自然に「つみ」の意味も浮き上がるだろう。

廣子の成育歴をたどるなかで、その意味を明らかにしたい。

＊

「つゆくさ」一連を発表したとき、廣子は二十三歳になったばかりだった。二十一歳で、大蔵省勤務の後、日本銀行理事になった片山貞次郎と結婚し、翌年、二十二歳の六月に長男達吉が誕生した。家庭人としては順風だ。新婚間もない時期に抱いたつよい焦燥感は、むしろそれ以前の廣子の成育歴により多く起因するものだろう。

廣子は、明治十一年二月十日生まれであるから、明治期の短歌革新のスターであった与謝野晶子と同い年だ。

大阪府堺甲斐町の老舗菓子店「駿河屋」に誕生した晶子は、十二月七日生まれで、十か月の違いである。ともに「五黄の寅」年生まれだ。この星のもとに生まれた者は、運気がつよいとされるが、それだけに女子の誕生を忌む風潮もあった。従順な女性を良しとする、封建時代の社会の在り方が反映されてのことだ。そうした世にあって、老舗の実家を離脱してまで、与謝野鉄幹のもとに走った晶子の生き方は、きわめて動的だ。それとは対照的に家の定めた婚をまもり、社会規律に従順だった廣子は、きわめて静的に見える。まったく正反対の路線をたどりながらも、その心身の源に棲む生来の「五黄の寅」気質は、同等の激しさを秘めていた。後に同人誌「火の鳥」創刊に際して、廣子が友人山川柳子に「私は、仕事のことになると虎になるのですよ」(「断片」)と洩らし、白く美しい歯並みで笑ったというのも、単なる比喩とは思われないのだ。

熱く激しい気性を秘めもった廣子は、東京麻布三河台の広大な元旗本屋敷に生まれ育った。父吉田二郎は埼玉県出身の俊英で、大長者だった母かんの父母にその才能を見込まれ婿養子にはいった。期待通り父は外交官として活躍し、ニューヨーク総領事やロンドン総領事として海外赴任する。異国をめぐり歩き見聞ひろく活躍した父からの海外文化の摂取は、廣子に大きな影響を与えた。

私が八つぐらゐの時、父が日本に歸つてゐて、玄關わきの芝生の眞中に井戸を掘らせた。水がたえず噴き流れて芝と子供たちの心をよろこばせた。私は學校から歸ると一人でその噴き井のまはりを歩き廻つた。おそらく一生のなかで私が最も自由な空想をしたのはその時だつたらう。

「うまれた家」(「文藝春秋」第9年第3号　昭和6・3)

芝生の真ん中の噴泉に戯れる子らの姿は、まるで西洋の家庭の風景のようだ。「最も自由な空想」ができたという、一生涯を通じてまたとない得がたい日々だった。父はまた、広い純西洋風の応接間を増築して、応接セットからカーテン、タバコセットにいたるまで、すべての調度品をぬかりなく揃え、なにもかも「十九世紀の厚みのある正しい飾りつけ」（「トイレット」『燈火節』）をしたという。黒地に赤い小バラの散る絨毯をしきつめた客用トイレは、特に幼い廣子の印象に残ったようだ。英語教育もまた家庭教師を雇って、このころから怠りなく施された。ごく一般の平民として質素な生活感覚を保持していたにもかかわらず、通常では叶わない豊饒で香り高い文化の移植がなされたのだ。

この自由で知的で瀟洒な雰囲気とともに、もう一つ、重要な幼児体験がある。住居とした古い旗本屋敷の来歴というものが、幼く柔らかい廣子の身に陰に陽に深く沁み込んだのだ。廣子は後に、閉門になったと言われるこの旗本屋敷の古い住人たちの夢を鮮明に見ている。家の広間に集まったその人たちの息遣いまで感じたという。

あの夢はきつと、旗本のある夜の酒宴の図《ず》であつたらう、別れの？死か解散か、何かしら不幸の。その、血縁でもない昔の先祖たちはその夜私に何の話をしに來たのであつたか、考へることはさむい。家の住み手は何度も變つてゐる。特に私に、何の話を持つて來たのだらう？

「うまれた家」（同上）

夢の中を歩くときに「足が（旗本の）人々の膝に触れた」とはっきり感じたと言う。鋭敏な感性だ。なにか霊的なものと響きあう気質があるのだろう。はかない死者や過酷な運命の人々との交流に、無理なく感応する体質がある。廣子は、この世の異国の文化にことのほか親しく、また、あの世の異界の人々とも、血を分け合ったはらからのように親しく接することができる人なのだ。

こうした資質と実生活を楽しみつつ育った廣子は、明治二十一年、父母が海外赴任中不在のために、東洋英和女学校予科の二年に編入して寄宿舎生活をすることになる。この寄宿舎生活で、さらにもう一つ柔らかな廣子の身に深く沁み込んでいったものがある。キリスト教だ。廣子は生涯クリスチャンではなかった。教義そのものというのではなく、その精神に深く染められてゆくのだ。

家庭婦人としての厳格な教育、例えば、料理や洗濯にはあまり馴染めなかったが、聖書は大好きだったとも書いている。「（聖書は）おそらく私の體臭の一部分ともなつてゐるだらう。ミツションの女学校だからとはいへ、聖書は教へられ過ぎたやうだ」（「身についたもの」）と記し、事あるごとに聖書の逸話を思い出している。旧約聖書のソロモンがシバの女王と会ったときの様子も後に、「この二人ほどに賢い、富貴な、豪しやな男女はゐなかつた。その二人が恋におちては平凡人と同じやうになやみ、そして賢い彼等であるゆゑに、ただ瞬間の夢のやうに恋を断ちきつて別れたのである」（「乾あんず」）と記している。

成育歴を見ると、廣子の言う「つみ」とは、こうした宗教的なものを多く含んだ形而上的な深さをもつものだろう。俗世界の法律を犯すような罪とは、まったく違っている。聖書に説かれる「原罪」の意識が、つよくあったと思われる。したがって、歌にある「神のまもり」や「神のめでまつる」というところに、廣子でなければ感じ取れない運命的な流れへの肯定と、命のはかなさに対するつよい愛惜がこめられているのだと考えられる。ソロモンの恋の断念にも、あきらかに運命への肯定があり、神への従順が反映されている。

「風あらく星の光のすごしかゝる夜にいかなるつみをたれ犯すらむ」と詠まれた初期の歌は、こうした廣子の心の風景がよく写されている。全歌業の根底を流れるモチーフの原点がここにあると言ってもいいだろう。この世の冴え冴えとした「すごし」というほかはない荒涼たる夜に、こらえ性なく俗情に捕らわれる人間の弱さ、甘さを対比的に置いている。しかし、その俗情を否定してしまうことは、廣子にもできない。自分もそうだからだ。この宙吊り状態の苦しさは、後にどのような方向に伸び、どのような活路を見出していったのだろう。

廣子は、東洋英和女学校を卒業後、しばらく家にいた。明治二十九年、十八歳の暮れに同級生だった新見かよ子とともに、佐佐木信綱の門に入った。当時はまだ学校卒業後、いくら就職したくても女性にとっての門戸は極端に狭く、わずかに教師の職よりほかにはなかった。そのために教師志望ではない廣子は、ひとまず家にいて好きな歌の稽古に通うようになったと書いている。

樋口一葉が『濁り江』や『たけくらべ』で一世を風靡していた時期だ。廣子もなにか書きたいという願いが強くあり、まず初めに歌の稽古から手をつけたとのべている。それが廣子の歌修行の発端であり、目的というよりは、文章を書くための下準備というのが本意のようだ。

その当時の一番人気であった大家の中島歌子の門にはいるか、数え年でまだ二十五歳の新進歌人であり新進の学者であった佐佐木信綱の門にはいるか、入門先をさんざん迷ったと明かしている。「どっちにしようかな?」と指をさして決めたという記述もある。鷹揚な決め方のようだが、本当にそう簡単に決めたのだろうか。女性ばかりが多い趣味的な中島歌子の一門に入るより、より進歩的な、より大きな世界を見たいという思いは、廣子になかっただろうか。学問的にも、見るべきものをしっかりと見たいという廣子のつよい意志が、ひっそりとしかしはっきりと、その背後にあったように思われてならない。

当時、佐佐木信綱は弱冠二十五歳だが、すでに父弘綱と共著で『日本歌学全書』全十二巻を刊行し、『校注伊勢物語』などの著書や編書もあり、多くの雑誌に歌や評論を発表していた。

さらに、弘綱の興した「竹柏園」を継ぎ、機関紙「いさゝ川」を編集しており、明治三十一年には「心の華」へと継続発展させる。与謝野鉄幹とならぶ、当時の力づよい短歌革新者のひとりだ。歌だけではなく知的、学問的活躍を見た上での入門であったと思うのは根拠のないことではない。

廣子は、そのころに女性向けのいろいろな雑誌が出されたことに触れてこう書いている。

若い女性のためになりたがる雑誌がもうすでにその時分にも賣り出されてゐました。太陽や文藝倶楽部のほかにもなにかよみたくて彼女（筆者注・廣子）と妹はさういふものも買つてゐましたけど、そこに出る小説は屹度《きつと》きまつて戀人《こひびと》を人にゆづつて自分だけ損をすると云ふ筋でした。

「學校を卒業した時分」（「婦人サロン」第3巻第4号　昭和6・4）

「若い女性のためになりたがる」という表現に、あきらかに批判的な気持ちが反映されている。そして「自分だけ損をする」女性のことが、まるで美徳のように説かれる小説に反発し、飽き飽きしているようにみえる。このころから秘かな反骨精神や学問への意欲は、しっかりと芽ばえていただろう。「心の華」への入門は、決して「どつちにしようかな?」といった戯れや、単なる偶然とは言えない。

当時に創刊されたばかりの女性向け雑誌には、「女学新誌」修正社（明治17）、「女学雑誌」万春堂（同18）、「貴女の友」東京教育社（同20）、「いら都女」成美社（同20）、「女鑑」国光社（同24）、「婦女雑誌」博文館（同24）、「女学世界」博文館（同34）、「家庭雑誌」由文社（同36）、「婦人画報」婦人画報社（同38）、「婦人の友」家庭女学会（同41）、「婦女界」冨山房（同43）など数え切れないほどだ。

明治十年代の半ばくらいまでは、特に「女」という字を冠した雑誌は見当たらないのに、二十年代から一気に増えてくる。真に女性の発展を願うというよりは、良妻賢母型の「良き」婦女子を育てるという意図がほのみえる。言ってみれば男性に都合の良い、あるいは国家戦略的な女性啓蒙雑誌がぞくぞくと創刊された時代だと言える。廣子にとって、「すごし」とも言える、内外にきびしい荒涼の世界がすでに広がっていたのだ。

三　合同歌集時代　『あけぼの』『玉琴』、いのちあらせよ

幼子の人となるまで願はくは此子の親にいのちあらせよ　　廣子

この一首は、明治三十八年一月号の「心の花」に掲載され、後に合同歌集『あけぼの』（修文社、明治39・6）に収録された。せめて幼いこの子が成人するまでは、親としてその成長を見守り寿命を長らえたいのです、と切望する気持ちが伝わり素直に共感できる。健康に心配のある夫婦であれば、より一層その願いはつよくなるだろう。このころ、廣子の夫片山貞次郎は病を得て、すでに療養生活に入っていた。子を思う親心がストレートに響く歌であり、分かり難いところはない。廣子が本格的に作歌をはじめてから十年目ごろの作品である。

作歌を本格的に志して、初めて竹柏園主宰の佐佐木信綱と面会したのは、明治二十九年の暮れであり、廣子の満十八歳の晦日ちかくであった。東洋英和女学校を卒業して一年余りの後、親友の新見かよ子とふたりで信綱の自宅を訪問したという。「廣子さんは家で物語の類をひたすらよんでをつたが、歌を詠みたくなつたので、親しい同志がうちつれて入門に来たとのこと

であつた」と信綱は記している。意欲に満ちた出発であり才にも恵まれていたので、入門後はたちまち頭角をあらわした。歌に文章にと水を得た魚ともいうべき勢いで創作に邁進した。そして三年後の明治三十二年に、当時、外務省勤務の俊英片山貞次郎と結婚。文学の道を続けさせて欲しいという信綱の口添えもあり、文芸に理解のある夫を得て、才能を充分にのばせる環境に嫁ぐことができた。

結婚後は、かつて森鷗外が居住し、後には夏目漱石が『我輩は猫である』を執筆して一躍有名になった駒込千駄木の家に住んだ。その家を雪子夫人とともに訪問した信綱は、そのときの様子を次のようにのべている。

初めて会つた片山氏は立派な人で、「おことばのやうに、歌文の道は必ず続けさせます」との挨拶に、自分は深く喜んだことであつた。後、片山氏は茅山生の筆名で短い詩を「心の花」に寄稿されもした。廣子さんの、その後十年に及ぶ文筆生活には、夫君のかうした理解と援護のうらづけがあつたことを忘れてはならない。

『明治大正昭和の人々』(新樹社、昭和36・3)

父や師や夫といった周囲の篤い思いやりがこれだけあったということは、いかに廣子の才能がゆたかであり、いかに廣子の懸命な努力が深い感銘を与えていたかを窺わせる。廣子の広範囲にわたる和洋の才能は、たしかに他者とは違う特別な個性をもっていた。この時代にすでにウェブスターの大辞書をかたわらに置いて、海外駐留の長かった父の洋書をすべて読破した。さらに日本の古典を熱心に読み漁ったという少女時代の成果は、歌や文章に徐々に滲み出たことだろう。

貞次郎との結婚はこのように少女期の素養を種にして、大きな花を咲かせる土壌を用意した。しかしまた一方で、思いがけず大きな枷ともなるのである。

わがせこがやまひを得つる牛込の矢来の里はうきところかも
三とせ我かり住居せし長谷寺のみ山のかげの草の家おもふ
よろこびて君がため死なむ女ひとりあるもあらぬもかはりなき世に
君をして十とせ此世に立たしめば我が百とせも何か惜しまむ
かくまでに悔ゆる心を君知るや君におかしゝうつし世のつみ
忘れむと思ふに消ゆる思かはいきの限は君をおもはむ

いずれも「幼子の人となるまで願はくは此子の親にいのちあらせよ」という歌とともに、合同歌集『あけぼの』に収録されている。廣子はこうした歌をふくむ「朝月夜」と題した百首をもって、「心の花」の第一回合同歌集に参加した。

一首目、夫が重い病の床に伏せるようになったのは、新家庭をもった数年あと、明治三十五年ごろで、牛込矢来町に住んだときのことだ。そこは邸宅の多い閑静なところだが、自分には心の晴れない「うきところ」に思われたという。当時、近所に住んでいた川田順は、森林もあるじつに良い土地を憂きところと思わざるを得ない廣子のこころに同情する、と書いている。明治三十六年には夫の療養のために一時、鎌倉坂ノ下に住まいを移す。夫の病はこうして生活の細部にさまざまなひずみを招くことになった。

二首目は、鎌倉に三年ほどの仮住まいをして療養生活を重ねたときの家が詠まれている。山蔭の草深い家だったようで、わび住まいの面影を濃く宿している。他にも「春の海憂ひにみてり病む人の病たすけて磯にたてれば」といった鎌倉の海岸を背景にした寂しげな歌もある。

三首目の、「よろこびて君がため死なむ女ひとりあるもあらぬもかはりなき世に」は、「願はくは此子の親にいのちあらせよ」という歌の次に位置している。当然、「君」は「此子」の父であり、作者の伴侶だろう。単純な恋の歌とは意味が違う。劇中人物を見るように自己を客観視しているところ、「あるもあらぬもかはりなき世に」と過剰な同情を世に求めていないところなどに、後年の廣子の歌にみられる芯の強さと冷静さが出ている。

四首目の、「君をして十とせ此世に立たしめば我が百とせも何か惜しまむ」という歌は、やはり伴侶を対象に詠まれており、そこに自己犠牲の気持ちが強く滲む。懸命の介護によって小康を保っていた夫は、その後、明治三十八年には日本銀行の調査役に昇進した。翌明治三十九年には、長男達吉が小学校に入学する。

廣子は、夫と子をまもる主婦としての雑事に専念するあまり、作歌から遠ざかりがちであった。「君をして十とせ此世に立たしめば」という上句は、つよい自恃と実感にあふれている。また「我が百とせも何か惜しまむ」という下句も、このときの偽りのない本心だったと思われる。しかし、この時期の年譜には折々、「妻として、母として、歌よみとしての自己を確立してゆくためにたいへん悩んだ時期であったと後に語っている」（達吉の妻和子談）とか、「歌文ままならず」という記述がみられる。

五首目、「君におかし、うつし世のつみ」という歌は、幾重にも屈折した心境が折りたたまれるように詠まれているのでやや分かりにくい。四首目で「我が百とせも何か惜しまむ」と健気に詠んだ廣子だが、じつは自分も秀でた創作の才能をもつ人だ。「何か惜しまむ」と、己の才を諦め埋没してしまうことがなかなかできない。そこで満足してしまうことは、志の高い廣子には到底不可能だっただろう。一主婦としての趣味の範囲に収まりきれないつよい創作意欲は人に告げ難い。それは当時としては、主婦の領域を逸脱した「世のつみ」と言ってもいいものだ。この錯綜した思いは、伴侶である「君」の知るところではなかった。良家の夫人の嗜みに収まらない創作意欲は折に触れて浮上した。夫は、文芸をつづけるという約束を決して破ってはいない。しかし、趣味の範囲を出ることまでは、その範疇にはなかったと思われる。

六首目、「忘れむと思ふに消ゆる思かはいきの限は君をおもはむ」という覚悟に至るまでの心情が偲ばれ、明治期の女性の健気な断念と覚悟が伝わる。現在に万倍する社会規範の厳しさのなかで、一介の主婦である廣子の創作者としての秘めた悩みは深かった。
それを慰めてくれるのが次のような歌群だ。

やはらかきちごのねいきを耳にして遠き生ひさきおもふ夜半かな　『あけぼの』
静なる谷間の草のそよぎにも兎住むやと幼児のきく
我たから多くあればと幼児の猫にゆづりし古てまりかな
あやまらずすぐなる道にみちびけと神の給ひし小さなる人
かきいだく我が児のいきに温まり生きかへりぬる我心かな
幼児は稲田のかゞしながめつゝ寂しからむと吐息つきぬる　『玉琴』

先に挙げた「幼子の人となるまで願はくは此子の親にいのちあらせよ」と詠まれた幼子の姿が、こまやかに写されている。合同歌集の作品は、まだ習作期であるために平凡で未熟な歌が多いが、子を詠った作品は丁寧に対象をとらえ心をこめて詠まれており印象に残る。多くの歌が直接「我が子」とは言わず、「ちご」「幼児」「小さなる人」などと一般名詞を使い客観視されており、冷静に子を見つめる作者の姿勢が伝わる。そこには、安易な情に溺れない知的で現代的な視線が感じられる。

一連には、幼い長男達吉のやさしい性格が随所に出ており微笑ましい。初めての子をもつ片山夫妻は、生まれる前に、こうあって欲しいと思う子供の性格について語り合っている。廣子は、加藤紫芳の初訳が新聞連載になり話題になったアレクサンドル・デュマの『三銃士』の登場人物になぞらえて希望をのべている。『三銃士』のアラミスのような美しく気性の激しい、少し悪賢いぐらいの子が欲しいと廣子は言った。自分にはない悪賢いほどはっきりと自己主張をする性格の子をつよく望んだのだ。それに対して貞次郎は、自分の子だからお人よしの縁の下の力持ちのポルトスのような子に違いないだろうと言い笑ったという（「十一年」「心の花」明治44・1）。和やかな夫婦の団欒に個性が漂う。

掲出歌に見る幼い達吉の性格は、やはり貞次郎の言うとおり、人のいい気立てのやさしい子のものだ。自分は玩具がたくさんあるからと古い鞠を猫に譲ったり、田んぼの案山子を見て孤独だろうと溜め息をつく。「自分の子だからお人よしで縁の下の力持ち」だと予測した貞次郎の性格もまた歌に重ねて想像されるのである。

第一合同歌集『あけぼの』（「朝月夜」百首で参加）や、二年後の第二合同歌集『玉琴』（「きみ」百首）に収録された歌は、概ね「願はくは此子の親にいのちあらせよ」という歌を背景とした家庭生活の日々が、素直に丁寧に廣子らしい直言を交えて詠まれている。そこに、大病の伴侶の介護と幼い子を育てる廣子の必死な生き方が反映されている。格別に突出した技法的特徴は無いとしても、「いのちあらせよ」と生きることに真正面から対峙する明治の女性の気概がひしひしと伝わるのである。

作品の評価も良かった。「渾然たる美しき芸術品である」（「心の花」明治39・8）「一家の風格をなせり」（「婦人画報」明治40・2）「佳調多きは集中異彩を放てり」（「朝日新聞」明治41・4・25）などの讃辞が廣子個人の作品へ寄せられている。

結社を背景にした合同歌集が多く編まれはじめたのは、ちょうど明治三十年代後半であった。明治三十一年二月に「心の花」が創刊されて以来、同三十三年に与謝野鉄幹の立ち上げた新詩社の機関誌「明星」が創刊され、三十六年には伊藤左千夫編集の「馬酔木」が出るなど、短歌雑誌が相次いで創刊された。結社と目される集団も現れ、金子薫園の「白菊会」や前田夕暮の「白日社」が結成された。そうした各結社の成果を世に問うために、合同歌集もいくつか刊行されはじめたのである。

最も話題をさらったのは、与謝野鉄幹プロデュースによる新詩社の合同歌集だ。夫人の与謝野晶子の他に、山川登美子、増田雅子の同世代女性による合同歌集が、明治三十八年一月に『恋衣』と名づけられて上梓された。明治三十四年に『みだれ髪』上梓以来、すでに高名であった晶子が中核にいたために特に衆目を集めた。詩「君死にたまふこと勿れ」をふくむ恋と反戦の鮮明なテーマが、さらに注目され、世の賛否両論を煽ったのだった。

明治三十九年六月刊の『あけぼの』は、鉄幹プロデュースによる『恋衣』とは趣の違うアンソロジーだ。参加したのは川田順、石榑千亦、印東昌綱、木下利玄、新井雨泉（洸）、村岡典嗣、小花清泉、片山廣子、橘糸重子、井関照子、吉光寺朝子、大塚楠緒子の十二名で、佐佐木信綱選による合同歌集だ。二十歳の最年少木下利玄から、三十七歳の最年長石榑千亦まで、年齢的に幅のある、気鋭の男女の作品発表の場であった。

なかでも明治六年生まれでピアニストとしても名を成した橘糸重子や、明治八年生まれで小説家でもあった大塚楠緒子らは、同じ道を歩む少し先輩の女性として廣子の関心をつよく惹きつけた。小説家でもある大塚楠緒子は、雑誌「太陽」（明治38・1）誌上に、日露戦争に出征した夫の無事を祈る「お百度詣」を発表した。また「万朝報」や「朝日新聞」に連載小説を書き、ゴーリキー、メーテルリンクなどの翻訳を手がけ、絵画は橋本雅邦に師事し、さらにピアノをよくするなど、まさに才色兼備の先達だった。流感に肋膜炎を併発し『あけぼの』上梓後の明治四十二年に惜しくも夭折した。「心の花」に掲載された廣子の追悼歌は、楠緒子への愛惜が色濃く滲んでいる。

うつくしきものゝすべてをあつめたる其うつそみは隠ろひしはや
書き流すはかなき歌も清らなる御眼に入るをほこりとぞせし
千人はゆふべに死にて生るとも二たび来ます君ならめやは

「心の花」明治43・12

大塚楠緒子は、小説では夏目漱石に私淑した。漱石はその死を悼み「あるほどの菊投げ入れよ棺の中」と詠み深く惜しんだ。合同歌集にはこうした気鋭の女性歌人が参加したのだ。歌以外のジャンルにも活路を広げ、力を尽くした手本となる女性が廣子の目の前にいた。当代の俊才に伍して廣子は合同歌集に参加したのだった。

四　第一歌集『翡翠』時代　瑞々しい魂の書

1　二つの序文　佐佐木信綱とヨネ・ノグチ

此日ごろ我みづからをながめつつかなしびもしぬおどろきもする　廣子

この歌は、廣子の第一歌集『翡翠』に収録されている。『翡翠』は大正五年三月二十五日、廣子が満三十八歳のときに竹柏会出版部から上梓された。記念すべき第一歌集は四六判変型一五二ページで三百首を収録し、巻頭は個性的な二つの序文に飾られていた。

まず最初の序文は、当時としては非常に珍しい英文のもので、筆者は詩人の野口米次郎（筆名ヨネ・ノグチ）である。英文とその翻訳による序文は、英国に学んだ詩人らしく詩の根源を見据えた、情熱に富んだ内容だった。だが、自分に引きつけ過ぎたあまり、廣子個人の歌の援護賞揚というには飛躍しすぎており、少し難しすぎた。したがって、この建築家イサム・ノグチの父としても知られる高名な文芸評論家にして稀代の詩人のヨネ・ノグチの序文は、後に触れることにする。

二つ目に掲げられている序文は、竹柏会主宰の佐佐木信綱のものである。長文にわたる序文であり、著者の弁を多く引用しつつ、歌に寄り添う懇切な文章となっている。

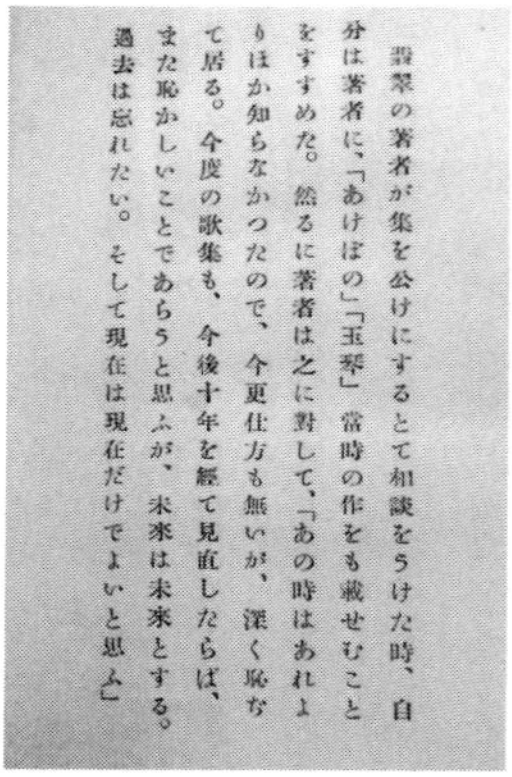
翡翠の著者が集を公けにするとて相談をうけた時、自分は著者に、「あけぼの」「玉琴」當時の作をも載せむことをすすめた。然るに著者は之に對して、「あの時はあれよりほか知らなかつたので、今更仕方も無いが、深く恥ぢて居る。今度の歌集も、今後十年を經て見直したらば、また恥かしいことであらうと思ふが、未來は未來とする。過去は忘れたい。そして現在は現在だけでよいと思ふ」

『翡翠』佐佐木信綱の序文
資料提供：高志の国文学館

翡翠の著者が集を公にするとて相談をうけた時、自分は著者に、「あけぼの」「玉琴」当時の作をも載せむことをすすめた。然るに著者は之に対して、「あの時はあれよりほか知らなかつたので、今更仕方も無いが、深く恥ぢて居る。今度の歌集も、今後十年を経て見直したらば、また恥かしいことであらうと思ふが、未来は未来とする。過去は忘れたい。そして現在は現在だけでよいと思ふ」と答へた。

冒頭の一節である。これを読むと信綱自身は、先の合同歌集『あけぼの』や『玉琴』の作品を決して失敗作とは見ていないようだ。第一歌集として世に問う晴れの場に、合同歌集当時の作品をも入集するべきだと勧めているからだ。若い女性の立場を見つめ、真摯に生きる意味を問うた『あけぼの』、そして、病夫を看取るなかで深まる自己凝視と子供への柔らかな愛惜の情を示した『玉琴』の世界を、初期の廣子の歌の大切な基盤と見たからだろう。それを完全否定した廣子の甘い抒情を厭う姿勢が窺える。あくまで自説を貫いたつよい意志が印象的だ。序文の冒頭に、このように著者との見解の違いをのべるのは、異例のことだろう。

引用された廣子の言葉のなかでも、合同歌集の作品を「深く恥ぢて居る」という一節はつよい否定の色を帯びていて、特に印象にのこる。

廣子は『翡翠』のなかで、掲出歌のごとく「此日ごろ我みづからをながめつつかなしびもしぬおどろきもする」と詠んでいる。自分を客観視したとき、感傷的な抒情に流れ込む人間としての弱い部分を「かなしびもしぬ」と慨嘆しているのだ。そこを歌から払拭したかったのだろう。「過去は忘れたい」という言葉は、従来の甘い抒情を離れたいという願望を指している。逆に自分のなかに埋もれている、自分も知らない未知の部分を見据え掘り起こしたかったのだろう。「深く恥ぢて居る」という悔恨の水際に立ち、対岸に立つ「おどろきもする」新しい自分自身の発見を廣子は強く求めていたのだ。

廣子の「現在は現在だけでよい」という言葉の「現在」とはなにかについて、佐佐木信綱の序文は、さらにこうつづけられている。

　而して、著者の生命とするこの現在といふのは、如何なるものかといへば、これについて著者自らは又、「自分の歌は、たくみを捨てて、事物をありのままに感じたものでありたい。そして其感じを普通の人と共に分かつものでありたい。其ためには、美しい狭い詩歌の境を未練気なく離れなければならない。…略…この翡翠の歌の中には、現在のこの見地を目標として見れば、捨てなければならないものも沢山ある。それを捨てなかつたのは、たとへ多少のたくみの交つた作であつても、狂熱と理智との争の濃き陰影を印して居る点に於いて、最も強く自分を現はしたもので、自分の身の半身の如くなつかしく思はれたからである。覚めんとして覚め得ざる心の姿、真面目なる女の内的生活の記録の一片、新しき道にいづる記念」、これ即ちこの翡翠である、と言つてゐる。

著者の立場をおもんぱかった長い引用だが、廣子の大切な作歌姿勢に触れているので、最後まで詳細に読み通したい。また、信綱の廣子への期待のほどを知るために、同時代の他の女性歌人の歌集への序文も瞥見してみよう。

このころ信綱は、同じ「心の花」の女性歌人の歌集にも序文を寄せている。九条武子歌集『金鈴』（大正9）には、字数にして四百字ほどの短い序文がある。同じ第一歌集でも、九条武子のものと廣子へのものとは内容と分量に格段の差がある。たとえば『金鈴』にはこうある。「明如上人（西本願寺法主）の弟《おと》姫として、大谷光瑞氏の令妹《いろと》として、わが武子夫人は、御影堂の北、四時《しいじ》の花絶えざる百花園のうちにうまれぬ」とはじまる序文は、「世にうつくしき貴《あて》人《びと》の心のうつくしさ、物もひしづめる麗人《かたちびと》の胸のそこひの響を、とこしへに傳ふるなるべし」と閉じられている。主にその美貌と家柄に主眼が置かれており、美文調のやや儀礼的な文章とも思われた。当時の犯すべからざる身分制度のなかでは、作品そのものにこれ以上言及するのは却って不自然なのだろう。

信綱はもうひとり、同門の柳原白蓮の第一歌集『踏絵』（大正4）の序文も書いている。やはり美文調である。「白蓮は藤原氏の女なり」とはじまり、「紫のゆかりふかき身をもて西の国にあなる藤原氏の一女を、わが踏絵の作者白蓮として見ることは、吾等の喜びとするところなり」とつづき、この白蓮の一巻は「物語ぶみとなりて、とこしへに生きむことを」望むものであると結ばれている。七百字ほどの文章である。いずれもそれなりに心をこめた序文ではあるが、歌に突っ込んだ言及はない。

それに対して『翡翠』の序文は、著者の作歌上の意志をこれだけ鮮明に反映した懇切な作歌論となっており、大変珍しい。

序文によると、廣子には『翡翠』上梓のとき、三つの願いがあったという。一つは、「たくみを捨てて、事物をありのままに感じたものでありたい」という願いだ。当時の「明星」に代表される、過剰な浪漫主義的技巧に対抗する意味もあると思われる。これは技法的なことではあるが、また一方で、廣子の知的でさっぱりとした男性的気質から来る願望でもあっただろう。

二つ目は、「其感じを普通の人と共に分かつものでありたい」ということだ。自分だけの特殊な事情を背景にして徒に嘆いたり、奔放な行動を前面にたてるものではないという。おそらく、与謝野晶子の鉄幹との出奔で世を騒がせた言動や、白蓮、九条武子の特殊な境遇を背景とした歌が世に流布したことなどが、念頭にあったからだろう。自分の進む道はそこではない、という覚悟と自負を確固としてもたなければ、自分らしく進む道はみえなかったと思われる。

三つ目は、「美しい狭い詩歌の境を未練気なく離れなければならない」という思い切った変革への自覚だった。廣子が初期のころから、「心の花」で熱心に取り組んだものには、作歌以外に雅文や小説がある。特に雅文は得意で、入会直後の二十歳のときには、「新年望嶽」という短い雅文で、坂正臣選の天賞を得ている。得意ではあったが、いつまでもそこにとどまっていようとは思わなかったようだ。流れるような麗しい心地良いだけの文章を脱して、さらに内面にせまる文章を書くには、思い切った転換が必要だった。歌に対する変革意識にも通じる。花鳥風月の美にばかりとらわれた歌には、自ずと限界がある。その意味でも、自分の過去の甘い抒情的な歌を「深く恥ぢて居る」と言うのだろう。

合同歌集以前のごく初期の作品は、多くが題詠であった。初めて「いさゝ川」（明治30・4）に掲載された旧姓吉田廣子の歌は、「わたし守舟こぎとめて眺むめり角田の川のはなの夕ぐれ」（題・名所花）であり、初めて「こころの華」創刊号（明治31・2）に掲載されたのは、「春たてとなほふる雪のさむければ花まちかほにうくひすの鳴く」（題・雪中鶯）であった。

いずれも廣子の個性はまったくなく、「題意をきちっと受けとめ、古典和歌の型をふまえた優等生の作である」（佐佐木幸綱「片山廣子の「境地」」）という評が正鵠を得ており、歌は模範的ではあるが新味のない旧態依然としたものだった。ここを脱してゆくのは至難のわざだ。若い廣子は果敢にそこに挑んだ。師の勧める合同歌集の作品にも満足できないほどに志は高かったのである。

廣子の未婚時代唯一の写真と思われる一枚がある。手にパラソルをたたみ持ち、椅子に座ってまっすぐに何かを見つめている着物姿の二十歳の廣子だ。まさに毅然として素直な「優等生」の面影である。この真摯さで、初学の廣子は古典和歌の型を素直に身につけたのだった。『翡翠』のなかにある自然を見つめた歌を挙げてみよう。廣子にとって充分に満足できるものではないかも知れないが、題詠とは明らかに違っている。

夕風の林にをどる日光《ひかり》とも暗く明るく波よるこころ
神います遠つ青ぞら幕の如ふとひらかれて見つるまぼろし
よなべするわらやの窓の細あかりほのににほひて野には霧ふる
虫の音も風に乱るる夜の園を三たびめぐりて胸をさまりぬ

一首目、夕べの風が林に吹きこみ木洩れ日が揺れやまないように暗くなったり明るくなったりする今日の私のこころです、といった意味だろう。微妙な日差しの照り翳りを自分のこころの陰翳に引きつけている。

二首目、初句の「神います」あたりに、歌より先に触れ、深く身に沁みこんだキリスト教の影響が滲む。意匠として「神」を使うことの多かった当時の浪漫主義的な行き方とは違う。現実の一点から遠い幻をひきだす廣子の特性もよく出ている。

三、四首目は、さらに自分の身に引きつけた視点から詠まれている。「三たびめぐりて胸をさまりぬ」などの具体的描写と実感が、題詠の傍観者的な詠歎から脱している点だろう。自然詠にも少しずつ廣子らしい具体性と心理が出ている例と言っていい。

序文に紹介された廣子の「美しい狭い詩歌の境を未練気なく離れなければならない」という言葉を、自分なりに実践してゆこうとする努力がみえる。しかし引用文によると、なお満足できないところがあると言う。「現在のこの見地を目標として見れば、捨てなければならないものも沢山ある。それを捨てなかつたのは、たとへ多少のたくみの交つた作であつても、狂熱と理智との争の濃き陰影を印して居る点に於いて、最も強く自分を現はしたもので、自分の身の半身の如くなつかしく思はれたからである」と弁明している。歌集『翡翠』が単に趣味的に上梓されたものではなく、毅然とした革新の意図があったことを感じさせる。選歌から構成に至るまで力を尽したこの歌集を、廣子は生涯にわたって「自分の半身」のように思われるとのべて愛しつづけた。

廣子の言葉のなかで「狂熱と理智との争」という部分は殊に印象的だ。「理智」の人であることは多くの評者の認めるところだが、廣子の「狂熱」の部分に思いを致す人は少ない。廣子は自分の身のうちに、捨て得ない両面の葛藤があることをつよく自覚していた。その上で「覚めんとして覚め得ざるこころの姿、真面目なる女の内的生活の記録の一片、新しき道にいづる記念」これ即ちこの翡翠であると規定するにいたったのだろう。

信綱は淡々と、廣子の主張を伝えている。本人の意志を誤りなく受け止め受容する姿勢が窺える。「新しき道」がいかなるものか、信綱はその覚悟に対して「旧衣を破り捨てて、それに代るべき新しい衣が未だ成つてをらぬといふ状態にある」とじつに率直に自分の意見をのべている。さらに「自分の著者に持つところは、その将来の大成にある」と大きな期待をも寄せる。文語美文調ではなく、口語調で恂々とその資質と将来性を説いており温情に溢れている。廣子のことをよく知る者は「自分に若く者はあるまい」とも書き、将来を嘱望するのは「自分の至情にほかならぬ」とも記しており感動的だ。

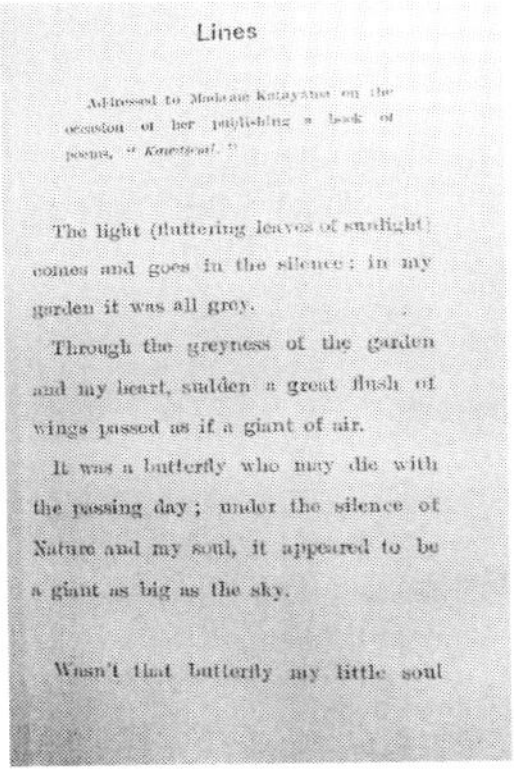
Lines

Addressed to Madame Katayama on the occasion of her publishing a book of poems, "Kanetsumi."

The light (fluttering leaves of sunlight) comes and goes in the silence: in my garden it was all grey.

Through the greyness of the garden and my heart, sudden a great flush of wings passed as if a giant of air.

It was a butterfly who may die with the passing day; under the silence of Nature and my soul, it appeared to be a giant as big as the sky.

Wasn't that butterfly my little soul

『翡翠』ヨネ・ノグチの序文
資料提供：高志の国文学館

『翡翠』の巻頭に掲げられたもう一つの個性的な序文、詩人ヨネ・ノグチ（野口米次郎）の邦訳版は情熱的に過ぎるが、あるいは最もよく『翡翠』の特性を言い当てているかも知れない。廣子の「狂熱と理智」の葛藤を鋭く突いているからだ。

部分的だが、引用してみよう。

…心揚りよろこびを以て吾が常に歌ひしむかしの歌は今いづこにある？　今吾は灰燼となれる廃墟なり。…終局の破滅に急ぐは現代の特色なり。ああ吾が心の廃墟の上に新しき歌を再び築かばや！　…此処に吾は其廃墟に立ちて現実の威嚇に対す。吾は信ず、君も亦寂しく悲しき廃墟の上に立てりと。

ヨネ・ノグチはあたらしい詩は過去の安逸のなかにはなく、現実を打ち破る覚悟の中にあると高らかに謳いあげた。後に廣子が翻訳するアイルランドの詩人イエーツの戯曲「王の玄関」にはこうある。「みんなに言ふ、すべての物がほろびて廃墟となる時、詩は歓びの声を上げる。詩はまき散らす手だ、割れる器だ、燔祭の焰にもえる犠牲者の歓喜だ…」（「王の玄関」『燈火節』）。廣子が「王の玄関」で引いたイェーツの詩の歓喜は、ノグチの序文につよく呼応するものだ。廣子とヨネ・ノグチはともに、詩のもつ根源的な意味を深く理解し、正しく識っていたと言えるだろう。

2　キーワード「髪」　晶子との対比

よろこびかのぞみか我にふと来る翡翠の羽のかろきはばたき　廣子

大正五年刊の第一歌集『翡翠』の題名の由来となった一首である。『翡翠』には三百首が収録されている。全作品が部立てなしで一気に配列されており、小見出しさえ一つもない。三十八年後に編集を他者に委ねて刊行された第二歌集『野に住みて』（昭和29）が、大きく四部に分かれており、各部立てのなかに細かく小見出しがある構成とはまったく違っている。数百首を一気に並べて集を編むには主題がしっかりとあり、それを念頭に置いた上でないと統一感をもって纏め上げるのは難しい。単にならべただけでは冗漫となり緩みが出る。主題を据え全貌を見据えた上でないとできない力技だ。

同年生まれの与謝野晶子『みだれ髪』（明治34）は、若い女性の情念によって一気に詠われた歌集だ。その勢いは怒濤のごとくであったが、全作品は六部に分かれ小休止を入れながらの三九九首で構成されている。

柳原白蓮の第二歌集『幻の華』（大正8）には十五の小見出しがある。第一歌集『踏絵』（大正4）は、三一九首を部立ても小見出しもなく一気に並列している。

もう一冊、同門の女性歌人九条武子の第一歌集『金鈴』（大正9）は、二百首をやはり小見出しなしで並列している。白蓮と武子の第一歌集はともに小見出しなしの全歌並列だが、ふたりには上梓のときに他の人とは格別の境遇というものがあった。まず出自の上での特殊性だ。白蓮は大正天皇の従妹であり、武子は西本願寺法主の次女である。第二に、結婚後の数奇な宿命的な半生が衆目を集めた。なにを詠んでも強力なドラマをはらんでせまってくる。

白蓮は、大正天皇の生母の姪であり幼くして嫁がされ十六歳で子を生した。離婚後、再び政略結婚で九州の炭鉱王伊藤伝右衛門のもとに嫁いだ。その悲劇的ドラマを背景にせざるを得ない第一歌集『踏絵』の上梓であった。

また武子は、伯爵である西本願寺法主の家に生まれ、男爵九条良致《よしむね》に嫁ぎ、夫の海外留学中の十余年を貞淑に生きた孤閨の麗人として有名だ。西本願寺の仏教思想を基とする女子教育にも積極的で京都女子大学の前身京都女子高等専門学校の設立に力を尽くした。『金鈴』は上梓前にすでに大きなドラマを抱えもっていたと言える。

加えてともに大正を代表する美人として、歴史に残る風姿をもっていた。すでにして実録的ヒロインである。このふたりの社会的位置の在り方は、虚構をも上回る力をもっていた。数百首をただならべたとしても、自然にドラマが生まれ注目されることは必定だ。

それに対して廣子は取りたてて世に語るほど強力なドラマ的背景はもっていない。自身が

「貴族でもない労働者でもない中流階級の私たち」(「過去となったアイルランド文学」『燈火節』)と言うように、当時の知的上層階級ではあったが、平民としての慎ましい家庭の一主婦であった。自分の作る歌は、その情感を「普通の人と共に分かつものでありたい」と願ったように、特別な背景をもたぬ平凡な一主婦としての立場で歌集を上梓する決心をしたのだ。境遇的な数奇な背景をもたないだけに、三百首を世に提示するについてはそれなりの覚悟もあっただろう。廣子には、佐佐木信綱の序に縷々紹介されたように、作歌に対する独自の考えというものが強固にあった。三百首をただ漠然とならべたのでは決してない。
ドラマ的背景をもたない廣子は、どのような主題と意図をもって、第一歌集『翡翠』を編んだのだろう。

掲出歌「よろこびかのぞみか我にふと来る翡翠の羽のかろきはばたき」という作品は、歌集の掉尾から七番目に位置する。すでに二九三首を列挙した後だ。集を貫く主題が収斂され纏められるべき位置にあると言っていい。歌意は、偶然に飛んできた美しい翡翠の軽やかで微かな羽音が、自分にとっては喜びであり微かな望みのようにも響くのです、といった内容だ。青緑色の小さな翡翠の羽音にささやかな希望を託す若い主婦の姿が浮かぶ。女性の社会進出を拒む封建制という檻のなかにあった廣子の姿だ。文学に強い興味を抱いたとしても当時の婦人は自由な活動を許されなかった。趣味的雅文に飽きたらない廣子の筆は萎縮せざるを得ない。許された文芸的な隘路が唯一作歌だった。翡翠には微かな希望を運んでくる歌そのものの姿が象徴されている。歌集の主題は翡翠、即ち歌への愛着と人間としての自己解放への憧憬だろう。第一歌集を『翡翠』と名づけた所以だ。

同時代の歌集題として最も印象的なものに与謝野晶子の『みだれ髪』がある。黒髪に女性の情熱的な生き方を重ねて恋の情感をつよく押し出した集だ。晶子以後、女性の髪を詠み込んだ歌が頻出する。晶子が隆盛の契機となった「髪」の歌を指標に、同時代の女性歌人の特徴を炙りだすことが可能だ。廣子の髪の歌の検証により、『翡翠』の特徴、ひいては歌の特性を相対的に読み取ることができるだろう。まず先駆的な晶子の髪の歌を挙げる。

『みだれ髪』与謝野晶子

髪《かみ》五尺ときなば水にやはらかき少女《をとめ》ごころは秘めて放たじ
夜の帳《ちやう》にささめき尽きし星の今を下界《げかい》の人の鬢のほつれよ
その子二十《はたち》櫛にながるる黒髪のおごりの春のうつくしきかな
罪おほき男こらせと肌きよく黒髪ながくつくられし我れ
くろ髪の千すぢの髪のみだれ髪かつおもひみだれおもひみだるる
たまくらに鬢《びん》のひとすぢ切れし音《ね》を小琴《をごと》とききし春の夜の夢

一首目は、「枕する春の流れやみだれ髪」という蕪村の句を下敷きにしたと思われる一首だ。五尺と髪の長さを強調し、そこに少女を配してさらに華麗に具体化して詠い、印象鮮烈である。水に打ち開く女性の髪に柔らかな乙女のこころを託して美しくも謎めいて妖艶だ。

二首目は、「明星」に所属する晶子の、自分こそは「星の子」であるという特権的な意識が漂う歌だ。乱れた髪が恋の悩みや俗世の汚れを連想させる。

三首目から六首目までには、華麗な髪の諸相がある。「黒髪」は若さの奢りとなり、罪作りな男を糾弾する手段の象徴ともなっている。その一筋が切れる音は雅な春の夜の琴の音に喩えられる。若い女性の豪奢な気分を帯びた「髪」が晶子を代表とする明星派の歌人たちによって盛んに詠われ、他の歌人たちに大きな影響を与えた。

黒髪の歌については『古今和歌集』や『新古今和歌集』など王朝の歌に多いと思われがちだが、じつは大変に少ない。『古今和歌集』は一一一一首中に紀貫之の老いに関する一首のみ（460番）であり、『新古今和歌集』では一九七八首中に五首のみ（岡山大学大学院文化科学研究科紀要18）だ。和泉式部や待賢門院堀河の例はあっても、『源氏物語』等の王朝物語を背景にして黒髪を女性の情念につよく結びつけ隆盛させたのは、近代の明星派の女性歌人の歌がその契機であったと言ってもいい。

では同時代の他の女性歌人はどのように「髪」を詠ったのだろう。

髪ながき少女とうまれしろ百合に額《ぬか》は伏せつつ君をこそ思へ　山川登美子
髪あげて挿《さ》さむと云ひし白ばらものこらずちりぬ病める枕に　柳原白蓮
何を怨む何を悲しむ黒髪は夜半の寝ざめにさめざめと泣く　九条武子
今日もまた髪ととのへて紅つけてただおとなしう暮らしけるかな
もとゆひのしまらぬ朝は日ひと日わが髪さへもそむくかと思ふ　四賀光子
黒髪のその一すぢのふるへだにいかでみすべき見すべしやわれ　三ヶ島葭子
やはらかにわが黒髪の匂ふなりさくら咲く夜の湯がへりの道
洗ひ髪かわく心地に雨はれし麦のみどりをわたる春風

一、二首目は、『恋衣』所収。晶子の「髪」の主題をほぼ踏襲した山川登美子の歌だ。白百合や白薔薇の清楚さに少女の身を引くような姿を重ねているが、やはり髪を女性独特の恋の情念に結びつけている点で同じだ。

三、四首目は、明治十八年生まれの白蓮の歌。封建社会の女性のきびしい現実に悩む白蓮だが、運命をいかに捉えどう対処すべきか分からず、こころの安定を得ることができない。「髪」は美を象徴しつつ、女性の恵まれぬ境遇をかこつ嘆きの受け皿となっている。「誰か似る鳴けようたへとあやさるる緋房の籠の美しき鳥」という歌もあるように、無力な女性の立場が悲しくも華麗に詠われている。溢れる情によって言葉を紡ぎ、女の弱い立場を強調する。「髪」は女性の情念そのものだ。
五、六首目は、明治二十年生まれの九条武子の歌。華族の妻として詠んだ「緋の房の襖はかたく閉されて今日もさびしく物おもへとや」という歌もある。白蓮の「緋房の籠」と同じ趣向だろう。武子の髪は「わが髪さへもそむくかと思ふ」とときには手にあまるものとして否定的に捉えられている。また「黒髪のその一すぢのふるへだに」には、一筋ごとにこもる女性の思慕や不安やおののきを、どう伝えるべきかという戸惑いが漂う。異国に居る夫に心が通じないという焦燥感が濃い。長く孤閨を強いられる女性の焦りがこもっており情念に裏打ちされている。やはり髪は、女性固有の濃い情愛と繋がるものだ。
七首目は、明治十八年生まれの四賀光子。夫太田水穂を援け、大正四年、「潮音」を創刊した。歌人である夫を得て、封建的社会の中では自立した恵まれた環境のもとで自己啓発に励み歌に打ち込んだ。「やはらかにわが黒髪も匂ふなり」は自足の思いを映して心地良いが、この「髪」もやはり女性としての若さや美しさとつよく結びつく。

八首目は、明治十九年生まれの三ヶ島葭子。結核で子との面会も儘ならず妻妾同居にも悩まされた。「洗ひ髪かわく心地に雨はれし」とある髪は若さを象徴する髪だ。晶子にも誉められたという「簾より濡れ髪出づる心地しぬ木立を透ける水色の空」と同様の喩の佳品であり、長い濡れ髪に女性固有の心情を託している。

こうした一連の同時代の歌に対して、廣子の歌集『翡翠』では「髪」は次のように詠われている。

ますらをはしらはた立てぬをとめ子の黒目黒髪魔力《まちから》ありや　「心の花」明治39・9
髪たちて男さびして酒のみてわがおもふこといはむとぞ思ふ　『あけぼの』
いはけなき髪かきなでてをみなてふうつくしき名の君をかなしむ　『翡翠』
よろこびとゆめとつづける我が世かな髪白うなりやがて死ぬまで
一すぢの我が落髪を手に取れば小蛇の如く尾をまきにけり
髪ゆれて泣くとや人のながめけむ其ひまにふと思ひかへしつ
くしけづる此黒髪の一筋もわが身の物とあはれみにけり

一首目は、どの歌集にも収録されてない初期の作品。「明星」の影響が強く、男性を挑発するような趣だ。黒髪の魔力が益荒男に白旗をあげさせるというモチーフが晶子的で廣子独自の新味はない。青年層が一様に「明星」に染まった時代的影響を真正面から受けている。

二首目の「髪たちて」には仮想のことながら、勇ましい心意気がある。断髪婦人が罰せられた明治初期の価値観に添えば断髪は負の印象しかないが、「おもふ事いはむとぞ思ふ」という男性の特権意識を逆手にとっての告発があり、深く秘めた女丈夫の精神力を感じさせる。

三、四首目には、手触りがある。「をみなてふうつくしき名」と甘さを残しながらも、稚い女の子の先行きを案じる。長女總子を得て単なる感傷ではない生身の実感が添ってくる。四首目の「よろこびとゆめとつづける」の歌はふたりの子を得た張りのある現実と、自らの夢を実現したい希求とが複雑に交錯する。その交錯の連続の中に老いてゆく人生を髪の褪せる様に重ねている。

五、六首目はさらに一歩踏み込んだ髪の歌だ。髪の毛が縮れて小さな蛇のようだという描写がリアルだ。微細なものを見る目が利いており、落髪から常凡な叙情にはゆかず意表を突く展開だ。身を離れてもなお動的であり、一個の生命体を思わせるような髪が詠われている。

次の「髪ゆれて」の歌は、複雑で内観的な一首であり、展開の妙がある。髪を揺らして泣くと人は見ているが、泣く前に自分はふと気を取り直している。人目に流されない自我の在り方が潔く、助動詞「つ」が効果的でもある。髪を媒体に微妙な心理を掬い上げ、複雑な近代人の精神的な自立を滲ませておりあたらしい。

七首目、「くしけづる此黒髪の一筋もわが身の物とあはれみにけり」は、廣子の髪の歌のなかで最も特徴的な一首だ。『翡翠』上梓と同じ大正五年に、晶子は『朱葉集』を出した。そのなかの「せつなかる愛欲おぼゆ手に触れしおのれの髪のやはらかさより」という髪の歌と比較してもいい。髪を女性の恋の情感や、愛欲と結びつけている晶子に対して、廣子の黒髪は非常に内観性が高い。結いあげる前の髪のしなやかさと艶めきが情感をそそるが、非常に精神性が高く、人間存在の根源を見せられるようでもある。ただ単に男性性に対比させて女性の特質を誇ったり、ましてや卑下したりするものではまったくない。「髪」に人としてあることの尊厳と哀感を重ねており、それまでにないあたらしさが付加されている。従来の女性の黒髪の歌とは一線を画するものであり、自己の人間存在としての慈しみが静かに滲み出している一首だ。廣子の「髪」は、女性独特の粘りつくような情念をぬぐいさり、男性でもない女性でもない、人間そのものの尊厳に結びついており印象的だ。「髪」という言葉は、第一歌集『翡翠』の特徴を探る有効なキーワードであり、廣子の歌の特性を象徴する語彙の一つだろう。

3　芥川の『翡翠』評　　うら若き芥川

灌木の枯れたる枝もうすあかう青木に交り霜とけにけり　　廣子

芥川龍之介が「新思潮」（大正5・6）誌上に歌集『翡翠』を紹介した際に賞揚した一首だ。芥川の最後の恋人として知られる廣子との最初の具体的接点ともなったのがこの書評だった。掲出歌のどこにどのように魅かれたのか、若き芥川の感性に触れるために、大正五年をピンポイントとして彼の動向の一端を見てみたい。

『翡翠』が上梓された大正五年三月に、芥川は東京帝国大学英文科の四年に在籍中だった。その才力は群を抜いており、すでに同年二月に発表した小説「鼻」（「新思潮」）が、文壇の大御所であった夏目漱石から、「文章が要領を得て能く整つてゐます敬服しました」と激賞され、小説家として喜びに満ちた出発を果たしていた。

大正五年九月に「芋粥」（「新小説」）が発表され、同年十月には「手巾」が文壇の登竜門である「中央公論」に掲載された。処女作「羅生門」は、大正四年十一月に「帝国文学」に掲載されており、生涯の名作に数えられる作品をすでに書き終えていた。大正五年の芥川は、まだ二十代半ばでありながら小説家としての才能を充分に認められ、意気揚々とした上げ潮の時期だった。菊池寛や久米正雄らと再刊した第四次「新思潮」の名称の勢いそのままの若武者ぶりであり、仲間の信頼も厚かった。

この時期、散文ばかりでなく詩歌にも深く親しんだ。なかでも高等学校時代に読み感激したという斎藤茂吉歌集『赤光』（大正2）の影響は大きい（『芥川龍之介全集』十二）。「僕の詩歌に対する眼は誰のお世話になつたのでもない。斎藤茂吉にあけて貰つたのである」「あらゆる文芸上の形式美に対する眼をあける手伝ひもしてくれたのである」（「斎藤茂吉」）と書き、さらに「僕の精神的自叙伝を左右した」とまで書いた。挙げた茂吉の歌は、「あかあかと一本の道とほりたりたまきはる我が命なりけり」「くろぐろと円《つぶ》らに熟るる豆柿に小鳥はゆきぬつゆじもはふり」「あかあかと南瓜《かぼちゃ》ころがりゐたりけりむかうの道を農夫はかへる」など、思いを深く潜めた風景描写や、後期印象派的な叙景の作品だ。

芥川は近代日本の時代的うら若さを象徴する歌として「あが母の吾《あ》を生ましけむうらわかきかなしき力おもはざらめや」を挙げている。茂吉という人物については、「単に大歌人たるよりも、もう少し壮大なる何ものかである」と畏敬に満ちた言葉で信頼感をあらわした。

小説家としての華々しい出発、そして詩歌への接近に加え、芥川の帝大卒業論文は注目に値する。論題は、「ウィリアム・モリス研究」（大正5・4末脱稿）であった。論文は関東大震災時に焼失したため詳細を知ることができないが、友人宛の手紙やサマリーなどから、内容を推測できる。

モリスは、明治二十九年に六十二歳で死去した英国詩人である。堺利彦に大きな影響を与えたマルクス主義思想家であり、モダンデザインの父としても高名だ。自然の草花を唐草模様風に描いた室内装飾や装丁など生活に密着したデザインで今も一般に親しまれている。建築、美術、文学など多方面に活躍し、各分野で成功をおさめた。

特に詩人としての名が高く、英国の桂冠詩人として推薦されながら断った経緯もある。芥川の卒論は、その詩人としてのモリスに焦点を合わせたものだ。日本に最初に紹介されたのは、明治二十五年十一月の「早稲田文学」、同年の「國民の友」であり、いずれも詩人としてだった。後に社会主義者の色を急速に強めてゆき多くの人々を感化するが、芥川は社会主義者としてのモリスを敬するというのではなく、ファンタジーの創始者でもある美の追求者として彼を崇めたのだった。

大正五年の芥川は、まず第一に小説家としての輝かしい出発を果たし、「新思潮」（第四次）を再刊し意気軒昂だった。第二に、斎藤茂吉という芸術上の導者を得て人生上も啓蒙された。第三に卒論「ウィリアム・モリス研究」を書き上げたばかりで、その美的思想をつよく奉じていた。こうした背景をもった気鋭の小説家芥川龍之介の評として、歌集『翡翠』の紹介文を読んでみたい。

> この作者は、序で佐佐木信綱氏も云つてゐる様に在来の境地を離れて、一歩を新しい路に投じ様としてゐる。「曼珠沙華肩にかつぎて白狐たち黄なる夕日にさざめきをどる」と云ふ様な歌が、其過去を代表するものとするならば、「何となく眺むる春の生垣を鳥とび立ちぬ野に飛びにけり」と云ふ様な歌は、其未来を暗示するものであらう。勿論、後者の様な歌に於ては、表現の形式内容二つながら、この作者は、まだ幼稚である。しかし易きを去つて難きに就いたと云ふ事は、少なくとも作者自身にとつて、意味のある事に相違ない。そして同時に又この歌集が、他の心の花叢書と撰を異じ《ママ》する所には、此処に存するのではないかと思ふ。…略
>
> 啞苦陀「新思潮」大正5・6

帝大卒業の年に「唖苦陀」という筆名で書いた『翡翠』評の前半部だ。まず廣子が、「在来の境地を離れて、一歩を新しい路に投じ様としてゐる」と、その毅然とした作歌姿勢を良しとした。革新の困難さを熟知する者としてのエールだろう。そのなかで旧来の歌として挙げたのは、「曼珠沙華肩にかつぎて白狐たち黄なる夕日にさざめきをどる」という作品だ。与謝野晶子の「金色《こんじき》の翅《はね》あるわらは躑躅《つつじ》くはへ小舟《をぶね》こぎくるうつくしき川」を思い起こさせる絵画的ファンタジーの世界で、どこか明星派的な歌だ。華麗な作為の際立った点を難じたのだろう。斎藤茂吉を芸術の師とする芥川としては、当然のことだ。

他に良しとした歌は、次のようなものだ。

何となく眺むる春の生垣を鳥とび立ちぬ野に飛びにけり
日の光る木の間にやすむ小雀ら木の葉うごけば尾を振りてゐぬ
沈丁花さきつづきたる石だたみ静かにふみて戸の前に立つ
灌木の枯れたる枝もうすあかう青木に交り霜とけにけり

作為がなく品格のある落ち着いた内容と、なめらかな韻律をもつ形式の美を芥川は肯定した。「アララギ」派の丁寧な観察と写生を思わせる作品でもある。

一首目は、芽吹き初めた生垣から、思いがけなく鳥が飛び立った風景だ。軽やかに飛びゆく先は、緑に染まった春の野辺である。作意のない嘱目詠で、快い自在感がある。束縛されることなく、自分の意志で羽ばたくものへの共感が滲んでいる。芥川の敬する斎藤茂吉の歌「くろぐろと円《つぶ》らに熟るる豆柿に小鳥はゆきぬつゆじもはふり」が遠く重なるような、静かな叙情の表裏の姿だ。

二首目は、下句の「木の葉うごけば尾を振りてゐぬ」という丁寧で細やかな観察に情愛がでている。尾の動きも彷彿としてリズミカルで楽しい。小さなものに寄せる作者の目が、さり気なくやさしいのだ。

三首目の「沈丁花さきつづきたる石だたみ静かにふみて戸の前に立つ」には、物語性がある。濃く漂っていた沈丁花の香も仄かになった。季節の移ろいを感じつつ、通い路である石畳を踏んでいる。戸の前に立つまでの晩春の時間と空間がゆったりと浮き上がる。芥川の好む茂吉の歌、「あかあかと南瓜《かぼちや》ころがりゐたりけりむかうの道を農夫はかへる」の奥行きと色彩感には及ばないが、物語性と精神性が遥かに共振するように思われた。芥川がこの歌を良しとした所以だろう。

四首目は、巻頭にも挙げた一首である。枯れた灌木の枝さえも、霜解けの水のうるおう林の中で、しっとりと仄かな紅色を帯びるのだ。常緑の青い木にまじって、「うすあかう」映える枯枝は却って妖艶だ。死してのちもつややかな生命感が宿っている。生と死をともに包含する早春の一場面だ。

芥川は大正三年頃から、「心の花」に歌を発表し、他結社の機関誌にも、折に触れて作品を載せている。それらは「時折の歌」として芥川龍之介全集（第9巻）にも収録されている。その中の一首に次のような歌がある。

わが庭はかれ山吹の青枝のむら立つなべにしぐれふるなり

芥川龍之介「橄欖」大正12・2

廣子の歌と同じように、枯れた木の枝をモチーフに、季節感を濃く漂わせている。山吹は耐寒性がつよく、旺盛な生命力を感じさせるが、そこに枯れ山吹を配して生と死を包含させる。芥川が初めて誉めた廣子の歌「灌木の枯れたる枝もうすあかう青木に交り霜とけにけり」と重なるような雰囲気がある。芥川の枯れ山吹の歌は、廣子と出会う一年前の作品である。共通の感受性と風景の切り取りがあり印象的だ。二つの歌にふたりの出会いの縁が重なる。「うすあかう」という仄かな色が、死を介してこそ浮きたつ艶めきを象徴していて印象に残るのだ。

『翡翠』の中のこのような歌を賞揚した芥川の意図は、大正五年当時の彼の文学観からして充分にうなずける。こうした歌に「著者の未来がある」とする評は、第二歌集『野に住みて』においてゆったりと豊かに熟成することになる。まだ若い芥川の慧眼が思われるのだ。『翡翠』

の中の知的眼差しのある自然詠をもう少し挙げておく。

夕風の林にをどる日光《ひかり》とも暗く明るく波よるこころ
かさかさと野ねずみ渡る枯葉みち古りし欅ににほふ秋の日
よひの海に灯が一つあり埋立地くろく平らによこたはるかな
空ちかき越路の山のみねの雪夕日に遠く見ればさびしき
遠山と我と立つ時やみに伏す大野のむねにおつるいなづま

これ以外にもう一つ芥川が誉めた歌群がある。書評後半部に「母としての胸懐を歌った歌に、真率な愛すべきものが、二三ある」と書いて挙げたのが、次の歌だ。

たゆたはずのぞみ抱きて若き日をのびよと思ふわが幼児よ
我をしも親と呼ぶひと二人あり斯くおもふ時こころをさまる

一首目は、大正元年八月の「心の花」が初出。初出は「たゆたはず望いだきて若き日をのびよと思ふ我が幼児よ」と漢字と仮名の使い分けが違う。当時長男達吉は十二歳、長女總子は五歳であった。それぞれに自我の芽ばえる時期だ。自己実現の容易にはできなかった廣子自身の経験が、微妙に影をおとしている一首である。

二首目は、それを敷衍している。母としての立場にのみ女性の価値がある世を憂いつつも、そこに自足してゆく作者がある。親と呼ばれる重さと喜びに「こころをさまる」のだ。芥川がこの歌に、女性としての廣子の焦燥感と寂しさを読み取ったかどうかは分からない。彼には、狂死した実母と幼くして別れた記憶が消しがたくある。母子抒情の歌に、よりつよくひかれてゆく傾向があっただろう。斎藤茂吉の「あが母の吾《あ》を生ましけむうらわかきかなしき力おもはざらめや」に近代の哀感を重ねた芥川だが、そこにはつよい母恋の感情もあったことだろう。芥川は二首のみ挙げたが、『翡翠』に収録された印象的な母子抒情の歌をもう少し挙げておく。

幼児は母の心も読むばかりさときまみして我を見つむる
をさなごの眠りのうちのほほゑみとふと来りふと消えしよろこび
ちひさなる人形国の客人に小猫も交り叱られにけり
ちさき頬はねだりごとすと温かういと和らかうわが頬による
吾子がめづる土の子犬のかはゆさよ同じ顔していつも我を見る

輝かしい文学的出発を遂げた小説家芥川が誉めた歌は、過剰なロマンを廃した真直な自然詠であり、情愛にみちた母子抒情の作品であった。その自然詠と母子抒情に、廣子独自の近代人の知的ひらめきが添っていたとしても、同年の与謝野晶子の革命的な新しさは望めない。

小説家として意欲に満ちた出発をした芥川は、「表現の形式内容二つながら、この作者は、まだ幼稚である」と断言した。著者の意欲とのびしろを恃んでのことだ。「易きを去つて難きに就いたと云ふ事は、少なくとも作者自身にとつて、意味のある事に相違ない」と、さらにその覚悟を激励した。茂吉という導者のもとで文学的な革新の難しさを身に染みて感じていたからだろう。

だが芥川の批評のみで『翡翠』の論評を納めることはできない。「新思潮」誌上での新著の紹介という任はこれで充分なのだが、廣子の第一歌集『翡翠』の主テーマまでは芥川の批評が及ばなかったという感がつよい。


なかでも残念に思われるのは芥川の第三の視点、「ウィリアム・モリスの研究」で追及された美学が援用されなかったことだ。卒論の脱稿が急務であって、歌集を深く読み込めなかったということもあるだろう。あるいは、序文に引用された廣子の言葉、「覚めんとして覚め得ざる心の姿、真面目なる女の内的生活の記録の一片」として歌集を編んだという後段の言説に幻惑されたかも知れない。家庭の一婦人の生活記録としての視点に歌評がとどまった感がある。『翡翠』の歌の特徴は、芥川が触れ得なかった廣子の知的幻想性であり、それはモリスのロマンに通じるものがある。「覚め得ざる心の姿」が、一体どこに向かって解放されようとしたのかが重要な点であり、その追及が若い芥川によってなされなかったのは残念だ。『翡翠』への興味と謎はさらに深まってゆく。

4　廣子と白蓮　わたつみを恋ふ

わが指に小さく光る青き石見つつも遠きわたつみを恋ふ　　廣子

東洋英和女学校の後輩であり歌では廣子と同門の柳原白蓮は、大正四年に第一歌集『踏絵』を上梓した。主宰佐佐木信綱に頼まれ、廣子は「心の花」（大正4・5）にその歌集評を書いている。また翌年上梓された廣子の『翡翠』について、今度は白蓮が主宰の意をうけて同誌（大正5・6）に歌評を書いた。ともに主宰よりの依頼ではあったが、両者はつねづね同門の有望作者として互いの歌を視野に入れながら作歌していたことが書評から窺える。

同時代の同門の相互批評から、それぞれの歌の特徴や作歌信条が思いのほか鮮明に浮き上がってくるのは興味深いことだ。白蓮の評には芥川龍之介が触れ得なかった廣子の歌の特徴が図らずも汲み上げられている。そこに同時代を生きる女性に共通し、現在も未解決のまま放置されている女性固有の苦悩が色濃く揺曳するのも印象的だ。

まず、白蓮の『翡翠』批評を挙げてみる。

待ちに待つて居りました片山さんの「翡翠」誠に有難う存じました。私は心の花の上で夙くから片山さんの御歌に最も心を引かされた者の一人です。御歌集の出ますのを何よりも待遠しく存じて居りました。…略…歌の評となると、書きつけませぬことゆゑ、きまりの悪い様な気もいたします。併し片山様のなら少々まちがつた考は御座いましても、御許し頂けようかと、自分勝手な好き嫌ひからわり出したあやしい評も書かせて頂きます。

柳原白蓮「待遠しかつた歌集」（「心の花」大正5・6）

白蓮は歌集上梓時の本名を伊藤燁子といった。若くして意に染まぬ結婚をし離婚、実家での幽閉、再婚と女性の過酷な時代を象徴するような数奇な運命に翻弄された。その最中の東洋英和女学校寄宿時代に「心の花」に拠り作歌をはじめた。このころの村岡花子との交流は「花子とアン」（平成26）という連続ドラマで一躍有名になった。廣子も花子の翻訳を強力に後押ししたひとりである。

束縛された結婚生活の実感を背景にした白蓮の歌と、本質を見抜く鋭い視線をもつ廣子の歌には、どこか通底するものがあるのだろう。「夙くから片山さんの御歌に最も心を引かされた者の一人」だとのべ、関心の深さを示している。「歌の評となると、書きつけませぬことゆゑ、きまりの悪い様な気もいたします」と歌評についてはじつに謙虚だ。一方、廣子の批評は鋭く適確に核心をつくものであった。「口数少なく、なかば眼を閉じて、静かにものをいうひとであった。わたしはおもに短歌の会の末席にいて、かの女の批評を聞いたが、包容力のある評だった」（阿部光子『その微笑の中に』）という歌会での廣子の姿を写した文章も残っている。

廣子の批評眼を知る白蓮は、自分の評は「自分勝手な好き嫌ひからわり出したあやしい評」だと謙遜した。しかし、それだけに率直で著者にも世間にも媚びることのない歌評となっている。率直さがはからずも廣子の特質を適確に掘り起こす鍬となったのだ。

白蓮が賞揚した廣子の歌を挙げてみよう。

かぎりなく憎き心も知りてなほ寂しき時は思ひいづるや
憎みつつなほこそ恋ふれひろき世にいしくも我をあざむきし人
ゆるしがたき罪はありとも善人の千万人にかへじとぞ思ふ
あはれとも憐むことの罪ならば我に罪あり神にも恥ぢず

一首目は、白蓮によると「憎い〳〵と思ひつゝ忘れられぬがおもひ、自分の如く人もさうよと思はれますもの」と鑑賞されている。憎いということは、それだけつよく心にかけているということだろう。いわばつよい愛の裏返しとも言える。そうすれば、寂しいときにはことさら思い出されるという心境はよく分かる。二首目も、同趣向の歌で、「いとしいといふ心と或時は一致し或時は離れゆく人の心の両面が気持よく巧みにうたはれたものかと存じます」と鑑賞されている。「いしくも」には、「よくも」「けなげにも」の意がある。

三首目は、同じく白蓮の言葉で「全くだと存じました。こんな強い歌は、つまり弱い女故で御座いませう」と記されている。たとえ世間の掟に反して罪を犯したとしても正当な自己主張ゆえのことならば許されるのではないか、と言う。善人といわれる千万の従順な人よりも却って勇気があって代えがたい価値があると思います、といった意味だろう。意に添わぬ婚姻に悩んだ白蓮にして深く共感できる歌だ。廣子が、白蓮や与謝野晶子の因習的な家からの出奔の勇気を肯定したとも取れる一首だ。廣子のなかに社会の不当な束縛を厭う気持が強くあったということでもある。歌の強い響き、語句のややオーバーな選択にも作者の熱い思いが滲んでいる。「つまり弱い女故で御座いませう」という白蓮の言葉は、よくこの歌の本質を見抜いたものだ。

四首目「あはれとも憐むことの罪ならば我に罪あり神にも恥ぢず」については、「これは又何ですか好きで。理屈はありません」と、ごく短く感想をのべている。「自分勝手な好き嫌ひからわり出したあやしい評」と、謙遜した評の一つだろう。「むかしわれ神の教を学びつる麻布のすみの灰色の家」と廣子が詠んだのは、寄宿舎から通った東洋英和のことだが、後輩の白蓮も時をへだてて同じ寄宿舎で神について学んだ。「憐む」「罪」「神」とあるのは、厳正なキリスト教精神にもとづく概念で通俗的な意味ではない。まさに白蓮の言うように「理屈はありません」とのべるよりほかにない精神の共有だ。

共振するものがあることは以上の歌を良しとする視点によくあらわれている。廣子の心に滾る意志や情念の鉱脈を、白蓮は無意識のうちに鋭く掘り出している。

白蓮は、次のような人間的な揺らぎも良しとした。

くしけづる此黒髪の一筋もわが身の物とあはれみにけり
ももとせも惜しまじといひし人にさへみなは与へず持ちし心よ
かしこしと常にあふぎし其人のあやまち聞けばふとよろこばる
たばこの香すこし残れる部屋にゐて帰りし人を思ふあめの日
かぎりなき天地の隅のいづこにか君とあらばや生死もなくて
人と我ひろき世界をあゆみつつ顔見たるのみ何のつみかは

二首目で、「だから女は魔物だ、気がしれぬと云はれるのでせう」と白蓮は言うが、これは女に限らず人間すべてに当てはまる真実だろう。三首目、「このお歌は、確か五六年前の心の花で拝見した様に存じます。その頃からして片山様の御名が深く頭にきざまれた様に存じます」と、衝撃的な印象を与えられたことを明かしている。四首目、「斯ういふ写生的のいゝのがこの作者に時々妬ましいほどよく歌はれてゐます」と羨む。五、六首目の歌については、

「恋する人に生死のあるといふこと、なんぼう悲しい世の運命でせう」「世の中のよけいなお世話やきを罵つた小気味よさ」と、白蓮らしい見方をしている。単に恋の歌というのではなく、人間としての運命そのものの儚さを指している歌とも思われる。

いずれにしても、こうした廣子の歌は自己の心中をよく見ており、真実を歌に晒している。冷静で揺らぎのない生き方をした、と見られがちな廣子の内面の弱さや揺れをも伝えてくれるのだ。「自分の歌は、たくみを捨てて、事物をありのままに感じたものでありたい。そして其感じを普通の人と共に分つものでありたい」という廣子の願いに適う歌でもある。次に、白蓮がその才気を誉めた歌と、難じた歌を見てみよう。

此めしひ手びきの人を待ちわびぬ凧は西吹き又みなみ吹く

柿の実の青きが落ちぬ夕雨にわが思ひさへ二つ三つ散る

一首目は、白蓮が「憎いほど才の現れたお歌」と誉めたものだ。しかし、二首目は、「何ですかこれは余り上手すぎて、上すべりのした様な気が致します」と否定した。下句の実感と、手触りの問題だろう。佗びた人生観の滲む一首目に対して、二首目の下句には、やや作為が見える。直観的な白蓮の感想ながら真をついている。

感覚的に文句なく好きだと挙げたのは次の歌だ。

わが指に小さく光る青き石見つつも遠きわたつみを恋ふ
百年の前に死にける我ならむふと帰り来し見知らぬ人は

一首目は、「これは、いつかの心の花に出た時から好きでなりませんで、万葉や古今の好きなものと一しよに、私の貧弱な頭の中に入つてゐるお歌の一つ」と絶賛する。二首目は、「こんなのが好きです。はつきりわかつてゐても説明が出来ない。すれば却つて自分の真に解つた心と異つた事を云ひさうで」と、率直な共感を示している。

小さな青い宝玉を見て、遥かな海原を思い浮かべる作者の姿があり、遠くの世界をつよく憧れる気持ちが伝わる。時空を超えた思いの飛翔感こそが『翡翠』を個性的にした。また、次の歌には遥かに時代を超えた世界と交流する作者の姿がある。やはり時間的に今を越境することへのつよい憧れが滲んでいる。女性の人間性をきびしく制限した明治大正の社会に生きる一主婦には、この世の越境は精神的な夢想のなかにしかなかった。

明治四十五年の廣子の歌に「闇の夜の檻のけものと打うめく我がくるしびは人に知らせじ」「家と犬と器となみの女たちノラの言葉に目を見はりける」(「潜めるもの」明45・1)という作品がある。イプセンの「人形の家」(1879)に出てくるノラのように、世に反発して出奔するようなことは当時の一般的な日本の女性にとっては目を見張ることだった。「なみの女たち」は封建社会の中で抜け道をもたなかったのだ。

廣子は遠いわたつみを幻想して思いを紡ぎ、百年前の自分にかえる幻想のなかに自己を解放した。共感した白蓮もまた、女性として生き甲斐の薄い年月を過ごしていた。後に激しい恋に抜け道を発見する白蓮とは違って、廣子は最後まで現実と対座してありのままを生き抜いた。塞き止められた熱はマグマとなって滞留し、のちにアイルランド文学や随筆にも熱く流れこんでゆくことになる。

芥川が触れ得なかった『翡翠』の最大の特徴は、感想として書かれた白蓮の素朴な歌評の中にはからずもあった。廣子は抑制された女性の寂寥を幻想的発想に溶かしこみ、西洋的教養に裏づけられた表現で清冽に提示した。

それを印象づける歌を、白蓮の引用とは別に、もう少し挙げてみる。

ことわりも教も知らず恐れなくおもひのままに生きて死なばや
わが心あまり清きにおどろかるあまり弱きにふとほほゑまる
月の夜や何とはなしに眺むればわがたましひの羽の音する
我が世にもつくづくあきぬ海賊の船など来たれ胸さわがしに
生くる我とゆめみる我と手をつなぎ歩み疲れぬ倒れて死なむ
よろこびかのぞみかわれにふと来る翡翠の羽のかろきはばたき

一首目は、世の掟の外に自由に生きたいとする願い。二首目は、真っ正直な少女のような生き方を慨嘆するものだろう。三首目は、身から憧れ出る魂の羽の音だ。幼時からの幻想性が月光に誘きだされた。四首目、淀んだ日常を大きく揺らすような異変を願うこころがある。五首目は、現実の自分と夢見がちな自分との相克だ。六首目の瑠璃色の「翡翠」には切実な希望が託されている。それは美しい小詩型、短歌の喩とも思われるのだ。

白蓮歌集『踏絵』に対する、廣子の歌集評を見ておこう。廣子のこころざした作歌信条が自然に浮き上がるからだ。竹久夢二の装丁に彩られた瀟洒な歌集で、紙質も良く白蓮の嫁いだ炭鉱王伊藤一族の財力が偲ばれる。

廣子の批評文と引用歌を挙げる。

あなたの歌はあなたのさびしい美しい境遇に依つてつくり出された歌なのです。其点は誰もあなたの真似をすることは出来ません。そしてあなたは誰の真似もなさつてはいらつしやらないのです。私があなたの歌に好きなことは少しも捉はれてゐない点です。万葉にも捉はれてゐません。今の時代の新しいふりにも捉はれてゐません。歌といふものにも捉はれてゐません。あなたの歌はつくつた歌でなく、詠じた歌です。

船ゆけば一筋白き道のあり吾には続くかなしびのあと　　白蓮

あすの日は炉に投げらるゝ運命もて野に咲くものを吾と思ひし
世の掟人の教もうべなはぬ心のつかれ神にゆかばや
緋桃さく夕べは恋し吾が夫も吾を妖婦と罵りし子も

「心の花」大正4・5

廣子は旧弊にも流行にも捉われない歌を誉め、独自性を賞揚した。細工のないさっぱりと力づよく艶な趣を妬ましく思うとまで讃美している。しかし批評の後段で、歌の背景となった美しく寂しい宿命的境遇にあまり捉われると、あなたの歌は死ぬだろうと忠告もしている。当時、その境遇こそが衆目を集めたのだから、思い切った真摯な忠告だった。正鵠を得た冷静な批評性と、歌の幻想的飛翔性が廣子のなかでどう溶け合い均衡を保ってゆくか、知的冷静さと幻想的熱情の両極をもつ廣子は、歌の世界のみにはたして安住できるだろうか。

5　「われ」という謎　わが胸に来て

子猫ならば遠野のやみに捨ててまし我が胸に来て何か啼くこゑ　　廣子

平成十八年四月に上梓された廣子の全歌業の集成『野に住みて』(月曜社)の解説で、第一歌集『翡翠』の特徴について、佐佐木幸綱は次のようにのべている。

『翡翠』を読んで気づくのは「われ」という語が多いことである。これだけ多い歌集は、近代・現代を通して珍しいのではないか。たとえば冒頭の十首を見ると七首に「われ」「わが」が出てくる。全体では、私が数えたところ、なんと一〇三首に「われ」「わが」が出てくる。しかも一首に二度出てくる歌が六首もある。

じつにその通りで、巻頭から読みはじめてすぐに「我」「我が」という一人称の名詞、代名詞、連体詞が次々につづく。冒頭十首について見れば、平がなよりも漢字の「我」が圧倒的に多く、それだけつよくこの語が印象に残る。何度か数えた結果、名詞、代名詞の「我」「吾」「われ」等が使われた歌は、四十九首。連体詞「我が」「吾が」「わが」を含む歌は六十四首となり、両方の合計では一一三首にのぼった。同じ歌に二度使われている歌は、八首あるので、一〇五首が「我」や「我が」等をふくんでいることになる。数え方に多少の誤差があったとしても、三〇〇首中の百数首を超えることに間違いはなく、三十五パーセントの比率になる。

与謝野晶子『みだれ髪』について「われ」「わが」という語の使用頻度を綿密に調べた資料がある。「『みだれ髪』に「われ」は四十三首にあらわれるが、同様の代名詞「わ」が「わが泣く」「わがいだく」のかたちで二首に見られ、加えて「わが罪」「わが髪」などという場合の連体詞「わが」にふくまれる意味上の「われ」が三十二首にあることを考えると、合わせて七十七首に歌の主体としての「われ」を示していることになる。ほぼ二割。これは一冊の歌集の印象としてもやはり多い」（今野寿美『24のキーワードで読む与謝野晶子』）とある。

比較しても『翡翠』の「われ」「わが」の使用頻度三十五パーセントは並外れて多い。しかし大正九年刊の九条武子歌集『金鈴』は二〇〇首中に「我」が三十九、「我が」が三十二あり、重複が一首で計七〇首となる。やはり三十五パーセントの割合である。また大正四年刊行の柳原白蓮歌集『踏絵』三一九首中、「われ」は六十六、「わが」が六十七あり、重複が十二首で、計一二一首となる。比率にしてじつに三十七・九パーセントにのぼるのだ。

このころの歌集で主体としての「われ」や連体詞の「わが」が頻出するのは『翡翠』のみではない。一人称の名詞、代名詞などが比較的多いのは、「われ」を深く問いかける近代という時代の大きな流れだったと言えるかも知れない。使用頻度も大いに注目されるが、それよりもなお、「われ」をいかに詠ったかが、問題の主眼になるだろう。

第一歌集『翡翠』にあらわれる「われ」の歌は、歌集未収録の初期歌篇の「われ」と対比させるとその意図がより鮮明になり、時代の特殊性が浮かび上がる。

世にふれどあるかひもなし人の親の女を生むは罪にあらずや　『あけぼの』明治37

ともすれば狂ひやすしよ我心母と呼ばるゝ身にふさはずも　『玉琴』明治40

夫と子にさゝげはてぬるわが身にもなほのこるかな少女の心　歌集未収録　明治43

明治三十年代後半から四十年代にかけて詠われた廣子の初期の歌である。一、二首目はそれぞれ『あけぼの』『玉琴』にあり、三首目はどの歌集にも未収録の歌だ。

一首目は、廣子二十六歳時の「心の花」（明治37・9）に初出。「声なき星」十五首の真ん中に位置する。二首前に「わか草の若かりし世の物思ひ思ひいづれば胸もゆるかな」があり、一首後に「のちの世は蝶ともならむ塵ともあれ物おもふ人と又はうまれじ」がある。女性の権利が認められない時代に生きる寂寥、少女時代の希望が叶えられぬ封建的社会に生きる焦りと諦めが濃厚に漂う。「物おもふ人と又はうまれじ」という口惜しさがあり、「のちの世は蝶ともならむ塵ともあれ」と身を放擲するような語句もみられる。純粋に学び、社会の中で自己実現したいという切なる願いの裏返しだろう。

女性の権利が極端に制限された社会の在り方、封建的家長制度の目にみえない縛りの厳しさを深く嘆く歌と言える。青春期に吹きわたった明治の風は、文明開化のふくよかな香りをはらんでいたにしても、女性にとっては穏やかとは言いがたい不自由さをも孕んでいた。

民法の親族篇（明治31）には、次のような規定があった。離婚理由としては妻の側のみに姦通があげられ、財産行為においては「妻の無能力」が定められ、子に対する親権は父にのみ認められる（相続篇）、と明文化されており極端に不平等だった（『日本女性の歴史』総合女性史研究会編）。明治三十二年（一八九九）には、女性の教育をおもんぱかった「女学校令」が発布されたが、これさえも女性の解放というよりは、国の理想とする貞淑な妻を育成するための啓蒙に寄与した。

ひとしく学問とは言ひながら、男子と女子とは、こを修むる目的大に相異なるべし。思ふに男子は将来志すところの職務によりて、各専門の学を修むるを常とすれども、女子は上下の社会を画して、ほぼ類似の学を修むること、今日の実際なり。そは内助を以て女子教育の主眼となすは、天下の通義なればなり。…略…男子の如く単に深く専門の学を修むるを要せず。…略…要するに、女子を教育するには、如何なる種類の学科あるは手芸にても、実践を求むるを以て要旨となすべし。単に学者、又は技術家を養成するごときは、普通女学の目的にあらざるなり。

三輪田眞佐子「普通女学の要旨」（『女子の友』明治30・7）

これは当時、高等女子教育にたずさわり三輪田女学院を創立した進歩的な教育者であった三輪田眞佐子の文章だ。「普通女学の要旨」という題も啓蒙的で、当時の社会にアピールするところが大だっただろう。女子の高等教育に進歩的な見方をして肯定的ながらも、純粋に学問に打ち込み専門的な学者となることは女子教育の本意ではないとのべている。こうした方針が女子の高等教育の本道としてごく一般的であった。人一倍聡明であった廣子が、「わか草の若かりし世の物思ひ」に胸を焦がし、「なほのこるかな少女の心」と憧憬をこめて少女時代を懐かしみながらも、「物おもふ人と又はうまれじ」と深く悔やむその胸の内も知れよう。

『翡翠』にあらわれる「我」は、この押し止《とど》められた自我の鉱脈があってこその熱と重みと、逆説的な軽味とを獲得したのだ。「我」「我が」をふくむ歌を挙げてみよう。

此日ごろ我みづからをながめつつかなしびもしぬおどろきもする
我が生命かへりみせらるもづもづと這ふ虫見ればかへりみせらる
ゆめもなく寝ざめ寂しきあかつきを魔よしのび来て我に物いへ
あさましな過ぎ来し道を見かへれば只わが影をわれ抱き来ぬ
つれづれに小さき我をながめつつ汝何者と問ひて見つれど
わが胸にまこと潜める物やあるありとも見えで立つかげろふよ
子猫ならば遠野のやみに捨ててまし我が胸に来て何か啼くこゑ

一首目、「我」を客観的に見つめ自己の多様性に触発される歌だ。二首目は、這うことしか許されない虫に対比させた「我」の尊厳。三首目、平俗な日々を魔物にさえ揺らしてほしいという願い。四、五首目は、何物とも知れぬ不可思議な自己を問う「我」だ。六首目は、胸にたつ陽炎は自分に潜む熱気ではないかと問う「我」。七首目は、つねに胸にひびくか細い啼き声があると嘆く「我」だ。子猫のように哀れにすり寄って啼くものは自分自身の裡なる声だから遠野に捨てることもできない。「子猫」は純粋素朴な少女期の「われ」の化身かも知れない。

　さまざまな「我」をふくむ作品には、特別に男女を引き比べて「我」を詠ったものは見当たらない。男女の別ではなく純粋に、人間としての自我を主張している。与謝野晶子が、「罪おほき男こらせと肌きよく黒髪ながくつくられし我れ」「狂ひの子われに焔《ほのほ》の翅《はね》かろき百三十里あわただしの旅」「梅の渓の靄《もや》くれなゐの朝すがた山うつくしき我れうつくしき」と陶酔感ゆたかに詠んで、女性である「われ」を前面に押し出したのとは大きく異なっている。晶子の歌の「われ」には思わず引き込まれる華麗さがあるが、廣子の「われ」はきわめて内省的であり、より深く近代の自我を問う精神性があると言えるだろう。

　いぶかしみ世は我を見るわたつみの底より来つる少女の如く
　わが心あまり清きにおどろかるあまり弱きにふとほほゑまる
　月の夜や何とはなしに眺むればわがたましひの羽の音する

ああ我は秋のみそらの流れ雲ただばかりにかろくありたや
よろこびかのぞみか我にふと来る翡翠の羽のかろきはばたき

一首目、夢みがちで世離れした女性と見られがちな「我」。二首目は、世俗に染まらない自己を危ぶむ「我」。三首目は、月光の美に強く感応して誘きだされる本質的な「我」。四、五首目は、世の規律や掟をふりほどいた雲や小鳥の姿になぞらえた「我」だ。この世の重力を抜けた軽みへの憧れは、「我」を含む歌に思いのほかつよく表れている。

わが指に小さく光る青き石見つつも遠きわたつみを恋ふ
百年の前に死にける我ならむふと帰り来し見知らぬ人は
我が世にもつくづくあきぬ海賊の船など来たれ胸さわがしに
生くる我とゆめみる我と手をつなぎ歩み疲れぬ倒れて死なむ

一首目、初出は「心の花」大正三年二月号。同じころの廣子の小説「偶像破壊の日」にこうある。「私の左の指の指輪の石はうすねずみ色の面に朝の光をうけて紅《べに》にも青にも藍にもみどりにもいろいろの色に変化して動いて居ります。其透明なる光の波を見ながら私は自分のまだ知らない色々な美しい清い深い世界があつて私の踏み入るのを待つてゐるやうな気がいたします」（「心の花」大正5・6）。アイルランド文学翻訳を予感させるような文章で、主人公に託した廣子の心情が偲ばれる。

二首目、前世の「我」を偲ぶ歌とも解釈される。白蓮にも「わがわれに與へむとするは百年の後に生くべき物語ぶみ」（『踏絵』大正4）や、「斯る日は几帳のかげにかくれたる百年前の我をし偲ぶ」（『幻の華』大正9）という歌がある。現実を厭いロマンに隘路を求めた姿だろう。

四首目は、現実を順守する「我」と幻視の世を焦がれる「我」の痛ましい相対死《あいたいじ》にだ。「ゆめみる我」については、「私の生れた家の人々は或る大きなゆめを見ては、其夢を追ひながら失敗して死んだ人々でした。私も少女の頃から何となしに夢を見て居りました。そして其夢につり合はない女の身であることを常に不満に思つて居りました。…略…其時から始めて私は此偶像を頼むことを覚えました」（「偶像破壊の日」）とある。ここで言う「偶像」とは、「短歌」であっただろうと私は思っている。

『翡翠』について前川佐美雄は、「片山さんの処女歌集『翡翠』は、ユニークな歌集として、その文学的に気高い作品は必ず再評価せられるときが来るだらう。雑駁且つ無道な歌の氾濫する現在、『翡翠』は全く文字通り礫の中の翡翠の玉であり、濁流の上の翡翠の鳥でもある。私はこの歌集から受けた様々な恩恵を忘れない」（「片山さんを憶ふ」「心の花」昭和32・5）と記した。佐美雄をして「ユニークな歌集」と言わしめたのは近代的自我の自覚と知的精神性、詩性と幻視であっただろう。

ユニークと言われた『翡翠』が出版された大正初期には、多くの女性歌人による歌集上梓が続いた。廣子と同じ明治十一年生れの与謝野晶子は、明治三十四年に第一歌集『みだれ髪』上梓以来、女性歌人の中ではひとり気を吐いて旺盛に歌集を編み、大正三年には第十一歌集『夏より秋へ』、大正四年には『さくら草』、大正五年『朱葉集』とこのころすでに十三冊の歌集を上梓していた。晶子の活躍は別格だが、岡本かの子が大正元年に『かろきねたみ』、原阿佐緒が大正二年に『涙痕』を上梓して、女性の歌集上梓を勢いづけた。『翡翠』上梓前年の大正四年には、柳原白蓮『踏絵』、今井邦子『片々』、若山喜志子『無花果』が相次いで出版されている。

同時期の男性歌人には、島木赤彦『馬鈴薯の花』（大正2）『切火』（同4）、与謝野鉄幹『鴉と雨』（同4）、窪田空穂『濁れる川』（同4）『鳥声集』（同5）、斎藤茂吉『赤光』（同2）、新井洸『微明』（同5）、北原白秋『桐の花』（同2）『雲母集』（同4）、土岐善麿『街上不平』（同4）『雑音の中』（同5）、若山牧水『死か藝術か』（同1）『みなかみ』（同2）『秋風の歌』（同3）『砂丘』（同4）『朝の歌』（同5）などがあり、多くの男性歌人が短期間のうちに複数冊を間断なく上梓している。

男性にくらべれば、その歌集上梓の数は遥かに及ばないが、明治年間の女性歌集の少なさを思えば、大正に入ってからの歌集上梓数は急激な増加だと言える。明治期は与謝野晶子が属した「明星」の女性歌人のみが突出していた。女性の力に篤い信頼をおいた与謝野鉄幹の先見の明と、文学的な懐の深さを思わないではいられない。「心の花」所属の白蓮や九条武子、廣子らの歌集が比較的早く世に出たのは、鉄幹とともに女性の力をジャンルを超えてひろく解放した「心の花」主宰佐佐木信綱の明と言わなければならない。

五　第二歌集『野に住みて』時代　　精神の自立の書

1　ユートピア・軽井沢　　時間の推移と抒情

さびしらに浅間葡萄も吸ひて見む人酔はしむる毒ありといふ　　廣子

廣子には日常的なスナップ写真というものがない。即座に思い浮かぶのは写真館で撮影したと思われる非日常的な二枚だ。一枚は着物姿で、描かれた林を背景に、切り株を模した椅子に腰かけた二十歳のポートレートである。長いパラソルを持ち、生真面目な大きな目で真っ直ぐに前方を見つめている。もう一枚は、やや不鮮明だがやはり着物の立ち姿だ。昭和六年上梓の『現代短歌全集』（19巻・改造社）掲載のため、止むなく写したものだといわれる。そうだとすれば、五十代だ。鮮明ではないので年よりやや老けた感じだが、まるでモナリザのような静かで謎めいたアルカイックスマイルを浮かべた一枚である。写真には東洋と西洋の文化が混然一体となった上品で嫋やかな美が漂っている。代表的な二枚の写真は写真嫌いで通した廣子の面影を偲ぶ数少ない資料だ。

廣子には、中断をふくむとはいえ長い歌歴がある。しかし、生涯の歌集は二冊だけだ。一冊は三十八歳の上梓である『翡翠』（大正5）、二冊目は、三十八年を隔てて七十六歳で上梓された『野に住みて』（昭和29）である。長い年月を隔てる二つの歌集は、自ずからその色彩を異にする。まるで、先に紹介した二枚の写真の印象そのもののようだ。若く真っ直ぐに遠くを見つめる写真が『翡翠』だとすれば、すべてを包含する柔らかな笑みを湛えた写真は『野に住みて』を彷彿とさせる。二枚の写真のあいだに流れた時間と二冊の歌集のあいだに流れた時間の印象がぴったりと重なるのだ。二つの歌集はそれぞれまったく別の次元を思わせるが、両者にわずかに架橋するものがある。それは澄みわたった夏の軽井沢にまつわる記憶だ。

二枚目の写真を撮影したころに、廣子は多くの文学者が好んで住んだ軽井沢に念願の別荘を得た。それまでは避暑のたびに旧知の「つるや旅館」に投宿していた。

軽井沢は明治から昭和にかけて、徳富蘆花や尾崎紅葉、田山花袋、志賀直哉、里見弴、若山牧水、土岐善麿、島木赤彦、北原白秋、室生犀星、与謝野寛・晶子夫妻、芥川龍之介、堀辰雄、島崎藤村、有島武郎など多くの文人が集った地で、地域全体が一大文学サロンの様相を呈していた。なかでも中山道軽井沢宿の旅籠「鶴屋」、現在の「つるや旅館」は犀星を中心とする代表的な文学サロンとして有名だった。廣子もその主要な一員だった。

第一歌集『翡翠』には、次のような軽井沢の歌がある。

空ちかき越路の山のみねの雪夕日に遠く見ればさびしき
山羊の子は流のふちの桑の葉もはみ飽きたるか我により来る
さびしらに浅間葡萄も吸ひて見む人酔はしむる毒ありといふ
遠山と我と立つ時やみに伏す大野のむねにおつるいなづま

一首目は「軽井沢にてよみける歌十四首」の巻頭歌。標高千メートルを超す軽井沢から見ても、越後の山はなお高く、雪嶺は手の届かない聖域だ。作者の憧憬と寂寥が深く滲む。連作の二首目に「花草の信濃たか原あさ行けば人の世遠くみそらのちかき」ともあり、世俗をはなれた解放感も漂う。二首目は、山羊に対する優しい視線が印象的だ。三首目「さびしらに浅間葡萄も吸ひて見む人酔はしむる毒ありといふ」には、浅間葡萄の野生の力を羨む気持ちが滲む。浅間葡萄はブルーベリーのような酸味があり、それには理性を麻痺させる力があるという。葡萄の毒は身を滅ぼさず、心を酔わせる。毒を肯定的にとらえて、日常的な平俗な生き方を否定する思いが反映されているだろう。四首目、闇に伏す巨人のような大野の胸もとに走る稲妻が、鋭く目を射る。作者の激しい思いがスパークするような結句だ。聖なる山と俗なる人間とのあいだの埋めがたい亀裂ともみえる。高邁な理想を抱きつつ、世俗に紛れる作者の底深い寂しさが漂うような第一歌集『翡翠』の軽井沢一連である。

次は、夫貞次郎の死後二年目に詠まれた挽歌「軽井沢にありて」十二首（大正11・10）だが、短歌と距離を置いていた時期でもあり、歌集には収録されていない一連だ。

高原は夜ぎりにしづみわが上に星の夜ぞらのちかくもより来る
なき人のある日のまみもおもひいづ黒き日がさのなかのわがゆめ
電線はしきりに鳴りぬ夕風のふきしをる野のいつぽんのみち
いなびかり遠ぞらのはてに光る時こゑあげて人の呼ばまほしけれ
神も死もややむつましきものとしぬこのごろ知りしさびしさのなかに

このとき、廣子は四十四歳だった。歌友山川柳子宛の手紙に、「わたくしはもう二年間ひとりでどうにか生きてゆくこともおぼえました。ほとけさまはわたくしの詩か偶像かとさへ思ふやうになつてまゐりましたがどうしたものかこの夏ひとなつ軽井沢にまゐつてかへつてまゐりましたらまた二年前のいたい気持がその時のまゝに帰つてまゐりました」（大正11・9・9）と記した。夫を失った痛手は、二年経っても癒えることがなかった。

二首目の、日傘を透く夏の日射しの労わるような光が印象的だ。結句には亡き夫をしのぶ幻視の甘やかさと同時に、まだ払拭されない寂しさが色濃く漂う。三首目の荒涼とした道は、あたかも自分がこれからたどる人生の寂しさを予告しているようだ。四首目、作者には珍しく直情を吐露した一首だ。稲妻とこころの叫びが瞬時重なる。

五首目は、自己の胸うちを凝視した歌。夫の死によって実感として開かれた宗教的心境であり、死への畏怖だろう。畏れた死さえも親しいと感じるところに、夫の急逝という不遇を通過した廣子のしなやかなつよさが表れている。こうした歌は、『翡翠』に詠まれた軽井沢から、『野に住みて』に詠われる軽井沢へとしなやかに架橋するような一連だ。夫の死を幾度も反芻するなかで、廣子の軽井沢の歌は深くすっきりと浄化されていった。

芥川との運命的出会いはこの二年後だ。大正十三年七月二十七日に、廣子は子どもたちと例年通り、軽井沢の「つるや旅館」を訪れた。ここで先に投宿していた芥川龍之介や、後に合流する室生犀星、堀辰雄らと偶然に出会い一夏をともにする。廣子四十六歳、芥川三十二歳、室生三十五歳、堀十九歳の夏であった。同行した廣子の長男達吉は、当時をふりかえって次のように書いている。

私がはじめて芥川さんにお目にかかったのは軽井沢の『つるや』の離れでした。今でもその離れは残って昔の通りになっていますが、部屋が二つあって芥川さんと室生犀星氏とが一つずつ占領しておられました。…略…軽井沢は当時欧洲大戦の好況で別荘が後から後へと建ち、毎日のように新しい土地の木が伐られ草が刈られた時分です。

片山達吉「追憶」(『芥川龍之介全集』月報8号、昭和10・8)

現在も「つるや旅館」は元のまま在り、当時の雰囲気を色濃く漂わせている。この夏の出会いによって芥川と廣子は互いにつよく惹かれ、その人間的魅力の虜になった。また堀辰雄と廣子の長女總子との出会いもこのときになされた。辰雄の小説『聖家族』『菜穂子』などは廣子と總子を主人公とするものであり、高雅な雰囲気をかもしだす廣子母娘の姿は若い文学者辰雄の感性をも激しく揺り動かしたのだった。總子への愛の挫折など、以後さまざまな葛藤はあっても、辰雄は生涯にわたって廣子母娘を温かく庇護する者でありつづけた。じつに稀有な文人たちの邂逅だった。廣子と芥川は翌年もまた、ともに軽井沢の避暑を楽しんだ。このとき軽井沢で詠まれた一連「日中」十七首（信濃追分にて）（「早稲田文学」大正15・8）が、多少の異同を経て『野に住みて』に収録されている。

はれやかに沓掛の町の屋根をみるこの川のほとり人なく明るし
さびしさの大なる現はれの浅間山さやかなりけふの青空のなかに
影もなく白き路かな信濃なる追分のみちのわかれめに来つ
われら三人影もおとさぬ日中《につちう》に立つて清水のながれを見てをる
しづかにもまろ葉のみどり葉映るなり「これは山蕗」と同じことを言ふ
日の照りの一めんにおもし路のうへの馬糞にうごく青き蝶のむれ
われわれも牧場のけものらと同じやうに静かになりて風に吹かれつつ

友だち別れむとして草なかのひるがほの花を見つけたるかな
をとこたち煙草のけむりを吹きにけりいつの代とわかぬ山里のまひるま

前出の挽歌に比べると当然のことながら明るい光に満ちた一連だ。夫没後すでに四年が経っており、またなによりも芥川との運命的出会いが背景にあったためだ。

一首目、明るい沓掛宿の朝の風景。芥川は犀星宛の書簡に、「けふ片山さんと「つるや」主人と追分へ行つた非常に落ついた村だつた北国街道と東山道との分れる處へ来たら美しい虹が出た」（大13・8・19）と書いている。廣子は詩「ふくろが鳴く」（「三田文学」昭和3・8）のなかに、「追分は谷を見おろす田とうねりみち／とほい山に／虹があつた」と同じ風景を共感をこめて詠った。芥川は、数年来の鬱屈した精神状態がすっかり和らぎ、「もう一度廿五才になつたやうに興奮してゐる」（小穴隆一宛、8・19）とも書いた。軽井沢滞在中は廣子の傍で少年のような陽気な一面をのぞかせたという。世俗を離れた軽井沢の霊力だろう。

二首目、どっしりとした浅間山の実在感に、存在の寂しさが重ねられている。逃げることなく深い寂寥と対峙する姿勢が滲んでいる。「さびしさの大なる現はれ」という把握には、冷静で知的なこころの動きがある。四首目、しんかんと音のない夏の真昼の風景が、遠近感もなく立体感もない静止画のように描かれていて絵画的であり物語的だ。六首目、「日の照りの一めんにおもし路のうへの馬糞にうごく青き蝶のむれ」という一首は、珍しい嘱目詠だ。芥川の廣子への相聞歌「越びと」（「明星」第6巻3号、大正14・3）二十五首の第十一連に「うつけたるこころをもちて街《まち》ながめをり。／日ざかりの馬糞《ばふん》にひかる蝶のしづけさ。」という歌がある。二人が同時に目にした夏の追分の実景と思われる。

『野に住みて』の「日中」について、前川佐美雄は「特に「日中」の一連も忘れ難く、をりをりに暗誦しては私の歌の行き方に大きな示唆を与へられたことを常に感謝してゐるのである」（「心の花」昭和32・5）と、書いた。ヨーロッパで起こった印象派の絵画を思わせるような、明るい色彩感覚と斬新な構図をもった一連である。

芥川との交流は、これ以後一層深く細やかになった。書簡や展覧会への同行などをふくめていくつか交流の記録はあるが、秘められたこころの交流の全貌は分からない（平成二十五年十月現在）。廣子に対する芥川の思慕は、「明星」に発表された二十五首の旋頭歌と、久米正雄に発表を託した『或阿呆の一生』、そして「三つのなぜ」のなかの「なぜソロモンはシバの女王とたった一度しか会わなかったか?」などの著作に明確に遺されており、心中を鮮明に知ることができる。犀星や辰雄に宛てた書簡からも、廣子への思慕は明らかだ。廣子の思いもそれに呼応するものだったことは確実だ。ただ芥川から廣子宛の書簡はほとんど残っていない。廣子の葬儀直後、娘總子の手によってすべて焼却された。文学史上貴重な資料ではあるが、世に流出して芥川と廣子の名を傷つけてはいけないとの潔癖な配慮からだ。芥川が自死した昭和二年に歌友山川柳子に宛てた、廣子の書簡と歌（昭和2・8・7）を挙げておこう。

（筆者注・昭和二年の）六月末にふいとわたくしの家を訪ねて下さいました 堀辰雄さんを案内にして何かたいへんにするどいものを感じましたが、それが死を見つめていらつしやるするどさとはしりませんでした…略…それから一月経つてあの新聞を見た時の心持をおさつし下さいまし…略…なんでもかでももうすこし死なずにいらしつていただきたかつたのです

あけがたの雨ふる庭を見てゐたり遠くに人の死ぬともしらず

廣子書簡（「軽井沢高原文庫通信」No.30、平成8・2・15）

廣子の衝撃が窺える。芥川は七月二十四日に自死したが、その一か月前に廣子を訪ねたことを証明する手紙だ。芥川死後の心情を滲ませた軽井沢の歌が『野に住みて』にある。大正十五年に詠まれた「六里ヶ原にあそぶ」一連と、後年、芥川が逗留した「つるや旅館」の「もみぢの間」に泊まった折の「しろき蛾」一連、そして馬越での「七月」一連の作品である。

八月の空気のなかに一ところわが心のまはり暗きかげあり
「六里ヶ原にあそぶ」

野のひろさ吾をかこめり人の世の人なることのいまは悲しも

亡き友のやどりし部屋に一夜寝て目さむれば聞こゆ小鳥のこゑごゑ
湯上がりのわが見る鏡ふかぶかと青ぐらき部屋の中に澄みたり
せと火ばち湯はたぎるなりわが側にしろき蛾の来たり畳にとまる
「しろき蛾」

葦はらの中の砂地に立ちとまり人がうしろから来るやうにおもふ
わが傘のみ一つ見ゆるかと心づき葦はらのなかに傘たたみたり
「七月」

一首目から五首目までは、芥川の自死の記憶に繋がる暗い影を見つめ、この世にある悲哀を味わい尽くし、後年亡き芥川と同じ部屋に泊まるという流れの一連だ。そのなかで諦念にも似た心の安定を得てゆく廣子の姿がみえる。暗い部屋に深々と澄む鏡、湯のたぎる火鉢による白蛾などは芥川を連想させ、時を経てもなお思慕が深まっていることが分かる。芥川の研ぎ澄まされた精神を思わせるシュールな美もたっぷりと湛えられた一連だ。

六首目、葦原を分けてくるのは亡き人だろう。これも芥川を彷彿とさせる。七首目、身を守る傘が却って身を際立たせるという逆説の寂しさと可笑しさ。それぞれの歌には、静かだが熾火のように燃えて消えることのない廣子の情念が熱くこもっている。

軽井沢は、廣子にとって世俗を払う場であり、悲喜を澄みわたらせる場であり、失意を慰撫する場であり、自己を鼓舞する場として何物にも代えがたい聖地であった。浅間葡萄の毒さえも覚醒と甘美な酔いをもたらす。『翡翠』の清新さと『野に住みて』の枯淡とを貫き、優しく架橋する歌群を生んだ軽井沢は、廣子にとってなくてはならない生涯のユートピアだったと言える。

2 『野に住みて』の主題　夢よりもよし

いくたびか老いゆくわれをゆめみつれ今日の現在《うつつ》は夢よりもよし　廣子

最終歌集『野に住みて』は、昭和二十九年一月に上梓された。大正十四年ごろから昭和二十七年までの四八五首（重複一首で四八四首）を収録する。昭和初年から十余年の作歌中断期間もあり、アイルランド文学の翻訳に没頭した年月を経て、廣子はすでに七十五歳であった。前年の春ごろから体調が優れず、みずからの手による最終的な歌集の編集は遂にかなわなかった。

掲出歌は、「短歌研究」（昭和16・1）に初出の「近事」十首の掉尾の歌である。『野に住みて』では、「微笑」六首の二首目だ。最終的な編集と上梓は、廣子を慕う後輩歌人栗原潔子の尽力によるところが大きい。版元の第二書房社主の伊藤禱一の強い後押しもまた大きな力となった。廣子の魅力を知る人たちが、秀歌の埋没を惜しんだ結果の上梓だ。川田順、北見志保子、日夏耿之介、宮柊二、室生犀星らが温かい推薦文を寄せている。

自力で編集することなく病の床につくにいたった「老い」への道程が『野に住みて』の歌の背景であり、家族を次々に喪って孤独となるまでの心の透徹が、その歌の芯を支えている。歌集を上梓した三年後の昭和三十二年三月十九日に、廣子は脳溢血で亡くなった。

歌集題となった「野」とは、昭和十九年六月にやむなく疎開した浜田山の小さな家にちなむ。画家のアトリエ跡を購入したというガラス張りの家で、「その雨戸もない寒い家におっとりと住んで歌を詠んでいた。『野に住みて』はその頃の歌を主軸として集めたものである」（『その微笑の中に』）という阿部光子の一文に廣子の境遇が窺える。

廣子は、終戦間近の昭和二十年三月二十四日に長男達吉を心臓病で失い、同年八月に弟東作を爆撃で失った。夫貞次郎は大正九年三月十四日に病没したので、生計を支える男手をすべて失ったことになる。喪った「家族」と迫り来る「老い」は、『野に住みて』に陰翳を濃く反映する主題となっている。

『野に住みて』に表れた家族の歌と、老いの歌の推移をたどってみたい。

①家族の歌・夫と息子

富士が嶺を土なるものとながめつつ駿河の国に旅寝せし夏　「おもひでの駿河」
山百合のあまりにほへば戸をあけて暗やみの中に香を流しやる
大き富士はうつせみ吾とかかはりなくみそらに掛りむらさきの山

『野に住みて』初出の一連。「わが夫なくなりし大正九年には常のごとく軽井沢に避暑する気力もなく心身よわりてありしを、人のすすめにより御殿場にゆきて七月八月を過しぬ。記憶すでにうすらぎてわが世の事ともおぼえず、ただその夏の富士をかすかに思ひ出でて」という詞書がある。長い年月を経たのちの回顧詠である。

一首目は、悲しみを富士の美しさに仮託して抒情的に昇華するのではなく、「土なるもの」としか見えなかった極限の寂しさを山の姿に象徴させている。二首目、百合の香に酔うのではなく、濃密な甘さを闇に流してしまう。感情の飽和を解き放ちたいという思いが濃厚に漂う。

三首目、自然の風物に悲しみを溶かし込むという甘えはない毅然とした廣子の姿だ。亡夫は「わか草の若かりし世」の廣子の少女らしい甘さを、大人へと鍛え直してくれた人でもある。小説「いちじく」（「心の花」大正2・10）の中で夫は、「（男という仮面を脱ぎ、女という衣を剝いで）私を一人前の人間として見てくれる恩人」であると書いている。また夫の壮絶な臨終を描いた随筆「かなしみの後に」のなかでは、「強いえにしがあればこそ其最後の夜に私が其処にゐて、私の胸が夫の最後の寄りかゝり場となつたのだらう。最後のくるしみの中にどんなに彼は心安く思つたらう」（「三田文学」大正9・8）と互いの深い信頼感を書き残した。夫は人生の伴走者として得がたい人だった。廣子は「君やがて君みづからのためにしも生くる日あらむとおほせたまひし」（「心の花」大正9・7）とも詠み、廣子に対する夫の深い労わりの気持ちを反芻している。

次は、将来を恃んだ最愛の長男達吉の死を悼んだ歌だ。

使来てわれにいひける言葉なりかならず驚きなさいますな
わが子われを訪ね来たりし日のごとく夕やけ雲の秋の日暮るる
ほのぼのと亡き子を思ひ堀辰雄のあたらしき本けふは読みゐる
子のためにけふ七年の法要すうらら春日は蠟の火ゆれず

達吉は四十五歳で亡くなった。吉村鐵太郎という筆名で横光利一、川端康成らと「文學」を創刊した人物だ。東大を優秀な成績で卒業後、銀行員となったが、母の影響もあり仕事の傍ら文学を志した。廣子にとってこころづよい文学仲間であり、大森の屋敷は廣子や達吉を中心にした文学サロンを形づくった。「もう男ざかりの息子を、昭和二十年の春、戦争でなく、心臓病で急になくしました。その時はあまり急の事で、私は殆ど涙も出ずぼやけてをりましたが、月日とともに悲しみは深くなり、何かにつけて彼を呼び、毎日の生活の中に彼がはいつて共に生活してゐるやうにさへ思はれてまゐりました」（加藤とみ子歌集評「立春」昭和27・11）と回顧されている。

一首目は、急死を知ったときの歌だ。たった一首しかないのは衝撃のつよさを物語っている。二首目は、昭和二十年八月十日に亡き達吉が幻に現われて、近く終戦になると暗に告げた日のことを回想して詠っている。

三首目、四首目は、年を追って痛恨の思いがほどけてゆく過程が詠まれている。達吉と堀辰雄は「文學」の同人仲間でもあった。まるで我が子の本を読むようなおっとりとした描写に、廣子の温かさが伝わる。

山川柳子宛の書簡(昭和20・5・6)に添えられた歌には次のようにある。

黒衣して汝をはふりの庭に来ぬ父なくなりて二十五年のち
こまやかに優しき心ひそめつつ我を叱りしわが子よわが子

「父」は「その父」の略だろう。大正九年の夫の死から二十五年後の息子の葬儀である。冷静に詠まれているが、時を隔てた二人の死が一首の中で重ねられており哀切だ。廣子には珍しい直情的な歌でもある。

廣子につよく随筆を書くことを勧めたのは達吉だ。「親にしんせつな私のせがれは、草とりは草取り婆さんを頼みなさい。そして毎日少しづつ読書することですね。…略…時々随筆を書いてみたらどうです?……略…愉しいことでせう」と助言した。廣子は、大正五年前後から翻訳に没頭し歌とは疎遠になる。芥川の死の年、昭和二年頃からは翻訳とも遠い距離を置くようになった。あらゆる文学から遠ざかった寂しい心をおもんぱかってのことだ。その成果は晩年の随筆集『燈火節』(昭和28)の上梓と、それによる第三回日本エッセイスト・クラブ賞受賞に結実した。

夫と長子の二人の男性は封建制の世に、男女の差別のないひとりの人間として廣子の人格を十全に重んじたのだ。

②老いの歌

『野に住みて』の際立った主題の一つは、自己の内面を見つめた「老いの歌」だ。世界でも稀な高齢化社会となった今日、「老いの歌」は普遍的となった。闊達で艶やかな廣子の老いの認識は、現代の老境の先駆をなすものだ。敗戦後の困難な生活を背景に、温厚にして気丈に生きたひとりの女性の素のこころを詠み残している。

われもまた湯気にかこまれ身を洗ふ裸体むらがる街湯《まちゆ》のすみに
ひとりゐてトーストたべるわが姿ひとよ見るなと思ひつつをかし
女ひとり老いゆく家はものよどみきたなき心地す雨か雪か降れ
あたたまり静かに眠る明日は吾生きてあるやと問ふこともなく
有為転変すさまじかりし世紀にも心臆せずまだある生命

後半生に勃発した第二次世界大戦は「有為転変すさまじかりし世紀」と表現されているよう

に、廣子にも苦難を強いた。大森の邸宅には戦時用の用水池が掘られたあげくに接収され、荒野であった浜田山のアトリエ跡に独居せざるを得なかった。一首目、内湯もなく街湯に通う姿はかつての廣子の生活からは想像もできないことだ。

二首目、貧しく寂しい食事風景は、客観視すれば滑稽だと思う心の余裕。三首目、女の独居生活の停滞感を「きたない」と感じ、正直に表現するさっぱりとした気性。

四首目、流れに任せた命と思い定めれば、明日を煩うこともない。五首目のように、「心臆せずまだある生命」と孤独な日常生活をあるがまま衒いなく晒している。すべてを失ったがゆえの自在な「われ」の姿がここにはある。

花のごとく木草の如くわがうから枯れゆくならばそれもすべなし
むかし高麗びと千七百九十九人むさし野に移住すとその子孫かわれも
まつすぐに素朴にいつも生きて来し吾をみじめと思ふことあり
生きるかひあるかと問はじ天地の一つ生命をわれ今日も愛す
もろもろの悲しき事もあやまちも過ぎたるものは過ぎ去らしめむ

真っ直ぐな気質をもつ一族の宿命を詠った一連だ。

三首目、「まつすぐに素朴にいつも生きて来し吾」と詠まれる廣子もその純粋で心優しい系譜に連なる者だ。「みじめ」と感じたところには、文学的ロマン性を追求しきれなかった無念さ、若き日の夢への強い愛惜が滲んでいる。

四首目、自己実現は叶わなかったが、この世に生を享けたものとして素朴に生きる自分を今なお愛していると言う。謙虚で衰えることのない瑞々しい生命感だ。

五首目、「過ぎたるものは過ぎ去らしめむ」という達観もまた、自立した大人の自信に満ちている。どの歌も底深い寂寥を湛えながらも暗く痩せてゆく老いの歌ではなく、悠揚とおのれを客観視した懐の深さがある。

老いてのちはたらくことを教へられかくて生きむと心熱く思ふ　『野に住みて』
さつさうとパンパンひとり住む家に白桃の花は真珠のごとし
人の子のこのをさなごを愛すればわが亡き後の事をかきおく
なからん後の小さき配分を書きをはりすがしくぞ吸ふ午後のたばこを　「砂漠」

一般的に明治生まれの女性は社会に出て働くという選択肢はなかった。職場は限られており、家制度の中で家事に従事し、社会に出る算段さえ知らなかった。

一首目、内部から湧きあがった革新の意気が、「心熱く思ふ」という言葉に象徴されている。内燃する自立心に老境の侘びは感じられない。

二首目、貪欲にかつ逞しく自立する者へのエールがある。たとえ蔑《さげす》まれる仕事でも自立する女は、真珠の清さに喩えられた。

三首目、孫のない廣子は、家政婦の女性の子をことのほか愛して、少ない遺産をその子に分配しようとした。達吉も仙台に住む總子もついに子をもたなかった。

四首目、「すがしくぞ吸ふ午後のたばこを」には、晩年の廣子のさっそうたる自立の姿とこころの有りようが反映されており、物語の一シーンを見るような爽快さがある。

待つといふ一つのことを教へられわれ髪しろき老に入るなり
動物は孤食すと聞けり年ながくひとり住みつつ一人ものを食へり
けふわれのかけし祈願はしら雪のふりつもる冬まで待ちてみむとす
いくたびか老いゆくわれをゆめみつれ今日の現在《うつつ》は夢よりもよし

廣子の歌は大岡信の「折々の歌」にも取り上げられた。「豊かな知性と情操で心の内面に分け入る作風。老境に入ろうとする女性の、単純だが深い人生経験の裏づけを示す歌である。芥川龍之介、堀辰雄師弟が、それぞれなみならぬ敬慕を抱き、彼女をモデルにした作品を書いているのはよく知られている」「晩年の歌は内面世界の充実を感じさせる」「深い慰めの響きをもつ聡明な歌である」と解説がある。一首目については上田閑照の「これだけで、簡潔ではあるが全き自伝の意味をもつかけがえのない「われ」のドキュメントである」（『私とは何か』）という評もある。たった三十一文字に、明治生まれの女性の人生が凝縮されている。家庭婦人としての待つ姿勢とともに、夢を叶えるために待つこと、行動の機の熟すまで待つこと、待つ姿勢にこもる忍耐と焦燥と期待とが揺曳する。

二首目は、孤独な食事風景。「孤食」は動物の本来の姿であり、自分もまた丸腰の動物として生きて孤り食しているのだ。静かな自負と自信が漂う。寂しげながら決して弱い響きはなく、毅然とした処世観が反映されている。

三首目も、静かに待つ姿勢の歌である。『野に住みて』の掉尾に置かれた一首で、暗示的な趣をもっている。

廣子の老いの歌には、後ろ向きな湿っぽさがない。却って瑞々しささえ漂うのは、老いに正対して自立の精神を貫いたからだろう。封建的縛り、道徳的倫理の縛りのきびしい世に生まれ育った廣子だ。孤り住いではあるが、自在な自分らしい生活は「今日のうつつは夢よりもよし」と断言し得るものだった。かつて「わか草の若かりし世の物思ひ思ひいづれば胸もゆるかな」（明治37・9）と詠んだ。その新鮮な自己認識の世界を深めた廣子には、細く痩せてゆく老いの世界はついに無縁だった。栗原潔子が、「決してジメつかず、最後まで自分を貫いて終ったしんの勁さは「野に住みて」の多くの歌にありありと一つのスタイルを残している」（「短歌研究」昭和38・3）と書いたのも深く頷ける。「感情の鋭さも抑へられ、知性のひらめきも枯淡となつてよき意味の老境の文学となつてゐる。それでゐて決して固定しないみづみづしさがある」（「心の花」昭和29・10）という久松潜一の評も廣子の老いの歌の豊かさをつよく印象づけるものだ。

一つの夢みたされて眠る人の如くけふの入日のしづかなる色

3　芥川とシバの女王　しろくかがやく微笑

わが前に白くかがやく微笑なり月日流れて友をおもふとき　廣子

歌集『野に住みて』の「微笑」六首の掉尾に置かれた歌である。一首前は「闘争は大河のごとく地を捲きて古りたるものぞ押しながさるる」となっている。初出は、「短歌研究」（昭和16・1）の「近事」十首中の八番目に位置する。「しろく」と表記される他に異同はない。

①二つの転機

掲出歌の「月日流れて」という言葉に、中断期間をもふくめて、廣子の長い文筆生活が思われる。彼女の創作歴をみると、その過程には二つの大きな転機がある。

一つは、大正五年前後。廣子は第一歌集『翡翠』を上梓するまで深く歌へ傾倒したが、「その翌年あたりからだんだん作らなくなつてしまつた。これはちやうどその時分から外国文学の翻訳に興味をもち始めたためもあり、また熱情のない自分の歌が次第にマンネリズムに堕して」（『現代短歌全集』19　後記）ゆくのに危惧を抱いたからだという。このころから仏教学者鈴木大拙夫人ベアトリスの指導でアイルランド文学に深く親しむ。翻訳に熱心になり、価値を置いていた歌への絶対的愛が衰退した。作歌意欲が特に減退したのが、大正五年ごろだ。

二つ目の転機は、昭和二年。情熱を傾けたアイルランド文学翻訳からも離れる。作歌は儀礼歌などあるが、休止状態だ。「あまざかるアイルランドの詩人らをはらからと思ひしわが夢は消えぬ」（『野に住みて』）、「完全にひとに敗けける十年を冬眠といひてみづから飾る」（『鶯』昭和15）と廣子自身が詠ったように昭和二年ごろから翻訳、作歌のどの分野にも目覚ましい収穫はみられない。

昭和二年ごろからの長い沈黙の原因について、廣子自身は特にのべていない。「わが前に白くかがやく微笑なり月日流れて友をおもふとき」という「微笑」連作中の一首にわずかに、その原因を探るヒントが隠されている。

「友をおもふとき」と詠まれた友は、初出の前後の歌から見て芥川龍之介と思われる。初出時の一首前は、「あはれわが夢にも知らぬたふとさをわれに見いでし人死にたまへり」（「短歌研究」昭和16・1）であったが、歌集には入っていない。入集してもいいと思われる歌を外した。芥川の影が濃く揺曳するからだろう。芥川との交際については過敏と言えるほど気づかっている。『芥川龍之介全集』（岩波書店）を編んでいた堀辰雄宛に、芥川の旋頭歌「越びと」二十五首中の一首を外すように懇願した書簡（昭和3・1・19）を出したこともある。芥川の死を前にした尋常ならぬ時期の作品を発表することの是非、芥川や相手の家族の名誉を思い、自分の家族をおもんぱかって全編の発表を拒んだのだ。抗議は入れられず「越びと」は全編発表された。

芥川の旋頭歌「越びと」（「明星」大正14）については順次のべるが、まず掲出歌「わが前に白くかがやく微笑なり」と詠まれた「友」に関した歌を挙げておこう。

世をさかる寡婦《ひとり》のわれにうらやすく人の洩らしし嘆きもあはれ
死をつれて歩くごとしと友いへりその影をわれもまぢかに感ず
まどふ吾に一つの示教《をしへ》たまひける或る日の友よ香たてまつる
地獄といふ苦しみあへぐところなどこの世にあるを疑はぬなり

一首目、芥川と初めて会った大正十三年は、夫没後四年目だった。伴侶を亡くし再び笑うことがあるだろうかと自問するほどの悲嘆もやや和らいだころだ。廣子は芥川より十四歳年長である。寡婦の静かな落ち着きに満ちていたのだろう。「うらやすく」と安らかにこころを開いた芥川の様子が窺える。芥川の旋頭歌「越びと」に「むらぎものわがこころ知る人の戀しも／み雪ふる越路のひとはわがこころ知る」ともあり、「言《こと》いふにたへめやこころ下に息づき／君が瞳《め》をまともに見たり、鳶いろの瞳《め》を」ともある。神経を病んでいた芥川の鬱屈を廣子はゆったりと包容したのだ。「鳶いろの瞳《め》」には、知られざる廣子の容姿も浮かぶ。

二首目、友は死の影の濃い人であった。廣子は友について「君がため死ぬべく思ひしこの君のかくながらへてゐますこの世は」（山川柳子宛書簡）「人は死に吾はながらへ幾世経て今も親しくいともしたしき」（『野に住みて』）と詠った。芥川の思わぬ早逝を傷んでのことだ。

三首目、芥川は、配慮の行き届いた生来の優しさと、抜群の知力で寡婦である廣子のゆくべき道を教示した。

四首目、「地獄」とは極度に苦しい境地のこと。境涯上文学上の苦であり、秘密を保たねばならない芥川との親交上の悩みでもある。芥川は「君をあとに君がまな子は出でて行きぬ／たはやすく少女《をとめ》ごころとわれは見がたし」（旋頭歌）とも詠んだ。芥川も廣子も家族をもっており、社会的な枷があった。芥川の旋頭歌「ひたぶるに昔くやしも、わがまかずして／垂乳根の母となりけむ、昔くやしも」は、すでに家族をもっていた廣子への熱い愛を吐露した危うい内容の歌だ。廣子が芥川全集から是非抜きたかった「越びと」の一首は、この歌に間違いないだろう。
廣子宛の芥川の書簡は廣子の死後、娘の手によってすべて焼かれた。後年、芥川宛の廣子書簡を入手した辺見じゅんは、その読後感を次のように書いている。

数年前、私は廣子の芥川あての十数通の書簡を手に入れた。それは、大正という時代を背景にした美しい恋文であり、互いが文学的にも影響し合っていたことを感じさせた。…略…(芥川の死後)廣子はまさに、その後の人生を自ら葬るようにして生きた。

辺見じゅん『桔梗の風』

昭和二年の芥川の死を境に、廣子は創作への意欲を急激に失った。アイルランド文学の翻訳さえ、大正十四年の『かなしき女王』(フィオナ・マクラオド著)上梓以後、全集などに既訳を収録するほかには、新しい仕事はしていない。作歌についても、『翡翠』を上梓した大正五年前後から稀になり、昭和二年以後「心の花」に歌はない。いずれも長い休止期間を経て、昭和十一年ごろから、徐々に復帰し始める。こうしたことからも芥川の死が創作上の大きな痛手であったことが窺える。
辺見の書くように、「(芥川の死後)廣子はまさに、その後の人生を自ら葬るようにして生きた」という捉え方のなかに、昭和二年以後の廣子の創作空白期間がすっぽりと収まる。芥川の衝撃的な死に自ずから殉じたのだろう。

②精神の王国

芥川龍之介宛の十数通の書簡を手にした辺見じゅんは、先の文章につづけて、芥川と廣子の交流についてさらに次のようにのべている。

…略…芥川と廣子の恋は、男と女の葛藤を超えた大正文化の浪漫として秘かに開花し、散った。精神の王国としての形而上的世界でのみあうことの出来る〈至福〉を暗示させ、彼方に存在したものであった。

辺見じゅん『桔梗の風』

「精神の王国としての形而上的世界」と表現される廣子と芥川の交流の世界は、一体どのようなものだろう。

二人の間で、常日ごろ「王国」として好んで語られたのは、旧約聖書中のイスラエル王国であり、シバの女王に恋するソロモン王の逸話だった。芥川は、廣子の才力をシバの女王になぞらえており、二つの王国の物語は、共通の親しい話題であった。

廣子は東洋英和の寄宿生活時代に、聖書に深く親しんだ。旧約聖書の「列王記」（1～11章）のソロモン王についての彼女の記述がある。イスラエルの王ソロモンは、シバ国の女王と初対面でたちまち恋に落ちたのだが、なぜか二度と彼女に会わなかった。「（筆者注・ソロモンとシバの女王の）この二人ほどに賢い、富貴な、豪しやな男女はゐなかつた。その二人が恋におちては凡人と同じやうになやみ、そして賢い彼等であるゆえに、ただ瞬間の夢のやうに恋を断ちきつて別れたのである」（「乾あんず」『燈火節』）と晩年の随筆集に書いた。古代王国の賢者の恋は俗情をすっぱりと断ち切った精神の王国に築かれた敬愛の念であり、形而上的世界の至福だったと解釈しているのだ。

芥川も、シバの女王についてさまざまに書き記した。まず第一番に、帝大生時代、初めて翻訳したのが『バルタザアル』（アナトール・フランス）（「新思潮」大正3・2）だった。バルタザアルはエチオピア王で、シバの女王バルキスに熱烈な恋をする。芥川が小説家として名声を得る前に、深い興味を示したのがシバの女王に恋するエチオピア王の物語だったというのは暗示的だ。バルタザアルは何ゆえか恋するシバの女王の魅力を振り切って、天上の星をみつめる天文学者となる。そして後にキリストの生誕時に厩《うまや》を訪う三博士の一人となるという物語だ。危険な恋情を天に放ち、昇華させ、この世的な愛を精神の王国に解放したのだ。

第二番目に、シバの女王についての小説を発表したのが、自死の年となった昭和二年だ。自死の直前に発表されたのは「三つのなぜ」（「サンデー毎日」昭和2・4）である。三つの謎のうちの二つ目として書かれた「なぜソロモンはシバの女王とたった一度しか会わなかったか？」には、聖書の逸話を下敷きとした芥川独自の物語が綴られている。「ソロモンは生涯にたった一度シバの女王に会っただけだった。それはなにもシバの女王が遠い国にいたためではなかった」と書きはじめている。主要部分の抜粋を挙げてみよう。

彼は生涯に一度会ったシバの女王のことを考えていた。／シバの女王は美人ではなかった。のみならず彼よりも年をとっていた。しかし珍しい才女だった。ソロモンはかの女と問答をするたびに彼の心の飛躍するのを感じた。それはどういう魔術師と星占いの秘密を論じ合う時でも感じたことのない喜びだった。彼は二度でも三度でも、――或は一生の間でもあの威厳のあるシバの女王と話していたいのに違いなかった。／けれどもソロモンは同時に又シバの女王を恐れていた。それはかの女に会っている間は彼の智慧《ちえ》を失うからだった。少くとも彼の誇っていたものは彼の智慧かかの女の智慧か見分けのつかなくなるためだった。

優れた才力や、大きな年齢差などが廣子の姿を彷彿とさせる。才気に富んだシバの女王との会話が、どんなに高揚感をもたらしたかが縷々書かれている。彼女と話すことは、魔術師に星占いを聞くときのときめきよりも得がたい喜びだという。あらゆる才智を備えた高名な智者ソロモンをして、このように恐れさせるほど、シバの女王は珍しい智者だった。ソロモンは彼女と居ると、自らを失うゆえに離れなければならないと悟る。芥川の廣子への絶対の信頼が、古代の物語に託された小説だ。ソロモンの愛執と別離のパラドックスを、芥川は自分の身にひき寄せて感受している。二度と会わないと決めた女王の国を遥かに見つめ、幻視にとらわれる王のこころは哀切だ。自己のこころに準《なぞら》えて、次のように物語を結んでいる。

幻は誰《たれ》も見たことのない獣を一匹、入り日の光の中に現じ出した。獣は獅子に似て翼を拡《ひろ》げ、頭を二つ具《そな》えていた。しかもその頭の一つはシバの女王の頭であり、もう一つは彼自身の頭だった。頭は二つとも噛《か》み合いながら、不思議にも涙を流していた。

苦悩に満ちた光景だ。一心同体でありたいという願いと、別離を思う心の葛藤とが妖怪の姿に喩えられている。天文学者となったバルタザアルがベツレヘムのイエスの誕生に導かれて旅にでるという救いのある結末とは違う。芥川の自死の年に書かれたと思えば一層痛ましい。ここには形而上的世界のかなたに存在する悲哀と至福がある。

芥川のこの小説の終部に、ソロモンの奏でる雅歌が書かれている。「わが愛する者の男の子等の中にあるは／林の樹の中に林檎のあるがごとし。……林檎をもて我に力をつけよ。我は愛によりて疾《や》みわづらふ」。それに呼応するように、廣子は次のような歌を詠んだ。

四十路すぎわれ老いたりと思ひしも遥けくふるき物語なる
人は死に吾はながらへ幾世経て今も親しくいともしたしき
わが側に人ゐるならねどゐるやうに一つのりんご卓の上に置く
灯火《あかり》満てる小部屋の椅子におちつきて青白き林檎むき始めたり
『野に住みて』

「りんご」と題した八首連作の歌だ。『野に住みて』のなかには、林檎の歌が多い。一首目で、四十歳を過ぎて巡り合った友を偲び、二首目で、友の死後もこころを寄せていることを明かす。三首に共通する「人」とは、文脈上、芥川だ。林檎はソロモンとシバの女王にとって特別な意味をもつ果物である。林檎は邂逅と別離と背反の象徴であり、凜とした精神の王国の象徴だ。聖書になじんだ廣子にとっても、林檎は単なる季節の食べ物ではない。

廣子は、「わが前に白くかがやく微笑なり月日流れて友をおもふとき」と詠んだ友に触発され、支えられて、後の月日を心あつく生きた。吉田精一が芥川の廣子への思慕について「精神的なものであつただけそれだけ強く、執念く彼の心の中に燃えつゞけてゐたと思はれる」(『日本近代詩鑑賞　大正篇』昭和28・6・5)とのべたと同様に、廣子の心中にも熱い熾火となって芥川への敬愛の念は終生消えることがなかった。

「わが前に白くかがやく微笑」と表現するまでの平安を得てのち、廣子はその創作の熱を一気に吐き出した。すなわち、昭和二十七年、翻訳に復帰してアイルランド伝説集『カッパのクー』（岩波少年文庫）を刊行し、昭和二十八年に随筆集『燈火節』（暮しの手帖社）を上梓する。さらに二十九年には、周囲の応援を得て、歌集『野に住みて』を刊行した。この歌集はその年の芸術院賞の候補にもなったが僅差で逸した。しかし昭和三十年には『燈火節』が、第三回日本エッセイスト・クラブ賞を受賞し、晩年の廣子とその周囲を喜ばせたのである。

4　キーワード「白」　梔子夫人

くれなゐのうばらの花に白う咲けとのたまはすなりせまききみこころ　廣子

第一歌集『翡翠』と第二歌集『野に住みて』には、どのような色彩が多いだろう。廣子の清廉な生き方に照らすと、白が多いと予測される。また、芥川龍之介や室生犀星が、慎ましく気品ある廣子を梔子《くちなし》夫人と呼んだという逸話からは、花のように奥行きのある白色が多かろうとも思われた。調べてみると予想に違わず白が断然多く、青が拮抗する数で使われており、他の色彩を圧倒している。色彩に滲み出す廣子の思いに触れ、色に託された情感がいかなる推移を遂げたかを見てみたい。『翡翠』と『野に住みて』の歌集の位相も自ずから鮮明になるだろう。

色彩の種類と数は、第一歌集『翡翠』三〇〇首中、白23、青21、赤と黒が7、黄2、その他となる（一首中に同色が二回出る場合は2と数えた）。第二歌集『野に住みて』四八五首中では、白45、青32、赤13、黒9、黄6であり、白が大きく青を抜きんでた。両歌集においては白と青が色彩の基調となっており、歌集全体に清涼なストイックな印象を与える要因にもなっている。廣子における白のもつ意味を二歌集から読み取ってみよう。

わが夢の海の白帆とふと浮かぶまぼろしびとのおも恋しけれ　『翡翠』
くれなゐのうばらの花に白う咲けとのたまはすなりせまきみこころ
秋の風あかつき吹けば我が魂も白き羽負ひ遠き世に行く
たどたどしさぎりの海の白き帆と迷へるままになほ進みつつ
わか草はわが足を撫づ白日のゆめ清らなるみそらの下に

『翡翠』では、白は現実からかけ離れたところにある純粋な清らかなものの表象として使われる。一首目のように「わが夢」「まぼろし」という言葉とともに使われ、浮世離れした世界に浮遊するこころをあらわす。

三首目の「白き羽」は、自分の魂を遥かな世界に連れ去る。ここでも白は、夢幻的な美ととらえどころのない儚さを象徴する。四首目も、霧の海に漂う「白き帆」に生き悩む自分の姿を重ねて朦朧たる心情をあらわす。

五首目は、きわやかな風景だが、「白日のゆめ」でありくっきりとした形をもたない。白は何よりも汚れを知らない若さや清らかさの象徴だ。清くありたいという願望には、清くあれという世の要請がつよく反映されている。「清さ」の規定はその時代の特性がつよく反映される。封建的な世に照らして、女性として従順であることがこの時代に認められた方正さであり清らかさであった。

二首目のように、「白う咲けとのたまはすなりせまきみこころ」と詠まなければならない時代を背景に、自分らしさを殺して白く咲けと言うのは狭い見方ではないでしょうか、と心中ひそかに抗議しているのだ。個性を充分に発揮できない時代の要請のなかで、世に強制される「清らかさ」をあらわすための「白」だ。女性に対する規範が念頭にあり、白には複雑な思いが重ねられている。

『翡翠』における白は、清らかさや儚さへの志向であるとともに、世の価値観への反発であり、現実へのつよい疑問が夢幻の世界すなわちロマンを志向させるという特徴がある。その点でやや厭世的な趣を帯びている。

それに対して七十六歳で刊行された第二歌集『野に住みて』では、どのような白が詠われているだろうか。

山に添ふ白き川原を水ながれ何のことなくひかりて流るる
みちのくの海辺の家にみだれ咲く黄菊しら菊食《を》すためにありとも
掘割の油うく水とすれすれに飛ぶ鳥のつばさ真白なるかな
待つといふ一つのことを教へられわれ髪しろき老に入るなり
生れづき二月もちかし町かどの花屋に白きしくらめんを見る

一首目は、北上川の秋の風景だ。仙台に住む娘を訪ねた昭和十六年十月の旅に取材している。「中尊寺」七首中の六首目。このときの思いを廣子は、「(中尊寺の)すばらしい杉のあひだをぬけて裏山の方へ出ると、向うの黄ろい草山のすそを大きな河が流れて水が白いしぶきを立ててゐた」「坂道をまがる時、義経の高舘の城跡が遠い田の中に見えた。永い年月をすぎては小さなつまらない丘である。その丘の向うの方にも大きな河が流れて、その河と、河の流れを隠す萱山のつながりを見てゐるとき、荒涼たる自然にもうすつかり満腹したやうに感じた」(「東北の家」『燈火節』)と書いた。藤原氏三代のころは戦の要衝であった北上川の川原も山も、「永い年月をすぎては小さなつまらない丘である」というさっぱりとした感想になる。歴史上貼りついた観念を払拭して、現実の風景だけを真っ直ぐに見つめている。川は「何のことなく」流れている。余分な叙情を取り除いた理智的な素の眼差しがある。「白き川原」という表現にも現実直視が感じられる。廣子六十三歳の視点である。

二首目は、昭和十七年十月に二度目の仙台旅行で石巻を訪ねたときの歌だ。「石の巻」十二首中の三首目。歌集では収録順に変化がみられる。石巻について次のような文がある。「漁師の家はみんな裕福さうで、明るく静かで、庭の石垣の下まで海が來てゐる。せまい庭に樹はなく、大ていの家に白い菊と黄いろい菊がいつぱい咲いてゐた」(『燈火節』)海辺の村の黄菊白菊の満開はさすがに旅情を誘っただろう。だが、それが土地の人々には食用であるという現実の方に、深く思いを致している。

三首目は、前後の歌から鷗を詠っていることが分かる。「けむり吐く煙突多き大崎のそら舞ひおりし真白きかもめ」とも詠われた鳥の白さは、工業化されて汚染の激しい町の現実を際立たせる効果がある。

四首目は、この時代の受け身の女性の生き方を端的に表現している。一首に女性の人生が凝縮されており印象的だ。「髪しろき」は若い清さとは対照的な老いの断念と豊饒を合わせもっている。ここにも現実直視の辛辣とも言える眼差しがある。五首目のシクラメンは、自愛の歌であり、現実の老いを逆照射している。白い花に目がゆくところに廣子らしい清潔な叙情が感じられる。

こうした歌は、背景に具体的な物事が鮮明に詠いこまれており、夢幻性を帯びていた第一歌集の「白」とは位相が違う。第二歌集の「白」は現実直視が際立つ。第一歌集『翡翠』以来三十八年目の上梓となった『野に住みて』にみられる白の歌は、真っ直ぐにおのれの現実を直視してたじろがない。二つの歌集を隔てる三十八年という年月の間には、長病みの夫貞次郎の死、頼りであった長男達吉との突然の死別、世慣れない不遇な弟東作の爆撃による死、敬愛してやまない芥川龍之介との出会いと別れなど、身を切るような永別が相次いだ。もはや夢や幻に浮遊する白は見当たらない。第二次世界大戦を挟んで時代は大きくうねり、廣子の年齢も三十八歳から七十六歳へと変転した。

際立った現実直視の特性があると同時に、第二歌集『野に住みて』に見られる「白」は、亡き友芥川龍之介に繋がる追憶の色調をも濃く帯びている。

わが前に白くかがやく微笑なり月日流れて友をおもふとき
くれはやき山手の坂を下りくれば花屋のあかりに菊の花しろく
せと火ばち湯はたぎるなりわが側にしろき蛾の来たり畳にとまる

一首目は、昭和十六年一月「短歌研究」に掲載された「近事」七首の掉尾に初出する。この連作での一首前は「あはれわが夢にも知らぬたふとさをわれに見いでし人死にたまへり」である。歌集では「微笑」六首中の掉尾だ。その一首前は「闘争は大河のごとく地を捲きて古りたるものぞ押しながさるる」となっている。初出時と連作の趣が違っている。歌の真意に添うために初出時の意を汲み取りたい。自分さえ知らなかった自分の価値を見つけ出してくれた人、すなわちかけがえのないその友は「わが前に白くかがやく微笑」のようだというのが初出の連作の流れだ。白い微笑に痩身白皙の畏友芥川を重ねることは、さして無理のないことだろう。

二首目は昭和十一年ごろの作だ。「くれはやき山手の坂を下りくれば花屋のあかりに菊の花しろく」の「山手の坂」は、横浜のフランス領事館横のどこかの急坂だと廣子自身が書いている。さらに「坂を下りきる邊にあかりが白く路にさしてゐる家があつた」という。それは花屋でたくさんの西洋花が満ちており「大きなガラスの窓には白と黄の大輪の菊が咲きほこつてゐるのだつた」（「花屋の窓」『燈火節』）とも書いた。闇に浮きたつ花屋のウインドーは眩しいほど明るい世界だったと遥かに偲んでいる。その思い出に重なるような芥川の文章（随筆集「うめ　うま　うぐひす」）を廣子は偶然に見つけた。芥川が一高生時代、横浜の判然とは覚えていないある坂の花屋のガラス窓にたくさんの菊の花が咲いているのを見て、妙に嬉しい心もちがしたという回想の文章だ。「僕等四人の一高生は日暮れがたの汽車に乗り、七時何分かに横濱へ着いた。…略…何處かの坂へかかると、屋並も見えない闇の中に明るい硝子窓がたつた一つあり、その又窓の中に菊の花が澤山咲いてゐたのを覚えてゐる」と芥川は書いた。その十代のころの記憶と、廣子五十一歳ごろの記憶の内容はぴったりと一致する。「静かなおちつきの世界を芥川さんも私もおのおの違つた時間に覗いて見たのであつたらう」と結ぶ廣子の随筆には、まだ若く穏やかであった一高生時代の芥川を愛しみ労るような響きがある。「しろく」という平がなの表記もまた優しい。

三首目は、歌集では「しろき蛾」六首中の掉尾にあり、連作「雨」（昭和13・6）の前に位置する。「つるや旅館・もみぢの部屋にて」という詞書がある。つるや旅館のもみぢの間は、軽井沢避暑の際に芥川が長逗留したゆかりの部屋である。「せと火ばち」「湯はたぎる」と部屋の様子が具体的に写されており、身近に飛び来る「しろき蛾」にもリアルな実態がある。その場に居るような臨場感が伝わるのだ。「わが側に来たり畳にとまる」と親しみ深く詠まれた白い蛾は、明らかに芥川龍之介の化身だ。「白」はかけがえのない生涯の友を象徴する色でもある。

第二歌集『野に住みて』には、もう一つ見逃しがたい特徴的な「白」が出てくる。

さつさうとパンパンひとり住む家に白桃の花は真珠のごとし
けふわれのかけし祈願はしら雪のふりつもる冬まで待ちてみむとす

一首目、戦後の一風景であり、真珠のような「白桃の花」に対比するのは、颯爽とした「パンパン」の姿である。パンパンは第二次大戦後に進駐軍兵士を相手にした街娼だ。疎まれていたその女性たちの逞しい生活振りを認め、応援しているように思われる。仕事の内容を云々するのではない、女の自発的な逞しいエネルギーを羨んでのことだろう。自分で糧を稼ぎ、懸命に戦後の生活をたてている女性へのきわめてやさしい視線が感じられる。廣子の随筆集には、次のような一文がある。

（筆者注・戦後の乏しい生活を支えるために、薔薇園を開いた人を見て）ばらの花をきり、つぼみを一つきり二つきり、小さい利益と小さい損失を積みかさね、積みかさね、自分の新しい仕事を育ててゆかなければと、この頃しみじみ思ふやうになつた。お花やお茶の先生も、洋裁も、玉子を賣ることも愉しいだらう。洗濯婦になることも勇ましく気持が好いだらう。何かしら仕事をして、人におんぶしない生活をしてゆきたい。そして何よりも先づ私たちの詠歎を捨てて行かう。しかし考へてみると、この短文が全部一つの詠歎であるかも知れない。もし、さうだとしたら、ごめんなさい。

「ばらの花五つ」（『燈火節』）

廣子が学校を出たころは女性の仕事に限りがあり、やむなく就職はせず親の庇護のもとに古典や和歌に取り組んだ。当時の多くの女性がそうであったように、自力で生活費を稼ぎだすのは至難のわざだった。恵まれた環境に育った廣子にしても親や夫の経済的庇護を失ったのちの困窮は例外ではなかった。パンパンの自立した颯爽たる生活振りは内実はどうあれ、真珠に喩えるられるほどの輝きがあり肯定できるものとして胸に残ったのだろう。最後の数行は廣子の御茶目なユーモアと闊達さがよく滲んでいる。安易に詠歎ばかりしているところに実のある生活はない。そのさっぱりと割り切った態度は、作歌姿勢にも繋がる。今でも人気のある随筆の一篇で、近年ポプラ社『花』(平成23)にも収録された。

二首目の「けふわれのかけし祈願はしら雪のふりつもる冬まで待ちてみむとす」は、『野に住みて』のすべての歌の最後に置かれている。どのような祈願かは分からないが、ゆったりと「待つ」姿勢に焦燥感は感じられない。揺れ動かない自分というものを芯に据えた生き方が反映されているのだろう。「待つといふ一つのことを教へられわれ髪しろき老に入るなり」とも詠んだが、「待つ」ことに敗北感はない。降り積もる「しら雪」は天の恵みのようでもあり、シビアな現実直視にも自然のふくよかな味が加わっている。幻夢との結びつきにはじまり、冷静な現実直視にうつり、さらに天恵をも取り込んで奥行きを増してゆく「白」という色に象徴される豊かさは、廣子のこころの到達点を語るものだと言える。

同時代の与謝野晶子『みだれ髪』は、髪の黒と情熱的な赤が多いという印象だが、じつは黒は少ない。また赤以上に「白」が頻出する。多い色のベスト3は白32、赤31、紫17で、紫が意外に多い。晶子の白は「白檀《びやくだん》のけむりこなたへ絶えずあふるにくき扇をうばひぬるかな」といった恋に纏わるのが特徴だ。廣子は二歌集を通じて前記の通り白、青、赤が多く、白以外では青が目立つ。晶子と廣子の「白」の比較分析も興味深い課題だろう。

Ⅱ部　越境の精神

散文と翻訳にたどる廣子

一　小説の魅力

1　「赤い花」の精緻　一等入選作品にみる描写

みちのべの地蔵菩薩とわが前をよぎるすべての幸を願ふよ　廣子

廣子はかねてから小説への意欲がつよかった。少女時代から関心の深かった樋口一葉の影響もある。一葉は生活のために和歌から小説へと転身する。女性の職業が教師以外にあまり幅のない時代に、自己表現できる手段として小説の世界に深い関心を寄せたのだろう。廣子は結婚後、歌とともに雅文に深く親しみ、その実力は折り紙つきだった。明治三十一年二月「心の華」創刊号の課題文「新年望嶽」（坂正臣選）で早くも天位入選をしている。

三十五歳となった大正二年には、長男達吉が府立一中にはいり、翌年長女總子も小学校に入学して懸案の子育ても一段落した。このころから小説の執筆が多くなり、その延長線上に「文藝の三越」への応募があった。ＰＲ誌「三越」（大正２・９）誌上で、「新代文芸の勃興に資する所あらんが為」に小説、評論、脚本など二十種の文芸作品を募集する旨が発表された。選者は森鷗外、巌谷小波、黒田清輝他であった。廣子の小説執筆時の名前は松村みね子という筆名である。あえて筆名にしたのは、日銀勤務の夫貞次郎の体面や交際仲間の外聞をおもんぱかってのことだ。こうして応募した松村みね子の小説「赤い花」は見事に小説部門の一等を射止めた。大正三年一月「文藝の三越」誌上に入選作が掲載され、廣子について次のように紹介されている。「佐々木《ママ》信綱氏の門下で別に本名のある方らしいのでございますが、本名を出す位なら賞金も要らぬ、棄権をしてしまふといふ程に謙遜な態度を取つて居られるので、已むを得ず佐々《ママ》木博士の御言に従ひ、当店でも強ひてお伺ひは致しませんでした」。当選者の会合への出席も断り、写真さえも断ったと伝えられる。頑なとも思われる言動だが、生来家族や身辺の人々への配慮は非常に篤い廣子だ。一連の行動には自分の利益で他者が傷つくような言動は決してとらないという、厳しいポリシーが感じられ、その芯のつよさと毅然とした精神の高さに目をみはる。「わが前をよぎるすべての幸を願ふよ」というように、身辺の人の平安を願っての行動だ。

　掲出歌は、「白鳥」百首中（大正二年一月「心の花」初出、結句は「ねがふよ」）のちょうど五十首目に当たる。「文藝の三越」の入選発表は大正三年一月号だったので、掲出歌は「赤い花」執筆の構想時期に当たるころの歌だろう。小説執筆の動機となる心境が出ていると言っていい。「白鳥」百首には他にも「其日しもいろなき頰の赤むまで胸のをどりてよみがへりぬる」「も丶とせも惜しまじといひし人にさへみなはあたへず持ちし心よ」「人の世の掟は人ぞつくりたる君を思はむわがさまたげに」（初出時の表記）などがあり、いずれも字句の差異はあるが第一歌集『翡翠』にそのまま収載された。昔の恋を回顧して頬が赤らむ歌、百年の恋を誓ってもすべては与えないという歌、世の掟で隔てられる思慕の歌など、小説「赤い花」のモチーフが至る所に嵌め込まれている。

「赤い花」は貰い子である政ちゃんという娘の婚礼支度の場が舞台となっている。主人公が娘の着物を誂えるために訪れた三越の呉服売り場が背景で、そこで回想されるいくつかの逸話が綴り合わされている。夫の行状と、昔日の恋、外の子を養子にした顛末、そして婚礼に臨む淡々とした現実の生活が美しい綾模様となり、柔らかな文体で織り出されている完成度の高い小説だ。特定のモデルはないだろう。しかし折り込まれる作者の思いには、廣子の人生の折々の実感が明らかに反映されている。

　私《わたし》は子を生んだことがない。政ちゃんは私《わたし》の生まない子である。…略…小さい種子《たね》が母胎の土に久しく眠つて温かい春の光に芽を出す。うす赤い可愛らしい其若芽を見る時、どうして悪い気持がしよう。たとへよその庭に出た芽でも。…略…蕾がふくらんで思はない間に花が咲いた。真赤な花が。私《わたし》の若かつた時のやうに入日の匂ふ空のやうなふるへるやうな今消えるやうな淡々《あわ〳〵》しい薄紅の花ではない。又此子の生みの母のやうに、あの下谷の小さな庭の雨の中にしよんぼりと咲いた淋しい白い花でもない。

小説の初めの部分である。題名「赤い花」の謂れを端的にしかも柔らかな抒情に包んで差し出している。真っ赤な花のように明るく健やかに育った養女への愛惜が伝わる。身辺の人々、特に親族の娘たちにことにやさしかったという廣子の面影が偲ばれる。夫の妾の子をもらって立派に成人させた主人公の「うす赤い可愛らしい其若芽を見る時、どうして悪い気持がしよう。たとへよその庭に出た芽でも」とのべるところは、晩年に手伝いの女性の幼い娘に自分の遺産を贈ろうとした廣子の心を彷彿とさせる。「赤い花」執筆の前、明治四十一年に母親を失った一歳の姪を心から慈しんだ経緯も思い出される。

主人公の少女時代が、「入日の匂ふ空のやうなふるへるやうな今消えるやうな淡々しい薄紅の花」に喩えられるのは、廣子の体験に基づくものだろう。社会に家に従順だった姿をこう回想し、内に秘めた炎を決して外部に見せることがなかった日々を喩えた。その対極の華やかな赤い花として養女の政ちゃんを設定しているのだ。

「己《おれ》はね、別宅を一つ拵《こさ》へようかと思ふ」「い、でせうね。誰です？小豊《ことよ》ですか？あや龍《りう》？」…略…「子供でも出来ましたか？」「出来たやうだね？」「あなたの子？」「さうらしんだ。」…略…「もしほんとにあなたの子なら…」「もしほんとの己《おれ》の子ならどうする？」

「ほしいわ。」…略…「貰つて呉れるか。」「私《わたし》に呉れるなら貰ひますわ。」「有難い。さういつて貰はうとは思はなかつた。」政ちやんは斯うして私《わたし》の子になつた。

養子を貰ういきさつには、当時の家制度の枠組みが透き見える。普段と変わらない日常会話として妾の話が出て、その子の人生を左右する話が出る。「貰う」「呉れる」という物をやり取りするような会話の中で一人の娘の運命が決まってゆく。小説の中では、こうしたリアルな生活感覚を伝えるために会話体が多く取り入れられている。全体の七割近くを会話によって進めてゆく。場面ごとの会話は時に軽やかにリアルに、時に豊かに辛辣にその人物の内面を伝える。後に戯曲の翻訳手腕が高く評価されるが、その原点ともなる会話体の早期における摂取は注目に値する。微妙な感情の流れやリズム感のある快いテンポが、日常的な言葉で伝わってくるところも審査員の高い評価に繋がったことだろう。三越呉服売り場の賑やかさや着物の華やかな模様の描写は、少女期の廣子の環境が作用している。恵まれた家庭の子女の感覚を駆使して次のように表現された。

まづ振袖には、黒地に真面目な松のぬひ模様、松葉色と濃い鼠《ねず》と茶と金糸銀糸の色糸も落付いてゐる。／色直しには濃い空色に春の花夏の花秋の花、花と名のつく凡ての花を肩といはず腰といはず散らして染めて縫ひもさせた。「あんまり派手で気恥しいわ」とあの子がいつた位美しく出来た。…略…竹林に遠く雪を見せた淋しいうす墨色、もえ出づる楓の若枝《わかえ》に小鳥の夢も籠らせた乾酪《かんらく》色、冬の夜寒《よさむ》を思わせる波に千鳥、晶子の君のうまごやしの歌も通ふ夢にうなだれたうまごやし…略…帯は…略…浅間に降る灰の色、ラインの流れにうつる葡萄の色、…略…解き得ぬ謎の国、クレオパトラの愛した更紗模様もある…略…仏蘭西《ふらんす》も和蘭《おらんだ》も伊太利亜《いたりあ》も露西亜《ろしあ》も交る大正の新しい模様もある。

得意とした雅文体で、婚礼衣装の華やかな色香と手ざわりをこまやかに再現している。振袖から色直し、季節の晴れ着や帯から長襦袢まで、滞りなく選ばれてゆく過程がいかにも楽しげに描かれる。こうして着物を愛でる女性の心持が、男性にはとても分かるまいとこうも語る。

着物ばかし拵《こしら》へて、と男が笑ふけれど、美しい着物や帯を身につけた時のさつぱりしたしんみりと和らかい気持は男には味はふことも出来ない。晴れた空のわた雲に包まれて寝るやうな、薔薇の露で眼を洗ふやうな、…略…私《わたし》はつくづくさう思ふ。あの有名な朋子さんにこれだけの着物を持たせて、要吉さんにお嫁にやつたら…。別れやうたつて荷物が多くつてはさう軽々とは帰つて来られまい。

文中の朋子と要吉とは、当時話題となった森田草平の連載小説「煤煙」(「東京朝日新聞」明治42・1・1〜5・16）の主人公である。森田が夏目漱石に勧められて書いた小説で、心中未遂の相手平塚明子（雷鳥）と草平自身がモデルだ。漱石は、優柔不断な要吉に自分を重ねたこともあり『それから』の中に取り上げてあまり良い評価を与えなかった。廣子はヒロイン朋子の出奔を深刻には受け取らず、「これだけの着物を持たせて、要吉さんにお嫁にやつたら…。別れやうたつて荷物が多くつてさう軽々とは帰つて来られまい」と、ユーモラスに書いた。諧謔とも取れるし、自己愛に捉われた単なる恋愛の底の浅さを鋭く読み取っての批評とも取れる。自己満足に走ることを良しとしない廣子の確固たる主張の表れと見てもいい。美しい着物への愛着は、思弁のみには捉われない情感の人、抒情の人としての廣子をつよく印象づけるものだ。「薔薇の露で眼を洗ふやうな」と喩えられる清廉な官能を身の奥深くに湛えた女性であった。

小説の後段に主人公の恋の回想が語られる。呉服売り場に買物に来た学生の姿に触発されて結婚以前の恋を思い浮かべる場面だ。学生は恋人への着物を選んでいる。

其前の三年といふ長い月日三日にあけず顔を見て、何とかいふかしら明日は何とかいふかしらとどんなに私《わたし》は待つたらう。それをあの男はなんにもいはずにしまつた。眼の前に開けて行《ゆ》く薔薇の花を見て、じいつと見たまま指一つ触れやうともしなかつた。…略…私は縁付く直《ぢ》き前の日、兄の机の中からあの人の手紙を盗出して読んで見た。「天下に我が為の唯《たゞ》一人《にん》、此人の為の唯一人と我と自ら信じて心長くも業成る日を待ちしわが愚かさを笑ひ給ふなかれ。今よりは令妹を忘るゝを以て我が一生の事業とすべく……」／私《わたし》は其手紙をびりびりと細かく割いて帯の間に入れた。…略…江戸川の人のゐない川べりに来て其紙屑は捨ててしまつた。散つた花びらのやうに浮いて沈んでそれつ切りになつてしまつたが、一度読んだ文字は丁度青空を焼けて落ちる飛行機のやうにはつきりと焔の文字を書いて見せた。／時折は私《わたし》の胸に白い花びらが浮いて、其花が集まつては男の白い顔となつて私《わたし》をじいつと見てゐる日もあつた。

明治時代の男女間の在り方は概ねこのようなものだっただろう。まだ学業半ばの青年の「一生をかけて忘れる」と誓う訣別の手紙も当時の男女交際の硬さと狭さを反映しており、実直さに満ちている。

廣子はかつて「其日しもいろなき頰の赤むまで胸のをどりてよみがへりぬる」（初出）とも詠んだ。しかし、昔日の叶わぬ恋の口惜しさはすでに薄れて、回想される恋人の姿は花の上に浮く淋しい俤ではない。呉服売り場で若い娘への着物を楽しげに選ぶ学生に重ねられ、頰の赤いいきいきとした昔の恋人の顔となる。三十半ばを過ぎた廣子の実感でもあろうか、この齢で主人公はもう自分を「度し難い婆さん」とも書いている。このころの若さの消費期限の短さがそのまま女性の行動半径を狭めた。「人の世の掟は人ぞつくりたる君を思はむわがさまたげに」とも詠まれた廣子の若き日の無念さも、この小説では、年月に濾過され年相応の落着きを得た様子が窺える。

比喩をうまく使いこなした柔らかな文章は、じんわりと読む者のこころを包みこむ。「一度読んだ文字は丁度青空を焼けて落ちる飛行機のやうにはつきりと焰の文字を書いて見せた」と回想する場面も、じつにくっきりとした映像を残す。遠い過去と近い過去が交錯し、縺れた記憶の糸をほぐすように物語が展開し終部へと移る。

唯《ただ》一瞬の間《ま》に私《わたし》の心には遠い昔と今と其間に挟まつた長い月日とくるくると糸のやうにほぐれた。／今まで知らなかつた温かい満足りた涙が胸を衝いて浮いて来るやうな気がする。私《わたし》は心から此学生を祝福する。此矢絣の着物を着る年は十九で色の白い其娘を祝福する。又赤い凌霄花《のうぜんかつら》の帯をしめる政ちゃんの行末を祝福する。…略…今まで私《わたし》は自分の心の奥深くに考へてゐることと、夫が無意識に行《や》つてゆくことと並べて考へたことはなかつた。加へて割つて乗《か》けて減《ひ》いたら、そもそも何が残るだらう。／私は今までになかつた程はつきりと自分の夫を許さうと思ふ。

こうして三越の呉服売り場で養女の政ちゃんの嫁入り道具を整える短い物思いのあいだに、すべてが許される。夫も、その妾も、またその子である政ちゃんも、行きずりの学生とその恋人も、みな綾織のような人生をけなげに懸命に生きているると納得されるのだった。

掲出歌のように「みちのべの地蔵菩薩とわが前をよぎるすべての幸を願ふよ」と詠んだが、名もない路傍の地蔵菩薩の眼差しを自分のものとしたい廣子の願望が託されている。三越の一等入選者紹介で「本名を出す位なら賞金も要らぬ、棄権をしてしまふといふ程に謙遜な態度を取つて居られる」と記されたように、心はすでに路傍の地蔵だ。夫の行動と自分の心の奥深くに湛えた情熱とを比較して、「加へて割つて乗《か》けて減《ひ》いたら、そもそも何が残るだらう」とも書く。「もゝとせも惜しまじといひし人にさへみなはあたへず持ちし心よ」という自恃は熱く保ちつつ、他者を大らかに受容する廣子のこころの道程が綴られているようにも受け取れる小説だ。

2 「櫛」の心理　描かれた心の襞

ほのあかりたゞよふ空のかうもりよ我が眼の生みし影かも汝れは　廣子

片山廣子は歌人であり翻訳家だが、前述通り小説も書いた。文筆に興味を抱いたのは、当時、樋口一葉が優れた小説を書き絶賛を得ていたためだ。東洋英和卒業後、小説を書きたいが基本的な訓練をしていないので、手始めに和歌を勉強しはじめたとのべている。雅文からはいり、徐々に随筆や小説を手掛けるようになった。

初の小説「草団子」(「心の花」大正２・３)は三十二歳のときに発表されたが、このときに初めて「松村みね子」を筆名とした。後にインタビューを受けた際に「こんな生意気な事をして居る事が分かりますとお交際《つきあひ》して居る方などから何んなに思はれるか分かりません」(「時事新報」大正６・２)と筆名を用いた心境を語っている。

「草団子」以後「奥さんの日記」(「心の花」大正２・７、８)「いちじく」(同　大正２・10)等を執筆するが、すべて筆名を用いた。大正二年九月に募集された三越呉服店開催の文芸コンテストに応募した「赤い花」は、前述通り「文藝の三越」(大正３・１)の小説部門で一等となった。このときも筆名で押し通した。「本名を出す位なら賞金（筆者注・三百円）も要らぬ、棄権をしてしまふといふ程に謙虚な態度を取つておられる…」(「文藝の三越」第３巻12号)と、受賞発表誌上に特に紹介されたほどだ。

掲出歌は、小説「櫛」(「心の花」大正５・11)の女主人公が詠んだという設定で挿入された二首中の一首である。この歌につづく地の文を挙げてみよう。

見てゐる間にその空の明るい明るい光の中にすこしづゝ夢のやうなほのくらい夜《よる》の色が溶け入つて来るかとも思はれた。…略…蝙蝠がちら〳〵泳ぐやうに狂ふやうに飛んでゐた。私はひざの上に開きばなしの本を取り上げて又先刻のつゞきを読みはじめた。

淡々とした描写の中にこころの揺蕩《たゆた》いがあり、廣子独特の文章のリズムがみられる。静かな時の流れに浮かぶ五つの思い出話を柔らかく繋いだ小説が「櫛」だ。作者と思われる主人公の心の襞が細やかに丁寧に描かれており、素の廣子を考える上で見逃しがたい。

五つの章は、1・避暑地信濃の朝の情景、2・心情を吐露した手紙に寄せての思い、3・美しい櫛にまつわる想い出、4・婚礼の若い夫婦の覚悟、5・ハムリンの笛吹き男に寄せた詩と平安についての五話であり、ゆったりと一日の時間の推移に添って語られている。

＊

第一話の主人公は、二通の葉書を読んでいる。一通は家からの近況報告、二通目は一度しか見たことのない「老人のかしこさうな笑顔と少年の罪のない快活な表情と不得要領に入り交つた」青年からのものだ。ともに食物に纏わる他愛ない文面で、それに触発されて食の空想が広がる。廣子は食に対する興味が大変深く、随筆集『燈火節』には多くの食べ物が登場する。「櫛」の第一話では茄子に関する料理法が列挙されており、家庭的というより知的印象のつよい廣子の意外な一面が垣間見られる。ここで語られる老人の知性と少年の表情をもつ青年のモデルは誰だろう。「心の花」大正五年十一月号に掲載された「櫛」であるから、同年六月に歌集『翡翠』評を「新思潮」に書いた芥川龍之介との葉書のやり取りがあったころとも思われる。

また大正三年「心の花」誌上には芥川の歌が多く掲載されており、廣子の翻訳の掲載も多い。誌上では既知の作家同士だ。芥川との葉書による交流もあっただろう。

＊

第二話は、飾りを省いた単刀直入な手紙を出した主人公の心情がのべられている。相手は明かされていない。後段の記述から後世伝記を書かれるだろうほどの著名人に宛てたものであることが分かる。礼を失した文面を読んだその著名人は、すぐに主人公に電話をかけ不愉快さを伝えた。ふたりは、複雑なこころの襞や矛盾をしばし共有する。

「後世あなたの伝記を書く人はいくらもありませう。其人々は細かくあなたのすぐれたところを書き並べるでせう。併しその人はあなたの一番よいところ一番偉大なところを書き洩らすでせう。あなたに触れてゐない人々に何が分かります？……略……あなたの温かい同情とあなたのいたみやすい傷つきやすい和らかい心と、伝記者にどうして細かくそれが分かりませう？……略」斯ういつて私は刹那の感情の強さと歴史のはがゆさとを感じた。

手紙の内容は一切分からない。本音を受けとめられる懐の深さと繊細さをもった相手に、胸のわだかまりを直球で投げかけたのだ。伝記の表層的で脆弱な人物像を嘆き、業績の詳細な学問的分析などが人物の全貌を語り尽くせるものではないことを深く慨嘆している。最後にある「刹那の感情の強さ」は、主人公に託してはいるが、一見冷静な廣子の実はつよい情動に揺らぐ姿をも伝えている。激しい情動をもちながら他者をおもんぱかって退く廣子の現実の姿は、小説の中で解き放たれる。小説中の「われ」は、正直に素の自己を押し出しており、廣子の本心が託されている。伝記を綴る学問の徒をきびしく批判し、人間としての機微まるごとの価値を問う姿勢に、表現者としての廣子の誠実な在り方を見ることができる。「歴史のはがゆさ」を感じるというところに、表面的な価値観によって動く歴史への異議がこめられており、人間性ややさしさが軽く遺棄され顧みられない歴史へ反旗を掲げている。明治三十八年に志を遂げ得ず没した父、病気で力を全開できない夫、虐げられたアイルランドの文学復興運動への深い親和などが、背後に揺曳している。

＊

第三話は、小説「櫛」の中心となる逸話だ。ここにもモデルが存在する。読みはじめるとすぐに、廣子の妹次とその夫上田恭輔の姿が鮮明に浮かぶ。外国生活が長くコロンビア大学やケンブリッジ大学で学び、後に満州鉄道の理事となった義弟恭輔の実像が登場人物Kと重なる。

恭輔は七か国語に堪能で教養深く、優れた人格であり、廣子の最も信頼する人物だ。新婚間もない若い恭輔すなわちKが、義姉である主人公に櫛を贈る話である。その櫛は「長い大きな鼈甲の櫛で銀の彫を背に一面にかぶせたものであつた。かざり櫛ではない、髪を梳くための櫛であつた」という。彫はアイリスの花で、外国育ちの青年の瀟洒な好みが窺える。「長らく外国住みをしたKは自分の妻と同じく妻の姉をもレデイと見て、自分の見馴れたアメリカのレデイのよろこびさうな進物を持つて来たのであつた。彼は彼の生れた日本にはみじめなかはいさうなレデイが沢山ゐるといふことをまだ知らなかつた時なのである」と記しつつ、主人公M（松村みね子のイニシャルか）は使うには惜しい鼈甲の櫛に見入る。十年前に贈られた櫛は、美しさゆえに使われることなく古色を帯びた。四十歳を目前にして、Mは櫛にまつわる思いをこう語るのだ。

あゝ、あたしもゝう直き四十になる！彼女の眼には涙が浮いて来た。その時Mが考へたことは櫛のことばかりではなかつた。若い時分から少しも使はずにしまつて置いた彼女の頭脳、学ばずに終つた沢山の学ぶべきこと、いふべくしていはずに止めた沢山の言葉、若い日にすこしでも見よく少しでも美しく飾るべきを少しも飾らずに終つた彼女の容姿、古ぐらの中の古い無用の品をあかるみへ積みかさねたやうにMは自分の眼前に大きい塵塚を築いて見た。さういふことを考へながらも彼女は手に持つ櫛をみがいてゐた。自分は何といふ馬鹿であつたらう。彼女が最も悔んだことは、長いとしつき、源氏の作者の昔説いた如く耳はさみがちにといはれたやうな良妻たるべく努めて、自分をわすれ、夫をわすれ夫によろこびと余裕を与へることなしに老いてしまつた一事である。夫にきたない洋服を着せても妻自身がうつくしい着物を着れば夫は悦びたのしむものであるといふ最も分かりやすい事実をさへ悟らずに過して来た自分は何といふ盲目であつたらう！あゝ、せまい愚かなせゝこましい良妻賢母！…略…このうつくしい櫛を十年前に贈つてくれた妹の夫にしみじみ謝した。あなたが此美しい贈物をわたくしに不調和でないと思つて見たてゝ下すつたお志はわすれません。

明治から大正にかけてのごく一般的な主婦の心情だ。ミッション系の東洋英和に通い、西洋文化にも触れる機会の多かった廣子にしてこうした古い倫理のもとに生活をしていた。美しい櫛を封印して、装わず、学問に没頭せず、言うべきを言わずに過ぎてしまった年月を心から惜しむ気持が伝わる。耳挟みがちに忙しく立ち働く姿は良妻の模範像とされた。自分を忘れて置き去りにすることは、取りも直さず夫をなおざりにすることと同じだと四十にして思いいたる。内側からの自己変革にかくも長い時間を要した。自己革命の難しさ、自覚を得るために費やした口惜しい若き日の象徴として美しい櫛が残された。

「せまい愚かなせゝこましい良妻賢母！」と慨嘆される自己犠牲的な良妻賢母の姿は、以後も長く受け継がれてきた女性の模範像だ。今もって、社会に脈々と流れている理想の母親像・

妻像とも言える。女性自身がここから脱却するのにも大きな力が要る。廣子の脱却の力となったのは自己表現の手段であった短歌であり、散文だった。さらに大正二年ごろから本格的にはじめたアイルランド文学への接近が自己を相対化する好機だった。最初のアイルランド翻訳はレディ・グレゴリー著「満月」だが、この著者からも大きな力を得ている。旧弊な社会の平凡な主婦グレゴリーが四十歳で寡婦となり、自分の生き方に目覚める過程が廣子に重なる。廣子の随筆「戯曲家グレゴリイ夫人」（大正13）に「夫をおくり、ひとり子を育て上げ、のこる全生命を捧げてアイルランド文芸復興の運動に尽し、今も尽しつゝ、ある夫人の事を考へる時、私《わたくし》たち日本の女は羨ましくもさびしくも感じるのである。私《わたくし》たちは夫人のやうな信仰を持つことはゆるされない」とのべ、信仰の自由さえない日本女性の閉塞感を嘆いた。この歎きと、小説「櫛」の「愚かな良妻賢母」とは共振する。当時の女性が当たり前の人間的な志をもつことの困難さは、現在、正確に想像することができない。四十歳を目前とした廣子の身の内には、深く静かに潜行する情熱と怒りがマグマのように湛えられていた。

＊

第四話は、最も短い逸話だ。当時の多くの結婚は一度会うか会わないかでの婚姻であり、家の取り決めた縁談に拠るものだ。意志のない婚に、婚儀は不要という少女に主人公はこう言う。

「知らず知らずの間に行き逢つた男女が断崖のふちに来て、手を携へて共に其ふちに飛び入る。下は海であるか、平地であるか岩であるか舟であるか、やみであるか光であるか、少しも分からない、飛び込むものゝ心はよほど緊張して真面目なものでなければならない」、それゆえに大いなる覚悟と冒険と過去への執着を断つ婚礼の大礼が要るのだと諭す。廣子の誠実で真摯な結婚観が窺える。

*

この逸話につづく第五話の冒頭に、「ほのあかりたゞよふ空のかうもりよ我が眼の生みし影かも汝れは」（『現代短歌全集』19巻では「わが眼」）という掲出歌が出てくる。夕暮れの空にちらちら泳ぐように狂うように飛ぶ蝙蝠に触発されて本を読みつづける主人公は、物語のなかのハムリンの笛吹き男に思いを馳せる。男の顔が過去にただ一度だけ会った著名人の面影を呼び起こすのだ。

「わたくしは一体に有名な人が嫌ひだ。人それ自身に罪はないが、其人の有名なところが嫌ひなのだ。有名な人のどれもどれも私には浅草の観音様のお堂といつたやうな感じがする。多くの人の眼に触れ多くの人の足に踏まれたやうなごみつぽい感じがする。それはちつと病的に過ぐるほどに俗塵を厭ふ私の性格から割り出した心持なのであらう」と主人公は言う。廣子の信じ難いほどに潔癖な処世観が反映された一文だ。「浅草の観音様」は引き合いに出されて迷惑だろうが、的を射た喩えだ。

主人公は、用あってハムリンの男に似た有名人に会いにゆくことになる。迎えてくれた男は予想外に温かい声の寛容な人であり、決してハムリンの笛を吹くことはなかった。有名なその人より自分の方が却って人間臭く埃臭く感じられたという。有名人嫌いは「わが眼のうみし影」の一つかも知れないとして、こうのべている。

私共の心にひそむ狂的分子はすべて無事の帷の中に眠つてゐる。…略…私共の心が海にも崖にも導かれず各の家に落ちついて眠つてゐるのは、呼び起す笛の音のないためである。詩のない平和！…略…市に平和と満足がある。平和の中に物足りなさがある、満足の中に歓喜を欠いてゐる。…略…笛吹く力をすこしも持つてゐない自分は、せめて世界のどんな遠くの隅にでも其あやしい魔力ある笛の音を聞きたいと知らず〳〵待ちのぞんでゐたのであらう。

魔力ある笛の音を待ち望むこころが、夕空に不気味に舞う蝙蝠の姿を映しだし、思い出のなかにハムリンの笛吹き男（十三世紀、ドイツのハーメルンであった子供誘拐事件を核にする）を呼び出した。この小説を書いた大正五年の時点で、すでに廣子は「詩のない平和」に倦んでいた。海にも崖にも飛び出してゆかない自他のこころを叱咤し、「狂的分子」の惰眠を告発した。こころにひそむ狂的な要素を文学者として大切に思っていた証だ。狂的エネルギーにつよく呼応するものが廣子のなかにたしかにあった。

「世界のどんな遠くの隅にでも」魔力ある笛の音を聞きにゆきたいという切実な思いが、世界の遥か西方に位置するアイルランドの古典文学へ強烈に惹きつけられていく動機にも繋がったのだ。

二　翻訳の力量

1　翻訳への接近　もうひとりの廣子・松村みね子

あなたの訳文の賜であります。わたくしは、あなたに感謝します。

森　林太郎

一昨年、ルイス・キャロルの冒険奇譚『スナーク狩り』の新訳（平成26・10）が出た。絵は「ムーミン」の作者のトーベ・ヤンソンで、謎の怪物を追うナンセンス物語だ。翻訳は歌人の穂村弘。彼は後記に「作品は十九世紀の韻文であり、作者は言葉遊びの天才だ。どこからどうやってアプローチしたらいいのか、見当がつかない。…略…自分には歯が立たないんじゃないか」と途方に暮れたとある。『不思議の国のアリス』で有名なルイス・キャロルは、アイルランド系の血をひく英国人だ。迫害の歴史を負うアイルランドは、古来、幻想と風刺文学の宝庫であった。後記には、その特有のナンセンスを駆使し、鋭い諧謔をふくんだ物語を、日本語に訳す困惑が語られている。

今から百年以上前に、アイルランド系の英語をなめらかで陰翳深い日本語に訳した女性がいた。それが若き日の片山廣子（翻訳時の名・松村みね子）だ。翻訳の苦渋が滲む穂村の後記を読むと、辞典がまだ充実していない百年以上前の翻訳の困難さがつくづく思われる。

廣子が翻訳を初めて発表したのは、ミラーの「自然の美」（「こころの華」明治34・2、3）であった。以後、翻訳発表はしばらく絶えた。翻訳上の大きな契機となったのは大正二年だ。スコットランド系アメリカ人である鈴木大拙夫人ベアトリスの指導のもとに本格的に翻訳に取り組みはじめた。翌年、廣子三十六歳のときに、レディ・グレゴリイ著「満月」（「心の花」大正3・1）の翻訳を松村みね子名で発表し、以後ペインの印度古詩、タゴールやシングの詩を次々に翻訳した。

大正四年には、ジョージ・バーナード・ショーの『船長ブラスバオンドの改宗』を竹柏会より刊行。佐佐木信綱の依頼に応えて、序文は森林太郎、すなわち森鷗外が叙した。鷗外の序は信綱の広い交際の賜であり、非常な好意に満ちていた。

私はこれまで多くの人が多くの西洋脚本を訳したのを読みました。所謂名を成した人の訳もあります。又若い盛んな人で「誤訳なんぞは一つも無い積ですが」などと云ふ触込の本もあります。それを私は読みつつ、いつも心の内で「まづいなあ」と思ふのです。「おれならかうは書かない」と思ふのです。さう思つて読むのが、私の癖になつてゐます。／然るに此本はどこまで読んで行つても、その「まづいなあ」を出させないのです。
松村夫人に（序）森　林太郎

自分がすらすらと読めなかった原作よりずっと分かりやすく、面白く感じたとのべて「あなたの訳文の賜であります。わたくしは、あなたに感謝します」とまでのべている。佐佐木信綱門下への配慮はあったにしろ、廣子の翻訳そのものへの信頼は偽りのないところだろう。

森鷗外は明治二十二年に訳詩集『於母影』（「国民之友」夏季付録、十七編中十編が鷗外訳、他に落合直文、小金井喜美子等訳）をいち速く発表し、ロマンの気運の高まりはじめた文学界を牽引した。廣子の序文を書いた大正四年には、ドイツ詩の翻訳『沙羅の木』を刊行し、訳詩ではロマンの典雅さとは異質の前衛的な口語自由詩の世界をも日本に伝えた。気取らない日常語で、綺麗事ではない先鋭的な価値観を伝播させたのだ。外国文学を摂取し新風を好む鷗外の鋭い鑑識眼に、廣子の翻訳は及第点以上を取った。

『船長ブラスバオンドの改宗』の著者バーナード・ショーは、アイルランドの首都ダブリン生まれ。スコットランド貴族出身の清教徒であり、生涯に五十三篇の戯曲を残した。風刺に長けたショーにはさまざまな逸話がある。影響を受けた本はなにかと聞かれて「銀行の預金通帳だ」と答えたり、「青春は若い奴らには勿体ない」と言ったという逸話が脚色を加えて伝えられている。こうした風刺に満ちた劇を世に送り出し、一九二五年にはノーベル文学賞を受賞した。前衛的な詩をいち速く翻訳した鷗外にとっても、ショーの諧謔性は興味深いものだったに違いない。

廣子の後記には、次のように書かれている。またそれに反論する上田敏の評も挙げておく。

私が何故に沢山なシヨウの脚本の中から此一篇を選んで訳したかといへば、それには三つの理由があります。まづ第一に、此作の中に出る人物がみんな私の好きな人物ばかりだからです。第二に、此脚本はシヨウの作の中での大あまなもので、読んでも肩が張らないからです。第三に、大あまな作である為に恐らく誰も翻訳の労を執る人はなからうと思ひました。…略…私は地味なさびしい家庭の家内として、自分の夫と兄弟よりほかの男子と口をきくことは極く稀の事です。それ故私の男子の言葉の知識は甚だ貧弱です。上流社会の判事の言葉も、田舎かたぎの世なれた伝道師の言葉も、下品なドリンクウオタアの言葉も、私には区別をつけることがむづかしいのです。…略…又最後に私が心がかりに思ひますのは、原作者の皮肉な言葉の中を流れてゐる最も真面目なる気分を知らず知らずの間に私が訳し洩らしたらうと思ふことです。…略

『船長ブラスバオンドの改宗』廣子後記

松村夫人の翻訳振には、さきに此誌上で、レデエ・グレゴリイの「満月」を読んだ時、感

服して了つた。愛蘭風の英語はあゝ読み砕してあゝいふ形に再現するのが適当であらう、…略…翻訳の後に潜む非凡の読書力といひ、奥床しい事だと思つてゐるうち、またタゴオアの抒情詩抄訳を見て、更に敬服の度を加へた。…略…今回はシヨオの「キヤプテン・ブラスバウンド」を翻訳になつた。巻末にある夫人の謙辞中これをシヨオの作中での大あまものとしてあるのには、少し異議もあるし、且つその為に恐らく翻訳の労を執る人は無からうと言はれたのには同意し難い。成程この曲の翻訳を試みる者は一寸あるまい。併しそれは全く異ふ他の原因から来るので、つまり夫人ほど正しく且つ巧に、曲中の倫敦訛、蘇格蘭風の発音、または英国上流社会の物言振を翻訳し得る人は、さう多数は居ないからだ。…略…此曲中の難処は、普通の英語を妙に訛つて発音する所をシヨオ一流の音声符号で現はした点にある。…略…堪能の人で無いとどんなに努力して理解しようとしても、夫人のやうに誤訳無く、且つ原文の調子にしつくり当嵌つた日本語を用ゐることは出来まい。

上田　敏「松村夫人の翻訳」（「心の花」大正4・10）

詩人にして英文学者である上田敏は、北村透谷亡き後の「文学界」をリードし、『海潮音』『詩聖ダンテ』など多くの西欧文学を日本に紹介した。フランス近代詩の開祖シャルル・ボードレールの最初の紹介者（「エトランジェ」「江湖文学」明治30・5）でもある。「愛蘭土の傳説」（「中外日報」大正2）という文もあり、また『文藝講座』（大正2）編纂時には「愛蘭土の新劇團」(島文次郎)を収録するなど、アイルランド文芸に対して先駆的な意識をもっていた。その人が、廣子の翻訳について讃美するのは根拠のないことではない。鷗外が「あなたの訳文の賜であります。わたくしは、あなたに感謝します」とのべたことと考え合わせると、廣子の翻訳の力量はかなり高度であったと言える。敏の批評文には法律や宗教用語の訛の文例が添えられており、いかに難しいかが分かる。この翻訳は百年以上前のことだ。三十代半ばの家庭婦人片山廣子のなみなみならぬ力が思われる。

後記にある「登場人物がみな好きだから」という第一の理由は、納得できる。封建的な思想をゆさぶるような登場人物に共感したのは、いかにも廣子らしい。第二の理由の「此脚本はシヨウの作の中での大あまなもの」であると言うのは、上田敏によると異議がある。決して弛んだ作品ではないという。さらに、第三の理由の「大あまな作である為に恐らく誰も翻訳の労を執る人はなからう」というのは、まったく同意し難いという。愛蘭や蘇格蘭《スコットランド》訛の英語の難解さを無理のない日本語に翻訳する力をもっている者はきわめて少ないからだ。当時はアイルランドでさえ、発音記号のついたゲール語辞典が刊行されていなかったという。大甘だから翻訳しないのではなく、きわめて難解だからだれもできないのだ。次に「自分の夫と兄弟よりほかの男子と口をきくことは極く稀の事です。それ故私の男子の言葉の知識は甚だ貧弱です」というくだりだ。謙遜な言説とみる向きもあるが、明治生まれの上流家庭の女性は、活動の自由は許されず、かなりの制限があった。同年生まれで商家の与謝野晶子でさえ、娘時代の外出時は付け人が伴をするのが常だった。男言葉の摂取は難しく、ここには廣子の本音が書かれているだろう。経験の欠如は、膨大な読書量でカバーしたと思われる。

終部に書かれている「原作者の皮肉な言葉の中を流れてゐる最も真面目なる気分を知らず知らずの間に私が訳し洩らしたらうと思ふことです」というところは印象的だ。ショーの特色をよく把握した者の言葉だ。冗談や逆説を単に面白い話として訳したのでは、真意を伝えきれない。「青春は若い奴らには勿体ない」といったジョークも真意は底が深い。権力への痛烈な批判は、さらに晦渋化され、皮肉のなかに深く埋めこまなければならなかった。この点を取り落としたのではないかという危惧は、ここここそ大切にしなければ意味がないという翻訳者の見識を表している。廣子にはショーの反骨に共感する資質と、だからこそ翻訳したいというつよい意志があった。

その後の翻訳活動としては、大正五年にダンセイニ「アルギメネス王」、イェーツ「うすあかりの中の老人」などがある。第一歌集『翡翠』（大正5・3）上梓以来、歌の発表は目立って少なくなる。大正六年六月、廣子三十九歳の年にシング『いたづらもの』（東京堂書店）を上梓した。序文は坪内逍遥だ。廣子の後記に、「大正四年十月中に始めの一幕を訳しました。…略…そしてむづかしいので困つて居ります内に、一度御覧を願ひたいとかねてから思つて居ました上田先生が突然おなくなりになりましたので、私はがつかりしてそれつきり訳を止めてしまひました」とあるように上田敏亡きあとの翻訳だ。この一篇だけは訳したいと、翻訳を再開し二月半ばに全編を訳し終えたとも書かれている。

劇作家であり詩人、小説家であるシング（一八七一―一九〇九）は、アイルランド文学復興運動の立役者だ。アイルランド生れのイギリス人が綴った特有のアングロ・アイリッシュ文学を生みだした人物である。一九〇七年、「The Playboy of the Western World」を上梓したが、あまりに風刺がつよく、痛烈な批判を盛り込んだために、怒った観衆が暴動を引き起こしたとも言われる。反発を招くほど風刺に富んだ戯曲の翻訳を望んだ廣子のつよい反骨精神が偲ばれる。この翻訳の註解に、廣子の言葉へのこだわり振りがよく窺えるので、抄出を挙げておく。

（1）Playboy（プレイボーイ）の字は一言にして訳しにくい語です。…略…いたづらをしながらも、少しも悪気のないのんきもの、事だと或人から教へられました。…略…坪内先生が「西海岸の悪太郎」とお訳しなされました…略…。／然るにもう一つ別説があります。それは愛蘭文学愛好者なる菊池寛氏が…略…プレイボーイは最初に「遊戯の選手」といふ意味から出た言葉で、たゞののんきないたづら息子の意味のみの字ではないといつて居られます。…略…悪戯とか悪劇とかいふ字でなければあてはまらないといふことを森先生からうけたまはりました。

延々とつづく英語の解釈と日本語との対比は、一語の訳に廣子がいかに苦心したかを窺わせる。森先生は鷗外であり、坪内先生は逍遥をさす。英国大使夫人や帝大教授市河三喜、英文学者本田増次郎などにも意見を聞いたという。迷った末につけた『いたづらもの』という題も、大正十二年に新劇協会によって上演されたときには「西の人気者」とさらなる工夫をこらした題となった。

一語の選択にも苦労した末の、シングの戯曲翻訳だった。前記の註解には菊池寛が大正五年「愛蘭劇手引草」を書いたとある。このころの日本では、アイルランド文学への関心が一気に高まる気運にあった。先に上田敏を挙げたが、同じ京都学派の菊池寛もその先駆的なひとりだ。菊池は、明治二十一年生まれの小説家であり劇作家である。また、なによりも優れたジャーナリストだった。大正十二年に「文藝春秋」を創刊し営業的にも大成功を遂げ、日本文藝家協会を設立した。亡き親友の業績を偲んで芥川賞、直木賞をも創設し、それはなお現在にいたっている。

その他さまざまな文芸運動を推進した。なかでも大正五年（一九一六）に発表した戯曲「屋上の狂人」（「新思潮」大正5・5）は、アイルランド文芸復興運動の影響下に書かれた作品だ。「屋上の狂人」ほか五作品を英訳した菊池の戯曲集はアイルランドで刊行され、同年三月一日の The Morning Post 紙社説において日本独自の価値観を描き出した作品として高く評価された。一九二六年十一月二十八日、二十九日には、文芸復興運動の拠点であるダブリンのアベイ座で「屋上の狂人」が上演された。文芸復興運動の推進者であったイェーツは、戯曲を通じて菊池の文学を知り激賞した。イェーツは日本の能にもつよい影響を受け、ジャポニスムとも目される能面を模した仮面劇「鷹の井戸」を書くにいたった。菊池寛らとイェーツ、シングらの文学交流が契機となって、アイルランド文芸復興運動は日本にもひろく波及した。ゲルマン民族に追われたケルト民族の悲惨な歴史を思い、英国の圧政に耐えたアイルランドの文芸復興を願う運動は、アジアにおける日本の立場をかえりみる契機ともなる。それぞれの国の固有の文化を再認識するために、土俗的かつ幻想的な伝承民話の採集や古典文学の復興が掲げられた。芥川龍之介の古典から摂取した小説『羅生門』や『鼻』もその影響を反映したと言われる。文学的に多くの人々が文芸復興運動の機運に乗って独自の文学を開拓した時代と言っていい。アイルランドという特殊な歴史の中で育まれた独自の幻想性に魅かれ、最果ての地の悲劇性に心添わせたのは、廣子の生来の夢想的資質と弱者への心寄せが共鳴し合った結果でもある。アイルランド文学との出会いは時代的要請であったとはいえ、ロマンに魅かれる廣子にとっては必然であり、じつに幸福な出来事だった。翻訳の仕事は、歌に全力を費やすことを妨げたが、廣子の生涯の稀有な業績として長く記憶されるべきものだ。

2 『かなしき女王』　グレゴリー夫人と訳詩

ああ、あら鷲にわが名をとらせて
君が心のほとりに持ちゆかしめ、ひきちぎらせん

廣子訳「琴」

『赤毛のアン』の翻訳者としてひろく知られる村岡花子は、片山廣子の十五歳年下だ。東洋英和女学院の後輩であるとともに、「心の花」の歌人としても、また翻訳者としても後輩である。廣子は、翻訳を志す花子に多くの示唆を与えた。花子が結婚とともに大森に住んだのも、信頼する廣子が住んでいたことが動機だったという。廣子から譲られたマーク・トウェインの『The prince and the pauper（王子と乞食）』（平凡社、昭和2）の翻訳を上梓したことは、停滞気味で方向を見失っていた花子の仕事を大躍進させた。この本が大いに読まれた成功体験は、花子の翻訳者としての方向性を決定したのだ。多くの文学作品からどれを選び翻訳するかは、訳者にとって大きな問題だ。女性解放の時代的流れや花子の個性、そして廣子の具体的アドバイスによって翻訳するジャンルが定まった。「女性や子どもたちのための読み物、いわゆる「家庭文学」の翻訳に照準を合わせた」（村岡恵理「翻訳家としての村岡花子」）ことの正しさは読者の反応によって認められ、花子は家庭文学の翻訳者としての道を選び取った。明るく健康的な青春物語は、花子の得意とするところだ。後にモンゴメリーの『Anne of Green Gables（赤毛のアン）』（三笠書房、昭和27）が刊行され十巻のシリーズを重ね、今もなお読み継がれている。他にバーネット『秘密の花園』、ウェブスター『あしながおじさん』、オルコット『花

ざかりのローズ』など枚挙に暇がない。

　それに対して廣子はアイルランド文学に心酔する。「アイルランドは三百数十万という人口の国ながら、才能―とくに文学においては―とほうもない大国である」（司馬遼太郎「愛蘭土紀行」）という言葉の通り個性的な作家を輩出した。ジョナサン・スウィフト、オスカー・ワイルド、小泉八雲（ラフカディオ・ハーン）、バーナード・ショー、J・M・シング、ジェイムズ・ジョイス、W・B・イェーツ、サミュエル・ベケットとこれも枚挙に暇がない。『不思議の国のアリス』を書いたルイス・キャロル（本名チャールズ・ラトウィッジ・ドジソン）も本名のドジソンを見るとアイルランド系の血を引いた英国人だ。去年、そのルイス・キャロルの冒険奇譚『スナーク狩り』（集英社、平成26・10）が、穂村弘による新訳で上梓されたが、新訳を出すほどに読み継がれているということだ。同様に、廣子が翻訳したマクラオド『かなしき女王』収録の一篇「琴」が、「クレヴィンの竪琴」（『ケルト民話集』ちくま文庫、平成3・9）と題されて荒俣宏の新訳で出版された。ケルト文学に造詣の深い荒俣は「実は、マクラウドの幻想物語の翻訳紹介は、これがはじめてではありません。近代日本にケルト圏の文学をはじめて導入した先達《せんだち》、松村みね子女史の手で大正十四年に『マクラウド短編集―かなしき女王』という単行本が一冊上梓されているからです」（『ケルト民話集』後記）と紹介し、最初の翻訳者としての廣子の役割を認めている。ダンセイニ、シング、タゴールなどの翻訳者としても最初期であり、藤田福夫は、廣子の翻訳の業績を「特に女性としてその方面で彼女はど積極的に労作を残した人は無いので、その功は永久に記念されるものである」（『近代歌人の研究』）と書いた。

『かなしき女王』の大正十四年の松村みね子訳と、平成三年の荒俣宏訳の挿入詩を挙げておこう。

「クレヴィンの竪琴」

オイメ、オイメ、白き乳房の女、エイリイよ
こがねなす栗色の髪、赤き木の実のくちびるをもつ女よ！
　オイメ、オーリ、オイメ！
きみは白鳥よりも色白く、胸やわらかい。

『かなしき女王』
写真提供：沖積舎

きみの歩むすがたは、どの海の波にもまして
うるわしい——
　オイメ、ア・ロー、オイメ、ア・ロー！
わが恋の痛みは骨の髄にまでおよぶ、エイリ
イよ。
わが体を流れる血潮は、辛く荒らびた潮も同

然！

…略…

ああ、野生の鷹にわが名コルマク・コンリナスを運ばせて、それを運ばせて、きみが心をその名の力で引き裂かせよ、かつてはその名に熱く応えた心をば。

エイリイ、エイリイ、オーリ、エイリイ、エイリイ！

（荒俣宏訳『ケルト民話集』ちくま文庫、平成3・9）

「琴」

ああ、しろき胸の女、エイリイ
こき金いろの髪とあかき赤き木の實の唇をもてる女
君は白鳥よりも白く、白鳥よりもむね柔らかし
海の波はうごけども君がうごく姿には似ず
わが骨の髄はいたむ、いたむ、エイリイよ
わが體内の血はにがく狂しき潮
…略…

ああ、あら鷲にわが名をとらせて
君が心のほとりに持ちゆかしめ、ひきちぎらせん、むかし熱かりし心のほとりに
　エイリイよ、エイリイよ、エイリイよ

（片山廣子訳『かなしき女王』沖積舎、平成11・11）

コルマクとエイリイの恋物語「The Harping of Cravetheen」に挿入された同じ詩の翻訳である。題をみても荒俣の訳は、原作に忠実だ。廣子は「琴」とのみ題した。荒俣は「クレヴィンの竪琴」と直訳し、かけ声までもが嵌め込まれている。また「わが恋の痛みは骨の髄までおよぶ、エイリイよ。わが体を流れる血潮は、辛く荒びた潮も同然！」と恋情に絞って痛切だ。君の心をわが名で引きちぎるという。符号や行替えを駆使し、終部では「わが名コルマク・コンリナス」と固有名を省略せず入れ身近に引き寄せている。一方廣子は、題が省略され端的であり、その分、空白の余情を重んじた。合間のかけ声もまた最小限に抑え、シンプルに仕立て言葉の力を生かした。「わが骨の髄はいたむ、いたむ、エイリイよ　わが體内の血はにがく狂しき潮」と痛みを普遍的なものに広げ、恋という字は出さなかった。そのために痛みの幅はひろくなり、恋の範疇を超えて生の苦渋を漂わせ身に滲みる。「にがく狂しき潮」は見事な意訳だろう。全体的に韻文の美点がよく生かされている。終部の「あら鷲にわが名をとらせて　君が心のほとりに持ちゆかしめ、ひきちぎらせん」とあり、わが名を引きちぎらせることと解せ

る。終章の意味の取り方に、二人の大きな違いが感じられる。自らの名を引きちぎるとするものと、相手の心を引きちぎるとする違いだ。自損と他損の違いだ。自らが傷つく訳に、廣子の心の有りようが窺える。他者を損なうことを嫌った廣子らしい意訳と取っていい。他にも荒俣が「小鳥の骨に蜘蛛の糸を三本張った小さな琴」としたところを、廣子は「かげろふの繊糸」と翻訳した。儚さを印象づける意訳だろう。ここにも廣子の翻訳の個性が感じられる。

＊

廣子が村岡花子とは違ったジャンルを選んだのは、アイルランド文芸復興運動に協賛する機運に乗ったということも大きい。親しい森鷗外や上田敏、そして芥川龍之介や菊池寛らのケルト文芸復興を支援する人々の文学活動の影響は、廣子の翻訳活動上で見逃すことはできない。また、大正五年ごろ、スコットランド人である鈴木大拙夫人ベアトリス・アースキン・レインと巡り合ったことも大きな牽引力となった。翻訳活動に身を投じてゆく過程で、廣子はもう一つの大きな出会いをした。最初の翻訳として「心の花」（大正3・1）に載せた「満月」の著者レディ・グレゴリーとの本での出会いだ。グレゴリー夫人の翻訳は、廣子のこれが日本で最も早いもので、大正十一年『愛蘭戯曲集』（玄文社）に収録された。

グレゴリー夫人は、本名をイザベラ・オーガスタ・グレゴリー（一八五二〜一九三二）という。アイルランドの劇作家・詩人であり、ケルト文学復興運動の中心的存在だ。イングランドにルーツを持つ地主であり、アイルランドにゆかりのパーシー家の出自であった。幼児期にゲール語を話す生粋のアイルランド人乳母メアリー・シェリダンの影響で祖国愛に目覚め、アイルランド伝説の採取に尽力する。四十歳で元セイロン知事の夫サー・ウィリアム・グレゴリーを亡くした。その数年後にウィリアム・バトラー・イェーツと初めて出会い、意気投合し、アイルランド文学劇場を設立する。これは資金不足で間もなく閉鎖となるが、一九〇四年、イェーツやジョン・ミリントン・シングらとともに国立劇場アベイ座を設立し、ケルト文学復興運動の拠点とした。菊池寛の「屋上の狂人」（「新思潮」大正5・5）も一九二六年十一月に「The Housetop Madman」と題して、アベイ劇場で上演された。この劇評を通じてイェーツと菊池の交流がはじまったのだ。

廣子はグレゴリー夫人について次のように書いた。注目すべきは夫人の経歴である。

　今は世界に名だかい彼女もそのむかしはただ教養のある聡明な貴婦人の一人にすぎなかつたのであらう。…略…何事にも熱心な人で、眼はいつも質問に充ちて、きびしい教育のにほひをただよはせたその容姿は人を容易に近づけなかつた。夫人の客間には文芸や政治方面で名だかい人たちが始終あつまつて来てゐた…略…夫人は四十の時寡婦となつた。それから数年を経て亡夫の回想録を出版したのが、彼女の筆の人としての始めての試みであつた。／夫人が自分の行《ゆ》くべき道にほんたうに踏み入つたのは一八九八年の春ロンドンで初めてイエーツに会つた後《のち》のことである。その時はたゞ一緒にお茶を飲んだだけで別れたが、…略…その家での半日の会話のうちに夫人の心はイエーツに依つて醒されて、アイルランド文芸復興のむづかしい事業に一身を捧げる決心をしたのであつた。

「戯曲家グレゴリイ夫人」（婦人月刊誌「女性」第5巻第4号、大正13・4特別号）

こう綴られるグレゴリー夫人の面影は、夫亡き後アイルランド文学の翻訳に一途にのめりこんだ廣子の姿に重なる。芥川龍之介との出会いはこの文の掲載より数か月後だ。夫人とイェーツとの出会いは、グレゴリー夫人が寡婦となって六年目の四十六歳である。廣子と芥川との出会いは、廣子が寡婦となってから四年目の四十六歳であった。イェーツは夫人より十三歳若く、芥川は廣子より十四歳若い。グレゴリー夫人にとってのイェーツは、廣子にとっての芥川を彷彿とさせるのだ。「夫人の心はイエーツに依つて醒され」たのだが、廣子の心は芥川によって醒まされたといっても過言ではないだろう。

以後、グレゴリー夫人は、村の古老から伝説を収集したり、古いバイブルでアイリッシュの研究をするなど、「イエーツに会つて以来は青年のやうな元気を以て詩人と共に働き始めた」（「女性」）という。イェーツのために部屋を準備し散策をともにし、机上を整えた。才ある人のために尽くし、文学のために労を執ることを厭わなかった。
一方、廣子の芥川に対する心情は文章に残されていないが、大正十三年九月五日付の手紙には、「わたくしたちはおつきあひができないものでせうか。ひどくあきあきした時におめにかかつてつまらないおしやべりができないものでせうか。あなたは今まで女と話をして倦怠を感じなかつたことはないとおつしやいましたが、わたくしが女でなく男かあるひはほかのものに、鳥でもけものでもかまひませんが女でないものに出世しておつきあいはできないでせうか」（辺見じゅん『桔梗の風　天涯からの歌』）と書かれている。以後、東京でも会い、丸善で洋書を買ったり銀座で観劇をしたり、自死の半年前まで精神的な交流があったという。グレゴリー夫人がイェーツを見守った経緯を知る廣子にして初めて、「女でなく男かあるひはほかのものに、鳥でもけものでもかまひませんが女でないものに出世しておつきあいはできないでせうか」と書くことができたのだろう。「戯曲家グレゴリイ夫人」という一文を書いた廣子にとって、天才芥川はともに励まし合って文学を追求するべき唯一の人と映ったに違いない。ただ時代がそれを許さなかった。

夫をおくり、ひとり子を育て上げ、のこる全生命を捧げてアイルランド文芸復興の運動に尽し、今も尽しつゝある夫人の事を考へる時、私《わたくし》たち日本の女は羨ましくもさびしくも感じるのである。私《わたくし》たちは夫人のやうな信仰を持つことはゆるされない。夫人のやうに全力をあげて助けたいと思ふ友人にめぐり会ふことはゆるされない。ことに、二人三人の大天才を友人に持つことはとてもゆるされない。そして、夫人のやうに白髪になつて脚本を書くことは、とてもゆるされない、と云つても、それは短才無力な私《わたくし》たち自身が何もなし得ない言訳にはならないのである。ただ私《わたくし》たちは寂しく感じる。

「戯曲家グレゴリイ夫人」(同上)

これは大正十三年の文章である。参考のために当時の婦人問題を扱ったものを挙げてみよう。与謝野晶子は「婦人も選挙権を要求する」と題して「婦人公論」(大正8・3)に女性擁護論を書き、平塚らいてうは「避妊の可否を論ず」と題して「日本評論」(大正6・9)に所信を書き、女性側から避妊を疑問視している。なにが女性の地位向上に繋がるかという手探りの模索がされていた。日本の女性には職業の選択どころか、信仰の選択さえも許されなかった。廣子が「ただ私《わたくし》たちは寂しく感じる」と結語しなければならない社会であり、秀でた才能と巡りあう機会など女性には皆無と言ってよいのだ。だからこそ廣子が天才芥川とめぐり会ったとき、どんなに心ときめき、千載一遇の出会いに感謝したことだろう。何としても手放しがたい素晴らしい邂逅だった。その後イエーツは七十四歳まで生きてグレゴリー夫人の大きな力となったが、芥川は三十五歳の短命であった。廣子にとって痛恨の芥川の死だったと言える。アイルランド文学に出会い、グレゴリー夫人と出会ったことは、廣子の大きな希望であった。その生き方につよい感銘を受けたことが、後の廣子の翻訳者としての不滅の功績につながり、芥川との文学を仲介とした不滅の思慕に繋がったのだろう。

3　ロマンの系譜　晶子と時雨と廣子

生くる我とゆめみる我と手をつなぎ歩み疲れぬ倒れて死なむ　　廣子

歌集『翡翠』所収の一首。廣子の生涯を予見するような内容だ。現実生活とロマンに憧れる心とが、支え合いながらもともに力尽きてゆく、という実感があったのだろう。

廣子の歌や翻訳に深い理解を示した辺見じゅんは、『桔梗の風』に心情溢れるエッセーを書いた。その一篇を「ロマネスク・片山廣子」と題している。「日本的な湿潤の土壌の中では、成熟されないままに滅びたロマン」のその後を廣子の歌に見たいと書いた。芥川龍之介が旋頭歌「越し人」や『或阿呆の一生』で思慕を告白し、堀辰雄が『聖家族』『物語の女』で敬愛をこめて描いた高雅な女性像は、廣子がモデルであることが今は明確だ。才人の注目を集めた廣子は、日本の湿潤な土壌に知的ロマンを咲かせた花であり、大正ロマンの象徴ではないかとする辺見の見解が行間に滲んでいる。

ロマネスクとはなにを指すのだろう。この語には、十二世紀中葉のフランスの雰囲気が漂う。廣子の父は幕末から明治元年にフランス留学を経験した外交官であり、廣子自身はカナダメソジスト系宣教師創立の東洋英和女学校の寄宿生だった。いち速く西洋文化を摂取できる環境のもとに育った。後年、『ダンセニイ戯曲全集』を翻訳するが、それは本国の初版からわずか四年後（大正10）であった。いかに西欧文化への関心がつよく、いかに早く情報を摂取したかが分かる。廣子は、この点でも西欧のロマネスクに最も近く接し、日本におけるロマン摂取の先駆者の一人だったと言える。

ロマンとは、「幻想的な印象を与える風物や芸術作品の形容詞に用いられていたが、やがて十八世紀最末葉から十九世紀初頭にかけて文学・芸術の革新が叫ばれるに及んで、伝統文化をよぶクラシック classic（古典的）の対立語として定着するに至った」（加藤民男）と説明される。古典主義とは対立する概念で、個人の感性を尊重するところから、恋愛や民族意識の高揚にも結びついた。エキゾティシズムやオリエンタリズム、神秘、夢などともつよく結びついて、東方趣味をも帯びた。ロマネスクは本来「ローマ風」のことであり、古代ローマの庶民のこころに戻るということだ。古い文化への回帰は、民芸や古典への郷愁も引き出し、アイルランドを始めとするケルト文化復興運動にも繋がったのだ。

ロマンは、明治期に戯曲や詩としてまず日本にはいった。

「浪漫」という表記で親しまれ、「明星」や「文学界」で一世を風靡し、華やかな浪漫主義の時代を開いた。北村透谷による「浪漫主義」の理論づけは、さらに大きな影響を与えた。『内部生命論』（明治26）で、人間としての情動を大切にし個人の内面を表現することを重んじ、愛についても「肉情よりして恋愛に入るより外には、愛情を説くの道なかりしなり、プラトーの愛情も、ダンテの愛情も、バイロンの愛情も、彼等には夢想だもすること能はざりしなり」と古い愛のあり方を批判した。封建制脱却や人間解放を掲げ、自由な生き方を主張し、ロマンのあるべき姿を示してつよい影響力をもった。

上田敏は「明星」（「詩話」明治40・1）誌上で、「ダンテ等の詩は、単に自然に対する感でなく、寧ろ、精神活動の直写」であるとのべ、「心理体」なるものを提唱した。透谷や上田に呼応して、与謝野鉄幹の「明星」は、奔放とも言える恋愛歌を発表し、若者の支持を得た。島崎藤村『若菜集』（明治30）や薄田泣菫『暮笛集』（明治32）など新体詩のロマンをより濃くひき継いだ与謝野晶子『みだれ髪』（明治34）は、浪漫主義文学の華やかな旗印の一つとなり、束縛を破っての恋の成就を謳いあげ、そこに古典的韻律による抒情を注ぎ込んだ。

髪五尺ときなば水にやはらかき少女《をとめ》ごころは秘めて放たじ
やは肌のあつき血汐にふれも見でさびしからずや道を説く君
『みだれ髪』

だが、性急なロマンの摂取は、知的結実をすることなく舌足らずのままに湿潤な風土に埋もれてゆくことになる。本質を自覚する間もなく衰退し、ロマンの牙城であった「明星」は、明治四十一年に終刊となった。ロマンの夢は、写実主義や現実重視へと急旋回をしてゆく。

＊

晶子と廣子は、ともに明治十一年生まれであり、廣子は晶子を敬愛して次のように記している。

昔の秀れた女たち、小野小町、和泉式部、式子内親王、それからわれわれの時代に生きた與謝野晶子。かれらはするどい才智とたくましい心を歌に投げ入れて生きてゐたのであった。／晶子の歌集を全部大森の家に置いて来たので、私の手もとには遺稿の「白桜集」だけしかないけれど、今その内から少し抜いて、千年か二千年に稀にうまれ出るすぐれた歌人たちの心に触れて見よう。…略…

一人出で一人帰りて夜の泣かる都の西の杉並の町

青空のもとに楓のひろがりて君なき夏の初まれるかな

…略…

源氏をば一人となりて後に書く紫女年わかくわれは然らず

…略…

「紫女年若くわれは然らず」の一首の悲しみは彼女一生のあひだに詠んだといはれる数万首の歌の中にもほかには見出されまいと思はれる。

「二人の女歌人」(『燈火節』)

小野小町、和泉式部、式子内親王とともに与謝野晶子を挙げ、「千年か二千年に稀にうまれ出るすぐれた歌人たち」としている。紫式部が、夫藤原宣孝の死後、一条天皇の中宮彰子に仕え『源氏物語』を書いたのは三十歳くらいだった。鉄幹を失ったとき、晶子は五十七歳であった。「紫女年若くわれは然らず」と哀しみをこめて詠んだが、晶子はこのころ、三回目の源氏新訳に取り組みつつあった。浪漫主義の「明星」の中心的存在であった晶子は、歌の革新という理想のもとにロマン主義的恋愛を成就させ、典雅な王朝物語に魅せられ、『源氏物語』の訳を試みた。

廣子の文中にもう一つ注目される個所がある。「かれらは(筆者注・王朝の歌人や晶子)するどい才智とたくましい心を歌に投げ入れて生きてゐたのであつた」という一節だ。単に優雅に歌を紡いだのではなく、「するどい才智」と「たくましい心」を投げ入れた、と指摘している。そこには透谷の言うプラトーやダンテの精神的な高次の愛や、上田敏の言う心理体の原型がある。世を騒がせた晶子の出奔も、単なる恋愛というより、文学上の敬意を抜きには考えられない愛の在り方だ。

廣子は、小野小町について「花の色はうつりにけりないたづらにわが身世にふるながめせしまに」を挙げて、「むかしの貴婦人は何とかしこくも短かくも詠み得たのであらう」(「過去となったアイルランド文学」『燈火節』)と感嘆している。和泉式部の激情と才智、式子内親王の和漢の才と虚構性など、廣子が仰ぎ見た歌人たちには、みな濃厚なロマンが漂う。

廣子の文章は、与謝野晶子についてさらに次のように続いている。

(ほかの女歌人たちがみんな伝説であるのに、私のために與謝野晶子だけは伝説ではない。私の姪が彼女の学校に在学してゐたから、私は父兄の一人で、その私に彼女はいつも率直に物を言はれた。師と弟子の間柄ではなく、友人ではなく、社交の仲間でもなく、あつさりと親切にごく普通の話をされた。こだはりのない若々しい勇敢な彼女を知つてゐて、この悲しみの一首を読むことは堪へがたい気持がする。)

「二人の女歌人」

与謝野晶子の協力を得て、大正十年、建築家西村伊作が創立した文化学院には、廣子の妹である次の娘美都子が通っていた。廣子は、大連在住であった妹に代わって保護者として文化学院の父兄会に出席した。その談話の席で、やはり姪の保護者として出席した劇作家である長谷川時雨(明治十二年生)とも親交を深めたという。時雨は十七歳で佐佐木信綱に古典を学び、二十二歳で「うづみ火」を投稿して「女学世界」の特賞を得ている。のちに劇作の力を認められたこともあり、戯曲の翻訳をしていた廣子の仕事と深い共通性があった。信綱門下であった時雨は、廣子について次のように書き残している。

私が松村みね子といふお名前に気をつけたのは、一昨年あたりの「心の花」に「奥様日記」とかいふ小説をお書きなさつたをりだと覚えてをります。かういふ方のあるのをどうして知らなかつたらう。此方は名のある作家よりよつぽどたしかで、確かりした立派な腕前をもつておいでなさると、一人で感心して、どうして此お方の名がかくれてゐるのかと思つてをりました。

「心の花」大正4・11

信綱に片山廣子という本名を聞き、さらに「あの方ならあの位なものはなんでもない、なる程と思ひました。それにしても名高い歌の才人なのに、どうして歌集の方があと廻しになつたのかとも思ひました…略…長く「心の花」を飾つてゐた和歌の才名よりも、屹度もつと名高く、日本の松村夫人といはれる時がくるに相違ないと思ひました」（同）とつづけている。文化学院で談笑する以前に、才人が才人を見抜く鋭さで廣子の仕事ぶりを感嘆しつつ眺めていたのだ。時雨の文には、翻訳をふくめ広い分野に目を向ける廣子の広汎なロマンへの賛同がある。

晶子は当時、廣子と時雨の姪たちの国語教師だった。廣子の書く「こだはりのない若々しい勇敢な彼女」というのは大正十三年ごろの晶子の姿である。晶子、廣子、長谷川時雨とみな四十代半ばの働き盛りであった。女子教育の向上に力を尽くし、時雨は大正十二年に同人雑誌「女人芸術」を創刊し、晶子は大正十年に女子高等教育を主体にした文化学院創立に貢献して教鞭をとった。廣子は、アイルランド文芸復興運動のなかで旺盛な翻訳活動をつづけ、大正十年に『ダンセニイ戯曲全集』を上梓し、同十二年に『シング戯曲全集』、十三年に『近代劇大系』に翻訳を収録した。芥川龍之介との運命的出会いもこのころだ。

当時の社会的弱者、特に婦女子の待遇改善への心寄せがつよくあったという点で、三人は幼少時からの志を同じくしていた。ロマン主義が、個人を重んじ、空想の自由を求め、形式の枠を嫌った文学運動として認識されるとすれば、三人の活動はまさにロマンを体現するものであったと言えるだろう。静かに燃える廣子の情熱は、活動的で逞しいふたりの女性の行動と深く通底している。

＊

森鷗外の『於母影』(明治22・8)以後、上田敏は、『海潮音』(明治38)を上梓して近代詩をいち早く紹介した。敏は「西欧の詩文を翻訳する者は、外国の語に通ぜざるものに多少の新趣味、新知識を伝へむと試みるのみならず、日本の言語を以て、未だ曾て無き一種の芸術品を製作し、以て清新の美を創せむとするなり」とのべて、翻訳者は、直訳にこだわるのではなく西欧の詩の清新さを損なわず、しかも美しい日本語に翻訳するべきだとした。原詩の厳しい詩想を柔らかい日本的抒情に移し替えた彼の翻訳は、批判も受けるが、親しみを以て若者に受け入れられた。柔らかな和語を使った詩は北原白秋、木下杢太郎ら後続の詩人をも刺激した。日本的抒情を駆使した敏の訳詩二編を挙げておく。

落葉　　　　ヴェルレーヌ

秋の日の／ギオロンの／ためいきの／身にしみて／ひたぶるに／うら悲し。
鐘のおとに／胸ふたぎ／色かへて／涙ぐむ／過ぎし日の／おもひでや。
げにわれは／うらぶれて／こゝかしこ／さだめなく／とび散らふ／落葉かな。

山のあなた　　　　ブッセ

山のあなたの空遠く／「幸《さいはひ》」住むと人のいふ。／噫《ああ》、われひとゝ尋《と》めゆきて、／涙さしぐみ、かへりきぬ。／山のあなたになほ遠く／「幸」住むと人のいふ。

廣子の訳詩は柔らかな律をもつ敏の訳詩に通じるものがある。上田敏は、「松村夫人の翻訳」

（「心の花」大正4・10）と題して、廣子のアイルランド文学の翻訳を「感服して了つた」とのべた。さらに「一体人間の思想は打ち捨て、置くと、兎角固まつて硬ばるものだから始終流動させなければならぬ。或は時々分解させて、新らしい見方を設け異つた組合せを作らねばならぬ」とつづけた。廣子のアイルランド文学翻訳の仕事に、思想を打ち破るあたらしい流動性を読みとって敬意を表している。アイルランド人を父に持つ小泉八雲（ラフカディオ・ハーン）に「英語を以て自己を表現する事のできる一万人中唯一人の日本人学生である」と語学の才を称賛された上田敏に、廣子の翻訳は絶賛された。廣子の翻訳には、敏の志した思想の流動化と、直訳を膨らませる巧みな和語の駆使が引き継がれている。先に荒俣宏の「クレヴィンの竪琴」と廣子の「琴」の訳を比較したが、抒情やなめらかな韻律において、幻想において、明確な差があった。

浪漫主義がふくむ古典回帰、幻想、サンボリスム、自愛などを廣子は、森鷗外や一葉の小説、そして上田敏の詩や晶子の歌などから鋭く感じ取り自らのものにした。

わが指に小さく光る青き石見つつも遠きわたつみを恋ふ
月の夜や何とはなしに眺むればわがたましひの羽の音する
『翡翠』

封建的束縛を背景に、自己解放への願望がこめられており、幻想とサンボリズムを感じさせる一連だ。異界への逸脱が幻想を呼び、ロマンをたっぷりと含みもつ。

ゆるしがたき罪はありとも善人の千万人にかへじとぞ思ふ
心狂ひ君をおもひし其日すら我が身一つをつひに捨て得ず　『翡翠』

一、二首目、「罪」「心狂ひ君をおもひし」には晶子の影響も窺える。結句の「我が身一つをつひに捨て得」ないところに新しい自我の認識がある。晶子より一歩進んだ理知的ロマンの領域、或いはロマンの理知化と言ったらいいだろうか。その延長上にある『野に住みて』に溶け込んだ慎ましく高雅な精神は、日本固有のロマンの一つの結実を示すものだろう。

4　ロード・ダンセイニ　極北の男爵

わがむねにみなぎる力このままに注ぎいるべきうつろのあらば　廣子

大正六年二月十日から十一日に「時事新報」に掲載された廣子へのインタビューは、若き日の菊池寛が担当した。時事新報の記者であった彼は、ジャーナリストとしての才能を遺憾なく発揮しており、軽妙かつ的を射たインタビューは、なかなか興味深いものだ。廣子が翻訳をするときに用いた筆名「松村みね子」が、電車で出会った少女の名を拝借したものであることを初めて聞き出している。「あれでございますか、夫《それ》はある時匿名の必要がございましてあれかこれかと苦心をして居りました時電車に乗りますと、可愛い娘さんが居らしつてその方の雨傘に松村みね子と書いてあつたのが如何にも気に入つたからでございます」と優雅な口跡を彷彿とさせるような答えを引き出した。桁外れの写真嫌いであることや、夫の片山貞次郎が英国の小説家ヘンリイ・ジェームスを愛読するというような趣味をもっており、ともに英文学に親和した夫婦であることも紹介している。

菊池は、その紹介の中で「鈴木大拙氏の夫人たる米国婦人を相談相手として読み耽つた英書の数は限りもなく多い、殊に近世英文学の粋と云はる丶愛蘭文学に造詣深く愛蘭の天才作家ダンセニイ卿を初めて日本に伝へたのも夫人である」と書いた。立命館大学教授鶴岡真弓は「このインタヴューのポイントはアイルランド文学を共有する菊池でなければ見えない「みね子」の仕事の凄みを明らかにしていることである」と評価している。難解なアフリカ訛の英語(「キヤプテンブラスバウンドの改宗」)の翻訳や、「プレイボーイ」という一語の訳にも廣子が三年来苦心した逸話などを漏らさず紹介しているからだ。「仕事の凄み」という表現に実感がこもる。

菊池寛は早くからアイルランド文学に親しみ、一高の二年にして、バーナード・ショウについての論文（「交友会雑誌」明治45・5）を発表している。京都帝国大学英文科の卒論は「英国近代劇」であった。ロード・ダンセイニには同校研究室で出会って、大きな影響を受けたという。廣子の『ダンセニイ（ダンセイニ）戯曲全集』（警醒社書店、大正10・11）の序文を書いた所以である。インタビューのあと、アイルランド文学を通じて二人は「十年の友達のやうに話し合つた」という。「菊池さんはその頃も、あとで偉くなられてからと同じ素朴なやうな豪放のやうな、そして大へんギヤラントな人柄であつた。一生を通じてあの方はいつも親切な、気持よく人の世話をする兄《あに》さんぶりで、それにいつも若々しい好奇心をいつぱい持つてをられる人だつた」（「菊池さんのおもひで」）。悠揚迫らぬ姿を愛ずる廣子の菊池寛評である。

その菊池が「愛蘭の天才作家ダンセニイ卿を初て日本に伝へたのも夫人である」と書いている。「ダンセニイ卿」（廣子はダンセイニをダンセニイと表記している。翻訳中、固有名詞の訳には特別に苦心した様子がみられる）とは、どのような人物だろう。なぜ廣子が翻訳戯曲に、ダンセイニを選んだのかもふくめて興味をひかれる。

『ダンセイニ戯曲集』
写真提供：沖積舎

『ダンセニイ戯曲全集』の初版は大正十年だが、一九九一年十一月、すなわち平成三年に沖積舎から再版されている。幻想文学に詳しい荒俣宏が書いた帯文にはこうある。

あのイナガキ・タルホが真の男性文学と称賛した、愛蘭土のファンタスト、ダンセイニ卿。いとしの第三惑星にかかわる物語を、星と神々の目から描くことができたこの作家が、生涯にもっとも力をいれた分野こそ、戯曲であった。折りしもケルティック・ルネサンスの意気あがる舞台で演じられた〈妖精劇〉の熱気を伝える、いちばん古くて、いちばんモダンな神秘劇が、大正期の麗歌人松村みね子の訳文をまとって、いま蘇る。

『ダンセイニ戯曲集』帯文（沖積舎、平成3・11）

荒俣は、『世界大博物図鑑』でサントリー学芸賞を受賞した博物学者でもある。翻訳家として活動するときの筆名を、団精二としているが、これはダンセイニ卿の名をもじったものだ。それほどに思い入れの深いダンセイニ卿についての凝縮した紹介文は適確であり注目をひく。

まず帯文の頭にある、イナガキ・タルホ（稲垣足穂）だが、『一千一秒物語』や『少年愛の美学』（日本文学大賞受賞）を代表作とする小説家だ。独特のエロス論をもつ新感覚派の放浪の作家であり、ダンセイニに傾倒した。青年時代パイロット志望だったが挫折した経歴があり、天体への関心が人一倍つよい。その宇宙的視点で幻想的な、この世的脈絡を逸脱した小説を書いた人である。その足穂が「真の男性文学と称賛した」という。ダンセイニ卿の物語の独特な個性が浮かび上がる。

荒俣はさらに、ダンセイニは「いとしの第三惑星にかかわる物語を、星と神々の目から描くことができた」作家だという。太陽系第三惑星である地球を深く愛しつつ、宇宙的な視野をもって描いたのがダンセイニ卿の戯曲なのだ。ケルティック・ルネサンス時代の熱気をはらんだ妖精劇を書くダンセイニの神秘性がきわだつ帯文だ。「麗歌人」といわれる廣子の翻訳とも相まって、さらなるロマンをかきたてる。

ダンセイニ卿は、エドワード・ジョン・モアトン・ドラックス・プランケットというフルネームをもつアイルランドの小説家で、第十八代のダンセイニ男爵である。れっきとした支配階級の貴族で、ダブリンの北部ミーズ州にはダンセイニ城がある。イートン校卒、陸軍士官学校卒ののちイギリスの南アフリカ侵略戦争であるボーア戦争（一八九九―一九〇二）に侵略側として参加している。またダブリン暴動（一九一六）では、制圧するイギリス側として戦った。彼従って、純然たるケルティック・ルネサンスの熱をもった作家とは言いがたい側面がある。彼のもっとも有名な作品『エルフランドの王女』（1924）は、日本の幻想文学にも多大な影響を及ぼした。弱者の側に立つケルティック・ルネサンス運動とは、やや位相を異にしながら、独自に幻想文学の幅を広げた。

初版の『ダンセニイ戯曲全集』にある菊池寛の序文を抜粋してみよう。

ダンセニイの劇作家として、秀れたる点は、恐らく劇的瞬間を摑むことの巧みさであらう。

…略…もう一つの特色は、その清麗な表現である。何等不純な冗弁を交へざる表現である。簡明にして光沢のある文章は、聖書のスタイルを模したものだと云はれて居る。近代劇の多くが、問題劇思想劇に堕し、芸術以外、多くの雑音を交へて居るに比し、愛蘭劇作家の二三の人のみは、純粋に藝術的である。ダンセニイの如きは、問題とか思想とか生活とかを放れて、たゞ珊瑚の鞭を手にして、思ふまゝに天馬《ペガサス》を駆つて居る。

ダンセイニの劇作家としての特徴は、素早いモチーフの把握力と短時間に書き上げる筆力だという。その瞬間のひらめきは天才的で、廣子も後記に「才にまかせて一日か二三時間ぐらゐで書かれたこの愉快な戯曲」を自分がまだ元気だった三、四年前に訳したと、特に書き添えているほどである。比較的寡作でゆっくりと時間をかける廣子の創作態度とは、この点はかなり異なっている。「この書は大正七年に出すつもりでゐましたところ、病気のためにのびのびになり、大正八年の秋漸く全部を訳し終りましたので、その頃慶應にいらしつたカズンズ氏に序文をいたゞいて出すことにしました。然るにその年の十月から家内に病人やら取込やら引きつゞいて起りましたので、出版の計画はそれつきり流れてしまひました」と出版までの経過をゆったりと語った廣子の後記にも、その仕事のテンポが窺える。大正九年に夫貞次郎を失ったことも大きく影響しているのである。

菊池の挙げたダンセイニの文章のもう一つの特徴は、「何等不純な冗弁を交へざる表現」あるいは、「簡明にして光沢のある文章」だという。これは、そのまま廣子の文章の特徴に通じ、さらには廣子の凜として清らかな短歌のモチーフや韻律にも通じるものだ。「聖書のスタイルを模したもの」というところでは、はたと膝を打つ。東洋英和時代に読みすぎるほど読んで身に沁みついたという聖書の精神と文体は、和歌の湿潤さを感じさせない廣子の歌のバックボーンでもある。

ケルティック・ルネサンスに共振した日本の文芸運動のうねりの中で、アイルランド文学に接して翻訳に携わった廣子だ。しかし、ダンセイニ自身はそうした運動とは一線を画した位置で作家活動をした。アイルランド独特の屈折感のあるアイロニーの翻訳に自信を失いかけたこともある廣子にとって、「何等不純な冗弁を交へざる表現」は潔く受け取ることができただろう。また「簡明にして光沢のある文章」も短歌を基礎とする言語感覚に心地よく受け取ることができたと思われる。特定の運動に関わりのないダンセイニの純粋な芸術家としての態度は、歌壇政治にいっさい関わらなかった廣子の純粋文学志向に合致するものだ。文学的な価値を大切にして、いっさいの金銭的報酬を望まなかった廣子には「文学夫人」という呼称もある。後記にはさらに、「今年の春漸くすこし時を得ましたので、あらためて野口米次郎氏にお願ひしてロード・ダンセニイに手紙を書いていたゞき、不完全ながらも私の日本語訳出版をゆるしていたゞくやうお願ひしました」と書かれている。六月には、ダンセイニ卿から快諾の手紙を得た。

ロード・ダンセイニの風貌は、際立って秀麗だ。戯曲集の表紙には、軍服姿と思われる端麗なポートレートが使われていて目を引く。カメラから外した視線は、どこか遠くを見つめているようであり神秘的だ。細身の静かな佇まいにはロマンが漂う。こうした秀麗な極北の男爵から、慎ましい極東の麗歌人への手紙は、そのまま幻想文学のようだ。男爵は一八七八年生れ、すなわち明治十一年生れで廣子と同年であった。没年は一九五七年すなわち昭和三十二年で、これまた廣子と同年なのである。

菊池寛が、「純粋に藝術的である」とのべた作品を挙げてみよう。ダブリンのアベイ劇場で好評を博した一幕物『光の門』。彼の処女戯曲であり、廣子の翻訳による。

*

生前泥棒であった二人の死者の男が、入れない天国の門外でビールを飲もうとしている。次々に空中から落ちてくる壜を開けるが全てが空であり、その空き壜が無数に転がっている。見上げると天国の門は際限もなく高い。攀じ登るのは諦めて、むかし金庫破りに使った胡桃割りでこじ開けることにする。舞台には常に不愉快な低い笑声が響いており、これは終部まで絶えることがない。

ジム　此処ではね、何一つ希望《のぞみ》というものがないんだ。希望《のぞみ》が一つもなければ未来というものもない。未来がなければ、過去もない。此処は現在ばかしのところだ。…略…ここには年《ねん》なんてものはない。なんにも、なんにもないんだ。

ビル　元気を出せよ、お前は「なんじら此処に入る者は凡ての希望《のぞみ》を捨てよ」という句を思い出しているんだね。俺も句を覚えようとしたことがあったっけ。句はしゃれてるからね。シャークスピヤとかいう奴が作ったものだそうだ。…略

ビル　おれは天へはいり込もうと思う。お前も一緒に来ないか、おれに商売を教えてくれたのはお前だから。…略

ジム　いつかおれたちが破ったあの大きな倉庫を覚えてるかい、中には石炭ばかしっか這入っていなかった。

ビル　これは倉庫じゃない、これは天だ。中には、むかしの聖人たちが冬の夜《よる》の窓見たように後光をまぶしくきらつかせていなさるんだ。…略…うじゃうじゃと天の使がいるんだ。…略…それから宝石でいっぱいになってる黄金の市《まち》が、…略

ビル　ジム、ジム、あけたぞ、天の門をあけた！　ここへ来て手を貸してくれ。…略

（門は重たそうに揺れて開く、中は空しい夜と星である）

ビル　（よろよろとよろけて、現わされた「無」を眺める。その「無」の中に遠い星が途もなくさまよい歩いている）星—すてきに大きな星。ジム、天なんてものはないんだ。（こ

の真実暴露の時から残酷な激しい笑声が起る。その声の量は次第に増して、次第に声高になる)…略…

*

舞台に最初から不愉快に低くひびいていた笑い声は、ついに激しい哄笑となって終幕を迎える。もちろんこの残酷な笑い声の主は「神」だ。神は決して救済のために存在するのではないという苦いアイロニーに満ちた劇だ。廣子はこうした寓話に託した近代人の悩みを身に引きつけて感受した。寓話に近代人のこころの矛盾を託した手法は、芥川龍之介の『羅生門』や『鼻』などにも顕著だ。廣子がこころ惹かれた東西の秀麗な天才作家の創作のモチーフは生の矛盾である。廣子も「わがむねにみなぎる力このままに注ぎいるべきうつろのあらば」(『翡翠』)と同じ視点の歌を詠んでいる。

今一つ挙げたい作品は、美しい艶をもつ台詞に彩られた二幕物『アラビア人の天幕』だ。馭者の台詞を、「俺は思う、都会《まち》がいちばん美しいのは、夜《よる》が人家から滑り落ちて行く夜明けの少し後《あと》の時だ。都会《まち》はゆっくりと夜から離れて行く、ちょうど上着のように夜を脱ぎ捨ててしまう。そして美しい素肌で立って何処かの広い河にその影をうつす。すると日が昇って来てその額の上に接吻する」と訳した。都市は「時の奴隷」と喩えられ、砂漠は「時の故郷」と喩えられる。描写と思弁が美しく織りなされた深く幻想的な物語だ。

菊池寛は、その序文で「ダンセニイの如きは、問題とか思想とか生活とかを放れて、ただ珊瑚の鞭を手にして、思ふままに天馬を駆つて居る」と書き、「清麗な表現」とも記した。その翻訳を手がけた廣子も、やはり「問題とか思想とか生活」を離れて歌のロマンを深く慈しんだ歌人だ。アイルランド文学の廣子の翻訳に接してから改めて歌集を読むと、その資質において、その行き方においてあまりに似通っていることに驚かされる。翻訳を語らずして歌を語ることはできない。廣子も珊瑚の鞭で、思うままに天馬を駆っていた時期がたしかにあったのだ。

三　童話への親和

1　『カッパのクー』　芥川へのオード、愛蘭文学との再会

あまざかるアイルランドの詩人らをはらからと思ひしわが夢は消えぬ　　廣子

この一首は、歌集『野に住みて』の「待つ」一連七首中の二番目にある。初出は「心の花」昭和十三年十月号（第42巻・10号）の「千束」十首中の二首目である。「秋十首」と題した歌の解説の中に、掲出歌の自註がある。

遠い西の国イギリスのそのまた西のアイルランド、たとへ小さな属国であるにしても私はそのめざましく明るいワイルドな文芸を愛した。十年の月日が過ぎていつともなくその愛は消えてしまつた。アイルランド文学への熱情が消えたばかりでなく、あらゆる夢が消えて私はものはかなく衣食の道にさまよふ女となつたのである。

「美しい暮しの手帖」昭和26・9

他にも「としわかくわが世静かにありし間にもの書くやまひわれは病みけり」という一首があり、書くことへの桁外れに篤い憧れが「もの書くやまひ」と回顧されている点に胸を衝かれる。廣子が初めてアイルランド文学を翻訳したのは、大正三年「心の花」一月号だった。そのときに訳したレディ・グレゴリーの戯曲「満月」を嚆矢として、バーナード・ショー、ダンセイニ、イェーツ、マクラウド、シングと情熱的に取り組んだ翻訳は大正十四年の『かなしき女王』（フィオナ・マクラウド）上梓を最後として中断された。昭和三年から五年にかけて『近代劇全集』（25巻39）や、『世界文学全集』（33巻35）、そして、『世界戯曲全集九巻』に既訳の戯曲を収録したに過ぎない。他には「女人芸術」（昭和3・7）に物語「野にゐる牡豚」一篇があるばかりだ。

昭和二年十一月五日付の「読売新聞」には、翻訳家松村みね子としてインタビューを受けた記事が載っている。そのなかで「松村みね子と云ふ表札をお出しになつては…」という質問に対して、「どういたしまして、もう翻訳の松村みね子は、年をとつたので廃業しやうかと思つてゐます」と答えている。実際にこのころから上記の通り、新しい翻訳はみられない。昭和二年といえば、廣子はまだ四十九歳である。文学者として年を取ったとは言えない。こころにつよく期す出来事がなければ、こんなにすっぱりと断筆はできないのではないかと思わせる。

「年をとつたので」という理由は、いかにも唐突だ。

随筆集『燈火節』(昭和28・6)には、そのものずばり「過去となつたアイルランド文学」という一篇がある。書いた時期は「ペンをもつのを忘れてから二十五六年過ぎてのことである」(後記)という。そこでは翻訳中止の理由をこう語っている。

すばらしい展覧会を見てその会場を通りぬけたもののやうに長時間その文学の中に浸つてゐた私が、或るときその中を通り抜けたきりもう一度その中にはいらうとしなかつた。人間の心はきりなしに動いてゆくからきつと私は倦きてしまつたのであらう。それに怠けものでもあるから、学者が研究するやうに一つの事に没頭することも出来なくてアイルランド文学に対してはすまないことながらつひに私は展覧会を出てゆく人のやうに出たきりになつたのである。

昭和二年に、「年をとつたので廃業」するとのべ、昭和二十年代に「倦きてしまつた」と言い、「学者が研究するやうに一つの事に没頭することも出来なくて」素晴らしい展覧会を通り抜けたきりになったという。いずれの理由も、説得力に欠ける。作歌も翻訳も、そして文筆一切を断つ理由としては弱い。あれほど一言一句にこだわった先駆的翻訳者の言とは到底思われない。これを読むと漫然と怠慢であったようだが、翻訳のみならず、すべての分野における断筆はよほどのことがなくてはあり得ないだろう。十年以上にわたる完全な断筆には、力が要る。沈黙の深さに、反転した強い意志が見えるようでもある。

静かにも決然と文筆を断ったのち、昭和十年ごろに、徐々に歌に復帰する。「私は戦争中の苦しまぎれに詠んでゐた自分の短歌を整理してゐるうち、ふいと昔なじんだアイルランド文学のにほひを嗅いだ。自分の身に大事だつた殆ど全部の物を失くした今の私の郷愁がアイルランド文学の上に落ちて行くのを、吾ながらあはれにも感じるけれど、今の時節には何でもよい、食べる物のほかに考へることができるのは幸福だと思ふ。ケルト文学復興に燃えた彼等の夢と熱とがすこしでも私たちに与へられるならば、そしてみんなが各自に紙一枚ほどの仕事でもすることが出来たならばとおほけなくも思ふのである」と随筆はつづいている。戦後の食糧事情のなかで「食べる物のほかに考へること」があるのは幸せだとするあたりに鷹揚な廣子独特のユーモアがのぞく。またケルトの夢と熱が、日本の戦後復興の力になるとしたところには、アイルランド文学への変わらぬ信頼と親和が滲んでいる。

廣子が再びアイルランド文学の翻訳を手がけたのは、じつに昭和二十七年であった。『かなしき女王』（大正14・3）を上梓してから三十年近くを経た計算になる。その本は、五編の童話を収録した岩波少年文庫『カッパのクー』（昭和27・10）だ。翻訳者名は「松村みね子」ではなく、気負いのない本名「片山広子」となっている。

表題作「カッパのクー」（オケリー著）は、男の人魚を、カッパに置き換えて主人公にしている。廣子の説明によると、「（日本では）耳なれない男の人魚よりも話がわかりやすいようなので、この物語では人魚をカッパとおきかえてみた。ほんとうは、男の人魚（メロウ）クーマラの話である」という。この移し替えについては物語の読者の感想として、「作者の勇み足だ」とか「岩波がこの飛躍をよく許した」等の批判がある。廣子の言い訳にも、やや無理があり説得力が弱い。慎ましい廣子の言には、やさしさゆえの晦渋がある。「カッパ」と移し替えた真の理由はのちに譲るとして、数十年を経てふたたび取り組んだ童話集『カッパのクー』から、一部を抜粋してみよう。カッパのクーの海底の住処をたずねた主人公ジャックに、クーが宝物を見せる場面だ。


「どうだい、ジャック。おれの骨董は、気にいったかね？」クーじいさんがきいた。「それは、まじめな話、拝見するだけのねうちはありますね。だが、うかがいたいのは、そのエビのつぼみたいな物、なんでしょうか？」

「ああ、あの魂のかごか？」

「なんですって？」

「魂をしまっておく、いれものなのだ。」

「へええ！なんの魂ですか？　魚には魂はないんでしょう？」ジャックは、びっくりした。

「うん、なあに、さかなの魂じゃない。おぼれ死んだ、水夫たちの魂なんだ。」クーマラはおちつきはらって言った。
「へええ！（神さまおたすけください！）どういうふうにして、つかまえたんです？」
「やさしいことなのさ。かなりのあらしがきそうになると、おれは、そのかごを出しておくのさ。すると水夫たちがおぼれて、魂が体から、水の中にでてくるんだ。かわいそうに、魂どもは、さむさになれていないから、ほとんど死にそうになって、おれのかごの中を、かくれがにしてはいってくる。おれは、それをちゃんとしまって、家にもってかえり、かわいた、あたたかい場所にしまっておく。魂だって、こんなよい部屋に住んでいれば、しあわせだろう？」

亡くなった水夫の魂は、海底のかごの中に閉じ込められている。かごに囚われている様を「しあわせ」とする意味が、ジャックには理解できない。海底と地上では、価値観が逆転している。自由をよしとする人間のジャックは、閉じ込められた魂の救済を試みる。さまざまな苦心の末にやっと解放に成功する場面が次のように描かれている。

ジャックは、なかにはいっていって、魂のかごをひっくりかえしたが、中にはなにも見えず、ただかごをあけるたびに、かすかなふえの音のような、虫のなき声のような、すうっという音を聞くだけだったから、ジャックははじめおどろいたけれど、神父さまが、生きている人間は、風や空気を見ることができないと同じように、魂も見ることはできない、と、たびたび言ったのを思いだした。そうして、魂たちのために、できるだけのことをしてやったジャックは、かごをもとどおりおいて、どこともなく旅だってゆく、あわれな魂たちに祝福をおくった。

カッパの世界観に置き換えて、この世の価値観を見直している。昭和二年に書かれた芥川龍之介の小説『河童』（「改造」昭和2・3）を明確に連想させるのだ。

芥川が死の五か月前に親友に宛てた書簡に「河童を106枚書いた」（昭和2・2・15、小穴隆一宛）、あるいは、「「河童」は僕のライネッケフォックスだ」（同2・11、佐佐木茂索宛）ともあり、中世のドイツの物語を原典としたゲーテに倣っていることを明かしている。廣子は、外国の民話を日本に移し替えて寓話を書いた芥川に倣っている。人魚をカッパに置き直した手法にも、改題にも、芥川の強い文学的影響を感じないわけにはゆかない。芥川は、晩年ことのほか河童を愛して多くの絵を遺した。その忌日は、周知の通り「河童忌」と称する。亡き芥川の魂と、老年にはいった廣子の魂の交感をそこにみることは不自然ではない。人魚をカッパに置き換えた真の理由はここにある。ジャックが解放した芥川をふくむ亡き人の魂のかすかな笛の音が、廣子の背を柔らかく押していたのだ。長いアイルランド文学との別離の末に、再び取り組んだ民話集は、柔らかな光に包まれた童話であった。純で嘘のない子どもたちに向けた物語であったところに、苦悩の果てにゆきついた廣子のロマンの風貌が偲ばれる。「過去となつたアイルランド文学」（『燈火節』）に綴られた、長い翻訳空白期間を経たのちの廣子の心境は次のごとくである。

いま私が考へるのは、ジヨイスがその沢山の作品をまだ一つも書かず、古詩の訳など試みてゐた時分、シングがまだ一つの戯曲も書かず、アラン群島の一つの島に波をながめて暮してゐた時分、グレゴリイが自分の領内の農民の家々をたづねて古い民謡や英雄の伝説を拾ひあつめてゐた時分、先輩イエーツがやうやく「ウシインのさすらひ」の詩を出版した時分、つまりかれら天才作家たちの夢がほのぼのと熱して来たころの希望時代のことを考へる。世界大戦はまだをはらぬ二十世紀の朝わが国は大正の代の春豊かな時代であつた。

「天才作家たちの夢がほのぼのと熱して来たころの希望時代のこと」「大正の代の春豊かな時代」をなつかしむ廣子の心中に、大正初期の第一歌集『翡翠』の上梓、アイルランド文学との出会い、そして夫の死や子らの成長、芥川との出会いなどがほのぼのと浮かんだことだろう。アイルランド文学者の若き日のみならず、日本の天才作家芥川の若き希望の時代への愛惜をもふくめてである。

天才たちの希望が春風のように棚引いていた素朴な時代への郷愁は、童話集『カッパのクー』の翻訳によく反映されている。晩年の随筆集『燈火節』は、ゆったりとした語り口で変転激しい生涯を振り返り、歳月の力と豊かな知力でほどよく鞣された文体を駆使している。廣子のロマネスクはこうして、知性に溶けこませ、歳月にゆだねて淡々と語られるまでに練られたと言うべきだろう。

晩年の芥川は風刺をこめて「河童」を書いたが、同時期に「蜃気楼」(「婦人公論」昭和2・3)という短編を書き下ろした。鵠沼海岸で友人と蜃気楼を見る情景を淡々と描いたものだ。特に筋はなく作為の感じられない随筆風小品であり、彼の自信作であった。「鮮明な物象が提示されて、物象が物象のままに、作者の心の象徴をなし、そこに詩が漂っている」(三島由紀夫)という評や、「死と戯れ遊んだという晩年の芥川以外の何人にも書けない不思議な美しさを文字の隅々《すみずみ》から行間紙背にまで漂わせにじみ込ませた芥川文学の最上のものであろう」(佐藤春夫)という讃辞がある(吉田精一『河童 他二篇』岩波文庫解説)。

「蜃気楼」と「河童」は同時期に書かれているので、モチーフも設定もまったく異なっているが、影響し合ったところがある。「河童」の十四話には、河童国の中心にある大寺院が奇妙な形を曇天に晒している場面に、「何か沙漠の空に見える蜃気楼の無気味さを漂わせたまま」だとある。蜃気楼は、まさにこのイメージで用いられており、美しいと言うよりはこの世の無気味な妖しさを漂わせている。鵠沼海岸をゆく人々や景色が、すべて蜃気楼のように思われ、幻夢のごとくである。芥川は、こうした筋書きの無い文学の世界へ入ろうとしていた気配がある。このときから五か月後の死は、いかにも惜しまれる。

廣子も芥川もともに親しんだアイルランド文学、なかでも寓意に富んだ民話は、幻想の宝庫であり、そこにはロマンスの源泉がある。『ケルト民話集』（筑摩書房、平成3・9再版）の序に掲げられたパトリック・ゲッデスの印象的な言葉を挙げておきたい。

たとえこうした話が夢にすぎないとしても、そんなことは問題ではない。「われわれは夢と同じものからできている」（シェークスピア『テンペスト』からの引用）というではないか。たとえこうしたものが魔法やロマンスにすぎないとしても、それがどうしたというのか?……略…現代にもなお生き、まこと興味のつきぬものではないのか。なぜなら、人間がいかに自然を征服しても、かならずそこには魔法が残るからである。人間がいかに理想を実現しようとも、そこにはいつでもロマンスが残るのだ。

死の想念に翻弄された後の芥川の小説「蜃気楼」の世界と、変転極まりない人生を経た後の廣子の随筆『燈火節』の世界とは相通じるものがある。日常を淡々と描きながら醸成されたロマンと清麗な哀感が漂う。「カッパのクー」の冒険談は芥川の「河童」への、そして『燈火節』

のそこはかとないロマンは芥川の「蜃気楼」へのオードであり、高次に昇華された文学的な魂の共振であった。「われわれは夢と同じものからできている」というシェークスピアの言葉が、今なお新鮮に甦るのである。

2 『指輪物語』 弁天池の指輪

まつすぐに素朴にいつも生きて来し吾をみじめと思ふことあり　廣子

この歌は、第二歌集『野に住みて』の「天使」十二首中の九首目にある。連作中には次のような歌も見られる。

としつきを黙して過ぎしまづしさよなづみ果てては誇ともなる
けふ在りて明日もあらむとたのみつつ夢おほく生み愉しきごとし

連作中に相反する心情が反映されている。こうした作品は、惨めとばかりは言えない長い人生を回顧しての複雑なこころの揺れを示している。廣子は、可能性豊かな原石として生まれ、キリスト教的な西欧文化の影響のもとに、賢夫人としての側面、歌人としての側面、随筆家としての側面、翻訳家としての側面、さらに文学サロンの中心的存在としての側面など多くの面を有し、それぞれの面を懸命に磨いた。素朴な原石から美しい多角面をもつ宝石へと自己を磨きあげたと言っていい。その人生は今もなお、ブリリアントカットのダイヤモンドのように、静かに澄みわたった輝きを放っている。

掲出歌にみられる痛々しい思いもまた、一面の真実であった。素朴に生きたとは、自己の気質に従順に生きたとも、社会に逆らわずに生きたとも取れる。規範に忠実に賢夫人を貫いたことが文学的な活動を阻害したこともある。その両者の狭間で苦しんだ心境が窺える歌だ。常に冷静で悠揚迫らぬ風貌だが、こころの葛藤は複雑だった。

「心の花」や東洋英和女学校の後輩でもあった村岡花子に、「弁天池―K夫人のことども―」と題した次のような一文がある。文脈からK夫人は、廣子と確定できる。

（K夫人は）室生犀星氏が、「日本人には珍しい人だ」と評していたが、まったく特長のある性格だった。理智的だと思われるのだが、他方アイルランド文学の影響を深く受けて、ひどく夢幻的なところもあった。未亡人になってまもないころ、私が遊びにいくと興奮したおももちで、／「あたしね、Kの生きていた時に、ずいぶん彼に左右されたのよ。独立の考えを実行しなかった場合がかなりあったわ。きょうね、馬込のほうへ散歩にいったときにね、弁天池の底へ結婚ゆびわをほうり込んできました。『もう、あなたとの関係はこれまでです』ってね。」／まだ三十代の私には、それがどうにも理解できないことだった。しかし、弁天池という名は深く私の胸に彫りつけられた。

『生きるということ』（あすなろ書房、昭和44・11）

激しい場面を想像させる文だ。K夫人の気性の強さに圧倒される。大正時代の夫婦の在り方にも思いを馳せる。当時のごく一般の主婦を対象とする雑誌「婦人乃友」が、大正七年に募集した「不幸な結婚に泣く婦人の告白」にはたちまち千通を超す投書が集まったという（『日本女性の歴史』角川選書）。それによると、大正期の妻の悩みのトップは夫の放蕩だった。「女の生きる道は良妻賢母であるという規範は変わらなかった。不動産を中心とする家の経済全体に対する夫の裁量権は夫の優位性を保証した」（同選書）という状況のなかで、多くの女性が忍従の生活に甘んじていた。歌文執筆の継続をこころよく認めてくれた廣子の夫にしても、プロの作家としての自立を喜んだわけでは決してなかった。良家の子女の嗜みとしての領域を超えないことが暗黙の裡に了解されていた。決して原稿料を受け取らなかった廣子の態度にもそれは明確に出ている。「女子の本分は家庭にある」という明治民法の余波は、今なお社会のみならず一般女性自身の心の内に高く低く絶えることなく響き続けている。

廣子は、夫との関係において、「ずいぶん彼に左右され」「独立の考えを実行しなかった場合がかなりあった」という。夫は、時代をリードする立場にいた男性だ。そして廣子は、優れて自制心のつよい家庭人であり、また並外れた知力の女性であった。ともに時代の規範のなかで、男として女として自己規制しながら封建的社会を生きた。

村岡花子の随筆「弁天池」は、さらにこうつづいている。

アイルランドの迷信ぶかい家の考えかたがよほどK夫人には乗り移っていたかも知れない。そういう気分を楽しんでいるうちに、いつか自分もそれに似てきたのではないだろうか。指環の魅力を断ち切るというようなことに、一種のあこがれを持ったのかも知れない。／遠い昔のあのころ見た弁天池は、青くどんよりとしていた。底知れぬあの水の中に、結婚指環が眠っている……それが、私には言い知れぬ神秘であったのだ。

大森の弁天池

この文章を書いたころの村岡は、十年以上前に『赤毛のアン』（三笠書房、昭和27）の翻訳上梓を終えていた。幻想好きの少女アン・シャーリーの物語を翻訳した村岡にして、「迷信ぶかい家の考えかた」が乗り移ったという捉え方は意外だ。こうした点に、恵まれた緑豊かなカナダの自然を背景にしたアンのメルヘンとは、幻想の質を異にするアイルランド文学の特異性が思われる。

村岡が、『赤毛のアン』を翻訳したのは、一九三九年から第二次世界大戦終了ごろまでだ。灯火管制のもとに紡いだ愛着深い翻訳であり、一九五二年に上梓された。同時期に、遥かイギリスでは、長大な物語が書き継がれた。一九三七年から一九四九年の間に書かれたジョン・ロナルド・ロウエル・トールキンによる『指輪物語』（原題『ロード・オブ・ザ・リング』）だ。一九五四年から五五年にかけて上梓された。海外出版事情に精通していた村岡花子は、当然これを目にしていただろう。随筆中の「指環の魅力を断ち切るというようなことに、一種のあこがれを持ったのかも知れない」というところは、この物語と重なる。同時期の物語を念頭に、引用したのだろう。

『指輪物語』は書き継ぐうちに徐々に長大となり、まるで聖書の趣を帯びたという。上梓から半世紀近く経た二〇〇一年から二〇〇三年に、原題のまま「ロード・オブ・ザ・リング」と題して、ピーター・ジャクソン監督のもとに映画化された。アカデミー賞作品賞を獲得し、世界中に人気を得たことは記憶に新しい。物語の展開は複雑で、聖書の創世記や箴言、福音書等を下敷きにしたと言われる。指輪は、あきらかに「ソロモンの指輪」を想起させる。

トールキンは、オックスフォード大学の言語学の教授で、文献学者、詩人、作家として広範囲な知識をもっていた。北欧神話、ケルト神話に対する知識があり、妖精や魔法使いとことに親しかった。敬虔なカソリックであったので、聖書には無論精通している。

廣子が弁天池に指輪を捨てたのは、大正九年ごろだから、『指輪物語』は読んでいない。しかし、その原典ともいえる聖書は、身に沁みこむほどに読みこんでいる。ソロモンとシバの女王への関心は周知のことだ。芥川龍之介とも何度か話し合った印象深い話であり、ソロモンの指輪は、廣子にはなじみ深いものだ。主なる神によって与えられ、天使や悪魔をも自在に統べることができるソロモンの指輪の力は絶大だ。すべてを統べる一つの指輪への信頼と憧れと畏れは深い。村岡の言うように、その指輪の魅力を断ち切ることへの憧れもあったに違いない。

やはらかき声こそ耳にのこりつれそのいたましさそのいたましさ
さまざまの紙の散らばるこの部屋にすわりて待てど帰りたまはぬ
うつし世にひとり立ちたるうつそみの疲れきはまり生死も思はず

「心の花」大正９・７

夫没後に詠まれた歌は、消え入らんばかりだ。こうした歌を見ると、「もう、あなたとの関係はこれまでです」と結婚指輪を捨てたという心境は、とても想像できない。夫の言葉はこうも詠まれている。「君やがて君みづからのためにしも生くる日あらむとおほせたまひし」（「生死」）という歌だ。自分自身のために生きるより、家族を最優先させた廣子の努力を夫は正しく認めている。

夫の庇護と束縛を断ち、ひとり残された自己を鼓舞するための決断の言葉として、あの一言があったのだろう。精神的にも経済的にも、自立してゆかねばならない立場となった廣子だ。経済的基盤をまったくもたなかった大正時代の女性に、いかばかりの覚悟が求められたことだろう。
一方、指輪の魔力を放擲したところに、爽快感も漂う。誰の助けも借りないという解放感だ。「これから私は一人で生きなければならないが、決して人に哀れまれたくない」（『青き木洩れ日』）と親友新見かよ子に語ったという、その覚悟も健気だ。

どうしても私《わたくし》どもは自分の余技をほんとう《ママ》の余技として見て行かなければなりますまい。たゞ私《わたし》どもの魂の奥ふかくで切に恋ひ求める一つの匂ひを忘れ切ることはむづかしいことです。さういふ欲求を持つて生れた女は、元来が不幸な女で、ある程度まで自分を屈《ま》げて務めて見ても、たうてい、完全な家庭の主婦となり切れるものではありますまい、たゞ、一生懸命に努力して、家庭の真中に築かれようとする障壁《かべ》を愛の力でくづして行《ゆ》くだけのことでせう。しかし、それは決して口で言つてのけるやうに容易なことではありません。

松村みね子「家庭と芸術との調和」（「新家庭」大正11・3）

これは、婦人月刊誌「新家庭」（長谷川巳之吉編集）が「芸術と家庭の両立」という特集を組んだとき、求めに応じて書いた廣子の文である。家庭を第一義とする主婦の在り方を一般女性に説く目的で書かれたものでありながら、逆説的に筆者の魂の懊悩をあるがままに曝け出した文章となっている。

文の終部では、「先日何かの談話中私《わたくし》の娘が「母さんといふものは、無論、何もしない母さんの方がいゝのよ」といひました。十五歳の少女のその一言《ごん》が凡ての事を物語ります」と書いた。娘とは片山總子である。掌中の珠である一人娘の言葉は、廣子にとって苦く、痛切に響いたことだろう。後に娘も文筆を業とし、筆名を宗瑛と称して同人誌「文學」に拠り、激しく個性的な小説「空の下に遊ぶ獣の子たち」「幻影」等を書いた。堀辰雄『聖家族』『菜穂子』のモデルでもあった總子は、辰雄の恋人とも目された。山本茂の『「物語の女」モデルたちの歩いた道』に収録された總子へのインタビューがある。


宗瑛というのは、私のお茶の名前です。裏千家で、お茶はわりあい好きでした。私の小説など、子供のいたずら書きですよ。若い時は、がむしゃらでしたから、岩波文庫を片っぱしから読んでいましたが、結局は何もわかりませんでしたね。…略…

芥川さんも堀さんも、つるや旅館の離れによくいらっしたものですから、私たちとご懇意でした。でも、私は子供でしたから、芥川さんと母のことは一向に存じませんで、よほどあとになってから、いろいろ書かれたもので知ったくらいです。…略…

結婚しようと思って男の方を見る場合、堀さんは息が詰まりますでしょうね。冗談は本当におっしゃらないし、純粋すぎるというのでしょうか……。私は、もっと気軽なほうがいいですね。兄の友人たちが、ホリタツは気むずかしい、というのを聞いてましたから、きっと怖《お》じ気《け》ふるったんでしょう。…略…堀さんの気持はうっすらとわかっておりました。他の方が兄におっしゃって、それを兄が私に話してくれたのかもしれませんね。…略…たまたま出会ったから、堀さんの小説の素材にされたけれど、あの方はつくるのが大へんお上手ですから、あのとおりのことがあったわけではありません。

總子が筆を断ってから五十年以上経ち、すでに七十一歳となったときの述懐である。自分の小説は、子供のいたずら書きだと言い、芥川と廣子のことは知らなかったと言い、堀辰雄を伴侶と考えたことはないと明言した。さらに堀の小説のヒロインになったのは、単に素材になっただけで、事実ではないと言う。自分に引きつけた言葉であっても廣子の娘の肉声として、興味深い。気鋭の新人作家總子は、家庭に入り自らの言葉通りに、きっぱりと筆を断った。「母さんといふものは、無論、何もしない母さんの方がいゝのよ」といった十五歳の少女の言葉は、実感でもあり、また当時の一般家庭の常識として当然のように語られたものと思われる。こうした社会的風潮は、「まつすぐに素朴にいつも生きて」いる廣子のような家庭婦人に、より深く浸透していただろう。

廣子はさらにつづけてこうも書いた。「家庭の主婦の芸術の中で、後世に残つてもよいやうな、どれほど良いものがあつたとしても、それは家庭から見れば一夕の食事の汁加減の成功よりも大なるものとは云はれません」というものだ。女性の社会進出が格段に改善された今でさえ、完全否定されていない言葉かも知れない。しかし、廣子の仕事ぶりを思えば、ほとんど衝撃的とも言える発言である。廣子ほどの西洋文化の摂取者にして、また稀な知力の持ち主にして、こう明言したのだ。時代は、社会を家族を自分自身を、かくも強靱な規範の魔にからめとる。外圧とともに廣子自身がこころの内で、結婚という束縛の金輪《かなわ》を作ったとも言える。家名で大いに援けられると同時に、またその家名によって大いに縛られる。婚姻の証である一つの指輪は、天使ともなり悪魔ともなり得る。旧約の「(万能の指輪を)受け取るがよい、王にしてダビデの子なるソロモンよ。主なる神、いと高きゼバオトが汝にくだされた賜物を。これによって、汝は地上の悪霊を男女とともにことごとく封じるであろう。またこれの助けによって、汝はエルサレムを建てあげるであろう。だが、汝はこの神の印章を常に身に帯びねばならぬぞ」(旧約聖書偽典『ソロモンの書』)という大天使の声は、福音でもあり、魔のささやきでもある。常に身に帯びよという言葉を裏切るには勇気がいる。廣子は福音をも、断ち切ろうとした。彼女自身の中にある規範への従属心といったものから、逃れようとしたのだ。その絶大な力を断つべく捨てた結婚指輪は、今もなお、大森の弁天池の底にひっそりと沈んでいるのだろうか。

廣子の大正九年の変革を問うことは、今、女性の時代と言われながら表面的にとどまっている女性自身の内部変革を改めて問い直すことでもあるだろう。

四　随筆への道・物語のヒロイン

1　お声そのままに　師への直言

みかづきのうら若かりし歌びとの最初《はじめ》の歌も花のにほひす　　廣子

『野に住みて』の「ひばりの歌」所収の一首。「大伴家持の歌をよみかへす折ありて」と詞書がある。初出は、昭和二十二年「心の花」六月号で異同はない。「ひばりの歌」とは、家持作の「うらうらに照れる春日《はるひ》にひばり上《あ》がり心《こころ》悲しもひとりし思《おも》へば」(『万葉集』巻19最終歌)であり、掲出歌の「花のにほひ」は「春の園《その》 紅《くれなゐ》にほふ桃の花下《した》照る道に出で立つ娘子《をとめ》」(万葉集巻19巻頭歌)が背景にある。初句の「みかづき」には「振り放《さ》けて三日月《みかづき》見れば一目《ひとめ》見し人の眉《まよ》引《び》き思ほゆるかも」(同巻6)が連想される。この歌は、十六歳ごろのうら若い家持が仮想の麗人を詠ったもので、最初期のロマンチックな作品だ。

廣子は十八歳で佐佐木信綱の門に通い歌の勉強をはじめたが、同時に『源氏物語』の講義を聞いたり、『山家集』の歌に親しんだ。師である信綱は、『新訓万葉集』『校本萬葉集』の編集にも力を尽くし、『万葉集』研究者としての業績が多大であった。廣子も、随筆集『燈火節』の巻頭の一篇「或る国のこよみ」に、家持や志貴皇子、式子内親王、山部赤人などの多くの万葉歌をとりあげている。古典を愛する師への篤い信頼と、親炙が窺える。

廣子が大伴家持の歌を読みかえして掲出歌一連を作った昭和二十二年に、信綱は『わが文わが歌』（六興出版社）を上梓した。同年九月の「心の花」に、同書に対する廣子の書評が掲載されている。本書は待望の書であるとして、「昔のむかしの小川町時代から今日までの先生の御生涯をこの一冊の御文とお歌にお示し下さいましたことは尊いことでございました」と深い感謝の念を記している。集中の連作「鴉と童子」「可児合急湍《かにがふ》」については、「連作の一首一首の強さ、自然に対する愛とつつましさに充ちあふれて、混沌とした歌の世界に迷ふ私たちが遠くから眺め得るしづかな北斗の星の光でございませう」と称賛した。しかし、廣子の真骨頂は、その後の文中の次のような一節にある。

「大和の秋」「大和懐古」「大和の春」では、万葉学者としての先生の余技のお作ではないかしらといふやうな疑問をもちました。歌はあるときは余技であつてもむろんよろしいものと思ひます。作者としてそんな区別をもつてお作りになつたのでないことは勿論でございますけれど、ただあまりに豊かな言葉の知識に壓されて何処かに容易なものが見えるやうな感じがいたします。

「「わが文わが歌」を読みて」（「心の花」昭和22・9）

師信綱は明治五年生れで、本書上梓当時は七十五歳であった。すでに『校本萬葉集』『萬葉集概説』『萬葉集の研究』等の業績をあげ、十年前の昭和十二年に第一回文化勲章を受けている。同年に芸術院会員になり、その前年には、学士院会員にもなった。功成り名遂げた大歌学者への評言として読むと、さらに深い感慨を誘われる。

作品の良し悪しといった評価内容を問うのではない。廣子の視点の厳しさと、衒いのない直言に驚くのだ。「万葉学者としての先生の余技のお作ではないかしらといふやうな疑問をもちました」というところには、余技として肯定するというより、連作の歌としての物足りなさを指摘する気配が濃い。長い作歌休止期間を経て、十年ほど前に復帰した廣子ではあるが、歌に対する鋭い鑑識眼と自負は少しも衰えていない。

後段の、「あまりに豊かな言葉の知識に壓されて何処かに容易なものが見えるやうな感じがいたします」という文章は、より深く歌の在り方に踏みこんだ評言だ。言葉とこころのバランス、知識と真情の乖離といった作歌のテーマに肉薄するものでもある。連作としてではなく一首独立した佳品としては、次のような作品を挙げた。

安くいねむ巣箱はあれどそこにいねず穴つくるべく土ほる狐
山の上にたてりて久し吾もまた一本の木の心地するかも
山窓にかけひの音を聞くごともねざめやすけし熱下りたらし
佐佐木信綱

その他、二十数首を挙げて称揚した。こうして多くの歌を書き写すうちに涸れた自分の歌心も戻るのではないかと深く謝しつつ書評を終えている。

節度を保ちつつも、言うべきことをきちんとのべる廣子の姿勢は、生涯変わらなかった。「まつすぐに素朴にいつも生きて来し吾をみじめと思ふことあり」と詠んだ自画像の一面に、このような率直な物言いや行動による軋轢や、生きにくさも含まれていただろう。

翌、昭和二十三年「心の花」九月号には、同年刊の『佐佐木信綱自撰歌集』（岡本書店、昭和23）に対する廣子の書評「お声そのままに」が掲載されている。前著の選歌とは違い「この歌集はのびのびした春のやうに明るいものである」と書き起こし「「広く、深く、おのがじしに」という標語を或る時はお忘れになつたかと思はれるほど、先生は御自分の作品に対してはきびし過ぎる見かたをなさるのであるが」、本書は自己のやわらかい至情を守り愛しまれているのはありがたいことだとつづけている。

この文章の中段に、廣子独自の作歌信条が記されているのが、特に注目される。

長い代々のわが敷島の道にあつては、一つの歌を見る時、その歌が万葉人のものであつても、西行や実朝のであつても、また自分自身のであつても、同じやうに一つの歌として計りみるべきものと私は信じてゐる。自分のものであつてもしひたげ潰すことは罪である。

「お声そのままに」(「心の花」昭和23・9)

こうした信条を踏まえて廣子は、書評を書き、歌を詠んでいたのだとあらためて襟を正す思いだ。「万葉人のものであつても、西行や実朝のであつても、また自分自身のであつても」同等に歌として評価すべきであり、怖気づいたり、手加減してはならないということだ。真っ当な姿勢だが、至難の技でもある。名歌として千年を生きのびた歌と自分の歌を「同じやうに一つの歌として計りみる」自信は、誰でもがたやすくもてるものではない。特に深く古歌にしたしみ、その呼気吸気に近々と触れなければ、万葉人や王朝人との共感は抱きにくい。これだけつよい古歌との親和は、人に倍する習得の努力とともに、時空を自由に往還できる資質があってこそのことだろう。

「自分のものであつてもしひたげ潰すことは罪である」という言葉には、強さとともに自らを励ます気配がある。生みだした作品に対する、責任と愛着を感じさせる。万葉人も、王朝人も、現代人もみな、分け隔てのない歌人としてともにあるのだとする廣子の態度を知ると、師に対する直言はさほどおどろくに当たらない。評言の率直さや正しさは、凜とした潔癖さに通じ、純粋に文芸に携わる者の爽やかさがある。信綱の自撰集中から、自分の好きな歌だとして「山の霧ここに追ひ来て小駅に別れを惜しむ人をつつめり」「山峡路みづのたぎちの音くらみ木ぬれにしげき懸巣の声か」など十数首を挙げ、「ここには先生の学者らしい重さもなく、常のお声そのままに、おだやかな響き」があるとしている。

昭和二十三年六月の短歌雑誌「余情」（千日書房）の第八集「佐佐木信綱研究号」には、廣子の文章「旅びとの心」が載っており、ここでもやはり師の作品への率直な感想をのべている。まず、信綱がまだ二十六、七歳のころの小川町の自宅での勉強会を廣子は振り返り、なつかしい風景を忘れることはないと書く。冒頭には、西行の「古畑《ふるはた》のそはの立つ木にゐる鳩の友呼ぶ声のすごき夕暮」「道のべに清水《しみづ》流るゝ柳陰《やなぎかげ》しばしとてこそ立ちとまりつれ」という歌を掲げた。そして、「うちのお父さんは山家集が好きで、殊にかういふ歌を好まれた、私も好きです。竹柏園の歌風の中にかういふすなほな清新なものをもたせたいと思つてゐます」という信綱の言葉を紹介している。信綱の言葉は「まだ入門して一年もたたない時であつたが、そのお話は忘れつぽい私ながら一生わすれずにゐる」と深い感銘を受けている。初学の廣子の初々しさと、これまた若々しい師信綱の姿が彷彿とする。

「願はくはわれ春風に身をなして憂ある人の門をとはばや」とはじめての竹柏大会にお詠みになつた時分から、先生は大がらな歌やいかめしいものがお好きになられて、だんだんに旅びと西行の歌風とは異なる道をお進みになつたやうである。…略…先生の連作歌には、うちのお父さんがすきであつたと言はれたその山家集のすなほさも新鮮さも終始一貫もちつづけてゐられる。それは万葉風でもなく新古今風でもなく、ただまつとうな先生御自身のものなのである。

「余情」第8集、佐佐木信綱研究号、昭和23・6

歌を通して信頼し合い、作家として切磋するうえで、対等に論じ合う廣子のけれんみのない姿勢が出ている文章だ。信綱の歌は、西行の旅人のこころと少し位相を異にしながらも、独自の表白を志した歌風であるとのべている。信綱の歌風の変化をのべつつ、初期の歌の清新さをなつかしんでいるのだ。「まつとうな先生御自身のもの」というところに、古典の踏襲にとどまらない師の独自性を見ている。若き日の子弟としての分け隔ての一切ない切磋琢磨の場での対話は、廣子に大きな影響を与えた。

＊

同門である「心の花」の若手歌人新井洸との交流もまた、信綱の仲介によってなされた。新井は川田順、木下利玄とならび称される同門の精鋭だ。彼も廣子と同じ大正五年十月に第一歌集『微明』（二一三首）を上梓した。

新井は明治十六年生まれで、廣子より五歳年下だ。入門は廣子が明治二十九年、新井は三十年と相前後している。同年三月に第一歌集『翡翠』を上梓した廣子にとって、看過できないライバルだ。このような経緯もあってか、新井の歌集『微明』評を、廣子は「進んでゆく刺戟」（「心の花」）と題して書いた。「私はあなたのお歌の愛読者の一人でございます」とはじまる。「くれなゐの踊り前だれ解き放ちすなはち我に与へけるかな」「そむかれむ日の悲びをうれひつゝ百日に足らぬ子をいだくなり」などをあげ、新井の歌に接したころの逸話を次のように語っている。


私は佐佐木先生（信綱）に、自分が新井さんのお歌が好きであること、それから此頃久しく拝見しないで物足りないといふやうなことを申上げました。先生はそれを正直にすつかりあなたにお話なすつたさうです。さうしたらあなたは、片山さんがそんな事をいふ筈がないとおつしやつたさうで、先生は又それもその通りに私におはなし下さいました。…略…何故に私がさういふ筈がないのかしらと、私は其時いろいろ考へて見ました。其時思ひあたつた始めの理由は、私が「我」といふやうな歌ばかり詠んで居りましたから、ひどく一人よがりの自尊心の強い人間で、他人の歌なんぞ読み味はふひまがあるまいとの意味かと考へました。

「進んでゆく刺戟」（「心の花」大正5・12）

以前から新井の歌に関心をもっており、「物の中心に衝き入つてうたひ出す」彼の歌に刺戟を受けていたとも明かしている。また「片山さんがそんな事をいふ筈がない」という新井の言葉には、特に敏感に反応している。その理由を探る部分では、廣子自身が自分の歌の特徴として、「我」という言葉を多用する傾向を充分に認識していたことが分かる。

「都会人らしい繊細な庶民感覚で、東京の下町や旅の風物、そしてまたういういしい青春を歌った」（『現代短歌全集』第三巻・解題）と総括される新井の庶民的歌風に照らして、ロマンへの飛翔と詩的把握を特徴とする歌風を「一人よがりの自尊心」とみずから評したのかも知れない。表現の練磨に精魂を傾けて推敲し、それゆえに寡作極まりない新井の歌と、ロマンに憧れ詩的飛翔をめざす廣子の歌を、それぞれ第一歌集から挙げておこう。

人間のいのちの奥のはづかしさ滲《し》み来るかもよ君に対《むか》へば
悲し小禽つぐみがとはに閉ぢし眼に天のさ霧は触れむとすらむ
理髪師は朝戸あけつつ白百合の鉢持《も》て出でぬ街《まち》の露けさ
ぬらぬらと油光《あぶらびか》りの機械にはともしちらめき火夫の頬《ほ》も見ゆ

新井　洸『微明』

心狂ひ君をおもひし其日すら我が身一つをつひに捨て得ず
月の夜や何とはなしに眺むればわがたましひの羽の音する

片山廣子『翡翠』

遠山と我と立つ時やみに伏す大野のむねにおつるいなづま
我が世にもつくづくあきぬ海賊の船など来たれ胸さわがしに

新井が「片山さんがそんな事をいふ筈がない」というのも分かるような歌風の違いだ。一首目はおのおのの恋人との関係、二首目は小禽に託す繊細な思い、三首目は下町と避暑地との背景の違い、四首目の労働の歌と主婦の焦燥感の違いなど、心境と立場の違いはあきらかだ。しかし、語の斡旋の気配りと、緊密なリズム感は相通じる。廣子はこうした新井の歌への真剣な姿勢に無条件の好意を示した。

歌集評の終部では、「あなたのお歌を見て自分の眼のひくさ自分の力の弱さを知る心のもだえ、プライドのいたみ、それだけでも私が進んで行く刺戟には十分でございます」と書いている。若き日の真剣な歌への思いと、克己心、向上心などがびんびんと響くような文章だ。新井の影響は深く沈潜して、後年の『野に住みて』の歌群に浸透している。

大正初期の自己の拙さの自覚が、「心のもだえ、プライドのいたみ」と表現された。この苦しい葛藤があったからこそ、復帰後の静かで深い歌境が得られたのだろう。昭和二十二、三年の師への直言は、作歌中断期の焦燥を経てこそ、強い自恃と説得力をもったと思われる。

2　カレードスコープ『燈火節』　ウビガンの香り

饗宴のをはりしあとの静かさに時計を聴きぬ電気《あかり》さやけく　　廣子

この歌は、随筆集『燈火節』の「林檎のうた」十首の掉尾の一首である。「短歌研究」（昭和25・6）に「饗宴」と題して発表され、後に『野に住みて』に収録された。ここでいう「饗宴」とは、命の盛りである青春期から壮年にかけての文筆生活と、充実した家庭生活を指しているだろう。戦後の喧騒もやや過ぎて静けさが戻ってきたころの感慨が、下句の丁寧な描写に反映されており、澄んだこころの平穏が漂う。廣子七十二歳の心境だ。

『燈火節』は、四十七篇のエッセーと「林檎のうた」十首をおさめた随筆集で、昭和二十八年六月に「暮しの手帖社」から上梓された。装幀は、花森安治。この書によって、第三回日本エッセイスト・クラブ賞（昭和三十年）を受賞した。廣子の人生における「饗宴のをはりしあと」の静かな生活をふくよかに彩った一書だ。その著者の人柄を彷彿とさせる書評がある。（『燈火節』解題）。

本書のように何ものも売物にしない、こんなに自然でつつましやかで、ひっそりとへりくだったところに、随筆というものが豊かに深々と息づいていることはまれであろう。

「朝日新聞」

著者はいま翼をおさめて、呼吸しずかにその身辺を見まわし、沁々とその体温を戦後生活の種々相と追憶との中にしみとおらせている。

五島美代子「読書新聞」

「何ものも売物にしない」という姿勢は、廣子が生涯をかけて貫いた行き方だ。欲得に左右されたことはない。長い人生を総括するエッセー集にその思いが反映され、公に認められたのは嬉しいことだ。五島ののべるように、ほのかな体温が戦後生活と過去の思い出のなかに沁み透っており、この一冊が一本のカレードスコープのように、廣子のこころ模様を映し出している。「自然でつつましやか」であり「呼吸しずかにその身辺を見まわし」ているからこそ、時代を超えて、読む人のこころに深く沁みるのだろう。

集中の「大へび小へび」は、昭和三十四年の高校教科書『新編国語・総合編一』に「大蛇小蛇」と題されて収録され、「乾あんず」は昭和五十六年刊『エッセイスト・クラブ賞受賞作選文集エッセンス・オブ・エッセイ　下』に掲載された。また「ばらの花五つ」は平成二十三年刊『百年文庫67・花』に載せられ、大きな感動を呼んだ。

随筆が書かれた経緯について、廣子自身が後記に明らかにしている。「もう二十何年か前、昭和の初めごろ、私は急に自分の生活に疲れを感じて何もかもいやになつてしまつた」ので、文筆から離れるとともに、外出も面倒になり、ただぼんやりと庭の草取りに時を費やすようになったと記している。「何年かのさういふ生活は精神的な脳溢血の病人みたいな容体であつたかと思われる」とも言う。なにが契機でそうなったかには一切触れていない。昭和初年からというあたりに、大きなヒントが隠されているだろう。身体的衰えや、老いや、病気でないことは、「精神的な脳溢血」というところに明らかだ。精神的な大打撃に襲われたと聞けば、当然のように、昭和二年の芥川龍之介の唐突な自死が思い浮かぶ。明記されてはいないが、これより強烈な発症原因は考えられない。いずれにしても、文学への恋情も、生活への意欲もともに打ちのめすような強力なショックが、かくも長期間にわたってこころを空白にする精神的な脳溢血を引き起こしたのだった。

そののちの後遺症のような長い期間の空虚な生活振りを案じたのが、長男達吉だ。四十五歳という若さで病死した（昭和二十年三月）達吉は、横光利一や川端康成らと「文學」を創刊して、小説や知的評論を書いた人物であった。母思いの彼が、草抜きは人に任せて読書と映画鑑賞をと勧めたという。さらに、随筆を書くようにつよく進言した。しかし精神的な脳溢血状態はじつに長く続き、彼の言に従って『燈火節』となる一つ一つの文を綴ったのは、達吉が亡くなった後、昭和二十三、四年のことだった。達吉の母思いの一言が随筆集上梓の端緒となった。達吉が勧めたものに、もう一つ「易」がある。『燈火節』の集中に「地山謙」という一篇があり、「T（達吉）が私のために筮竹《ぜいちく》や筭木《さんぎ》を買つて来て、自分で易を立てる稽古をするやうすすめてくれた」とある。自分の一生を占ってみると、「地水師」であると思っていたところ「地山謙」と出て、「私はおもはずあつと驚いて、頭を打たれたやうに感じたのである」と書いた。易でいう「地水師」は、苦労が絶えず、多くの問題が内在して争いが絶えないという卦だ。「地山謙」は、常に謙虚に「能ある鷹は爪を隠す」という姿勢で、目立たず騒がず生を貫くと、最終的には吉であるという卦だ。結婚以来、多くの病者を看取る生活がつづいた廣子は、自分が苦労の絶えない地水師であると思っていたところ、謙虚であれば世に出ずともかならず最後は吉だという地山謙という卦が出て、頭を打たれるほどおどろいたという。謙虚さが最終的な吉を呼ぶというところに、思い掛けない大きな救いを得たのだった。

頭を高く上げることなく、謙遜の心を以て一生うづもれて働らき、無事に平和に死ねるのであると解釈した。何よりも「終り有り吉」といふ言葉は明るい希望をもたせてくれる。何か困るとき何か迷ふ時、私は常に護符《ごふ》のやうに、謙《けん》は亨る謙は亨るとつぶやく、さうすると非常な勇気が出て来てトンネルの路を掘つてゆく工夫のやうに暗い中でもコツコツ、コツコツ働いてゆける。…略…私のやうにわかい時から夢想をいのちとして来た人間がこの平凡な教訓を一日も忘れずにゐられるのはさいはひである。…略…その堅実な地味な約束が、およそ堅実でない私のための一生の救ひでもあるのだらう。私のためには天もなく火もなく風もないのである。それで満足してゐよう。

「地山謙」（『燈火節』）

「地山謙」の意味は、地の下に高い山が存在する姿だという。「謙は亨《とお》る」とは、謙虚であると物事がうまく通り、おのずから神意に添うということ。力を誇らず、周囲を立てることを第一義とするところが、いかにも廣子の生き方に相応しい。「わかい時から夢想をいのちとして来た」と認めるように、地の下の高い山は熱情を深く秘めたまま静かに鎮座していた。

これまでも『燈火節』の中の印象的なエッセーを時に応じて引用してきたが、ここでさらに三篇を紹介してゆったりと大らかな廣子の人間性と、ユーモアと、時空を超えた自由な夢想をあらためて記憶に甦らせておきたい。

①大へび小へび

昭和三十四年の高校教科書に採用された一篇だ。島国の日本にもアイルランドにも蛇の昔話が沢山あるとして、洋の東西を問わず、名立たる蛇の話を取り上げている。アイルランドの蛇は聖パトリックに追われて以来、いつの間にか世に受け入れられない動物として隠れ住み、逸話もめっきり減った。日本では八岐の大蛇の神話から始まって、崇神天皇、仁徳天皇に纏わるもの、藤原道長や安倍晴明、源頼光、北条時政にちなむものなど歴史上の蛇はみな颯爽とした行動をとったと紹介する。「むかしの蛇たちは同じ蛇族の中の英雄であつたと思はれる」とする廣子の幅広い知識と、ユーモラスな結語が面白い。

有名な蛇の話としては、イブが会ったエデンの園の蛇が語られている。神の楽園の中で、ただ一つの禁断の木の実、林檎を食べることをイブにそそのかした邪悪な蛇だ。

どんな大むかしでも、蛇は今日と同じくによろによろしてゐたに違ひない。女が気持よくそんな物と話をしたといふのが不思議である。さうするとイデンの蛇は無形の物で、イヴの頭の中にだけ見えたのかもしれない。イヴはその頭の中の蛇といろんな問答をして、樹の実を食べる決心をしたと考へてみれば、かなり素ばらしい生意気な女であつたやうで、それがわれわれ女性みんなの先祖であつた。

「大へび小へび」（『燈火節』）

禁断の実を食べることをそそのかしたのは蛇ではなく、じつはイブ自身の内面の声だったとする見方があたらしい。禁を犯す決心は、犯した人の胸の内のやむにやまれぬ希求の声だったという解釈だ。食べる決断をくだしたことを指してさらに、イブは「かなり素ばらしい生意気な女であつた」とも記す。「素晴らしい」は、誉め讃える意味と酷《ひど》いとけなす意味があるが、ここでは褒め言葉に使っているのだろう。禁断の実を食べたことは愚かさの象徴ともされるが、廣子は元祖の女の姿を大いに肯定して、神話の女の爽快な生意気さに共感する。林檎は以後、後世の人々の身を養い、心を鼓舞する果物となった。理不尽な禁を突き崩したのは、元祖の女性だったとも言える。廣子は随筆集の歌に、「すばらしき好運われに来し如し大きデリッシヤスを二つ買ひたり」と林檎にまつわる思いをこめて暗示的に詠んでいる。

素晴らしく生意気な女であるイブは「われわれ女性みんなの先祖」であるとするところに作者の思いがこめられている。謙虚でありつつも貫くべき生き方を最後まで貫いた廣子の毅然とした生き方とよく呼応する終部だ。

②赤とピンクの世界

戦後の窮乏は、誰の上にも重くのしかかった。廣子も例外ではなかったが、「彼女は上層階級に属していて「文学」はしていたがそれによって「生活」していたのではなかった」(栗原潔子「片山廣子素描」)と言われるように、文筆で生活を立てたことはなかった。正当な稿料さえ固辞したため、出版社は謝礼として菓子を持参したともいう。同年生れの与謝野晶子が、逞しく書き、歌を作って一家の生活を支えていたのとは対照的だ。だが夫を亡くし、達吉に先立たれた戦後の窮乏は、例外なく廣子の身にも辛く及んだ。

一人生きて呆けたる吾や夫も子も歴史のごとく遠くなりつつ　「砂漠」
窮乏の中に死ぬもの多くありわれはも生きてまづしさに向ふ
古き帯の値に得たる千円を働らきてとりしごとく錯覚す
日くるるや黒きやかんに湯をわかしひと日の汗を洗ひきよむる
帯にはさむ小さき紙幣をかぞへみてりんごを求めたもとに入れぬ

繊細なタッチで、庶民的な貧乏生活を具体的に詠った。かつての新井洸『微明』の歌を思わせる。この随筆では、上層階級の老婦人の自死、寄宿舎の賄い婦、ラムネの配達夫などをあげて、貧しくとも働いて生活を立てる者の幸を指摘した。「のんきな気もちで人から貰つた金では自分が苦労して取つた物ほどたのしい味がないやうだ。びんば《ママ》ふといふものには或るたのしさがある、幸福といふ字も当てはまるかもしれない」とものべる。これを聞いた人が、あなたは「赤貧洗ふが如し」という本当の貧乏の味を知らないから夢のようなことをいうのだと抗議する。赤貧を知ればお世辞にも貧乏は愉しいなどとは言えないとの正論に、廣子は反論することができなかった。

赤貧の境地にはずつと距離のあるびんば《ママ》ふだけを私は知つてゐる。雑誌が買ひたくても来月までは一冊も買はない。或る人にいろいろとお世話になつてもなにも贈物が買へない。白米の御飯がたべたくても外米をありたけ食べ続ける。…略…これはたぶん赤ではなくピンクいろぐらゐのびんば《ママ》ふなのだらう。このピンク色の世界に住むこともずゐぶん苦しいけれど、びんば《ママ》ふだからいざ死なうといふ気にはなれない。

「赤とピンクの世界」（『燈火節』）

文章に漂うゆったりとしたリズムは、真の赤貧を知らない出自を思わせる。「これはたぶん赤ではなくピンクいろぐらゐのびんば《ママ》ふなのだらう」とのべるあたりには、豊かなユーモアのセンスも感じられる。「会合それぞれの雰囲気や相手を敏感に見透して、ユーモラスに、上品に種々の話をされた」（佐佐木治綱「独特な風韻」）という師の人物評が肯ける。安易に死を諾わないことが人生観として明記されているのは印象的だ。

③乾あんず

浜田山の小さなアトリエ跡に住み、十坪もない庭を見ながら梅雨の物思いにふける一篇で、『エッセンス・オブ・エッセイ』（昭和56）に収録された。「手入れせず野芝となりし芝庭にわすれなぐさの花をみいでぬ」「わするなと誰にいふ言《こと》か三年あまりわがひとり見るこの庭に咲き」（「砂漠」）と詠まれたように乾菓子をお茶うけに、勿忘草を見つつ独り時を遣る内に想念は無花果に移り、聖書に移り、ソロモンとシバの女王の恋へと移る。シバの女王は常に芳醇な香りを纏っていた。ソロモンは「わが愛するものよ、われら田舎にくだり、村里に宿らん」と歌ったが、富貴な者が野に下るなど到底叶わぬ夢だ。世間知らずの王の無邪気な夢が哀れであったと廣子はのべるが、王の哀れには芥川の哀れも重なる。

私は小だんすの抽斗から古い香水を出した。外国の物がもうこの国に一さい来なくなるといふ時、銀座で買つたウビガンの香水だった。…略…いまそのびんの口を開けて古びたクッシヨンに振りかけた。ほのかな静かな香りがして、どの花ともいひ切れない香り、庭に消えてしまつた忘れな草の声をきくやうな、ほのぼのとした空気が部屋を包んだのである。村里《むらざと》の雨降る日も愉しい。

「乾あんず」（『燈火節』）

花一つない質素な部屋に暮らしたという晩年の廣子。お茶や杏子や忘れな草などさまざまな香りに満ちたこの一篇は、芥川との逸話も連想され、特に印象に残る。物象ではない香りへの深い想いと記憶は、写真をほとんど残さなかった廣子の外面的姿ではなく、その奥深い内面の香気をふくよかに伝えるものであろう。

3　うつつの聖母　『聖家族』と『菜穂子』

ほのぼのと亡き子を思ひ堀辰雄のあたらしき本けふは読みゐる　　廣子

『野に住みて』の「をんどり」十二首中の巻頭歌。初出は「短歌研究」（昭和26・8）。「亡き子」と呼ばれるのは長男達吉、「文學」同人としての筆名吉村鐵太郎を指す。彼が心臓病で急死したのが終戦直前の昭和二十年三月だから、没後六年目に詠まれた一首だ。本とは、昭和二十六年刊の新潮文庫『風立ちぬ』かと思われる。

堀辰雄は、明治三十七年生まれで達吉より四歳年下。大正十三年に、避暑に行った軽井沢で同宿の片山廣子一家と親密となった。後に達吉や川端康成、横光利一らとともに同人誌「文學」を立ち上げる。夫貞次郎亡き後の片山家の生活にも心を砕き、また達吉亡きあとには、廣子の歌集は自分が出してあげると親身に励ましつづけたこころやさしい支持者だ。結核による四十八歳という若さでの死は、文学史的にもまた廣子個人にとっても惜しまれる出来事であった。堀の文学は、彼が主張する「人々の魂の清安をもたらす、何かレクヰエム的な、心にしみ入るやうなものが、一切のよき文学の底には厳としてあるべきだ」、あるいは、「いかなる苦悩を描いてもその作品の姿は静かであるべきだ」という確信のもとに綴られた。敬慕する廣子や、恋の対象であった娘總子との家族ぐるみの交流は、出世作『聖家族』や『菜穂子』を生む大きな契機となった。ラファエロの聖母子像を連想させる優雅な雰囲気の片山母子に、もし堀辰雄が出会っていなかったら、欧風の繊細で嫋やかなこれらの小説を残すことはなかった。

芥川龍之介の死を背景にした小説『聖家族』（「改造」昭和5・11）は、評判が高く、堀は繊細な心理描写に長けた作家として一躍その名が認められた。片山母娘、芥川龍之介、そして堀辰雄の交流のなかから鮮やかに立ち上がる大正期の恋の濃淡は、廣子の内面の照り翳りと照応する。廣子と總子の描き方はフランス文学の濃密な心理描写を摂取し、事実との照合もかなり緊密だ。西洋ロマン小説を元にしたフィクションとはいえ、廣子の風貌を適確に浮き立たせた。無論、小説であるからには、心理描写や関係性など著者にひきつけた独善的な見方も当然ある。

廣子は生前、堀の作品をよく読んだ。病弱な堀と、娘總子との結婚には明確に反対であり、「文學」同人に堀との噂を打ち消して回ったという逸話もある。その他では概ね好意的だった。「むすめらしくほそき姿のわかづまは黒き毛いとの上衣を着たり」「フランスの新聞をこまかく裂きて堀辰雄暖炉の火をもす」など、昭和十三年六月に堀の新居を訪問したときの歌が『野に住みて』に収録されている。軽井沢の堀辰雄文学記念館には、總子が描いたという堀辰雄の顔のスケッチがある。ふっくらと描かれた顔は柔和で、堀に対する總子の拘りのない思いが滲むようだ。

堀辰雄の視線に立ち上がる片山廣子像を、代表的な二篇の小説から追ってみたい。

① 『聖家族』の細木夫人

『聖家族』は、「死があたかも一つの季節を開いたかのようだった」という有名な一行ではじまる小説で、堀辰雄の名を世に知らしめた。作中では九鬼と呼ばれる作家の葬儀に参加する人の中に、秀麗な細木《さいき》夫人という貴婦人を見つける章が冒頭だ。「死人の家への道には、自動車の混雑が次第に増加して行った」「そういう硝子窓の一つのなかに、一人の貴婦人らしいのが、目を閉じたきり、頭を重たそうにクッションに凭《もた》せながら、死人のようになっているのを見ると、「あれは誰だろう?」そう人々は囁《ささや》き合《あ》った」と渋滞した車窓に映る細木夫人の描写がある。作中の九鬼は、芥川龍之介であり、未亡人の細木夫人は片山廣子、仮死のような夫人に腕を貸す河野扁理という青年は堀辰雄がモデルだ。その後、九鬼の弟子の扁理が遺品整理の際、偶然に女性の手紙を見つける。

或る日、彼は一冊の古びた洋書の間に、何か古い手紙の切れっぱしのようなものの挟まってあるのを発見した。彼はそれを女の筆跡らしいと思った。そしてそれを何気なく読んだ。

もう一度読みかえした。それからそれを注意深く元の場所にはさんで、なるたけ奥の方にその本を入れて置いた。覚えておくためにその表紙を見たら、それはメリメの書簡集だった。

それからしばらく、彼は口癖のように繰り返していた。

——どちらが相手をより多く苦しますことが出来るか、私たちは試してみましょう…

…略…

それは、よく見ると、一つの美しい封筒だった。裏がえすと細木と書いてあった。そしてその筆跡は彼にすぐこの間のメリメ書簡集のなかに発見した古手紙のそれを思い出させた。


メリメ書簡集にはさみこんだ古い書簡につづられた文章で九鬼と細木夫人のただならぬ交流を明らかにしている。青年扁理は「……この人（細木夫人）もまた九鬼を愛していたのにちがいない、九鬼がこの人を愛していたように」「この人の硬い心は彼の弱い心を傷つけずにそれに触れることができなかったのだ。丁度ダイアモンドが硝子《ガラス》に触れるとそれを傷つけずにはおかないように。そしてこの人もまた自分で相手につけた傷のために苦しんでいる…」と夫人のこころの精緻な分析をする。フィクションではあるが、細部の心理描写にリアルな手触りがある。細木夫人に集約される堀の廣子への思いは、ダイヤモンドの美しさと強さによく象徴されている。情熱を深く秘めた冷やかさの中に、白熱する強い意志と誇りを読み取っている。

細木夫人の娘絹子は、總子がモデルだ。扁理と絹子、そして細木夫人の心理の綾の中に思春

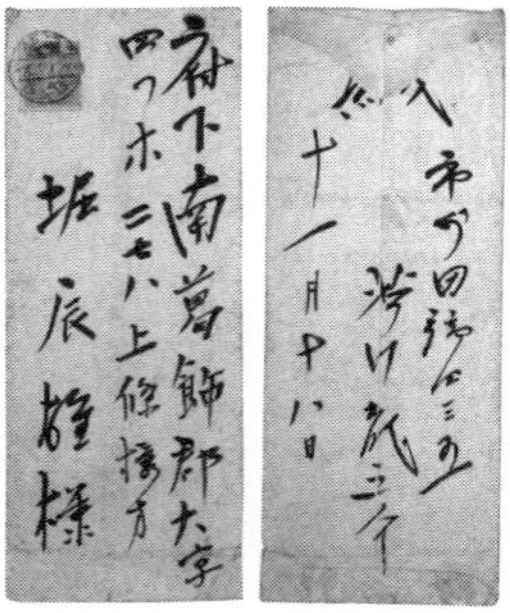

堀辰雄宛芥川龍之介書簡
写真提供：堀辰雄文学記念館

期の母子の葛藤が描かれており、現実の廣子と總子の関係にも通じる。少女の眼差しが「古画のなかで聖母を見あげている幼児のそれに似てゆくように思われた」という記述も印象深い。

芥川の愛弟子として自他ともに許す堀だ。卒業論文に「芥川龍之介論」を書いて、晩年の芥川文学への理解を示した。深い信頼関係から、九鬼と細木夫人の心の襞にも踏み込むことができ、その機微を鋭敏に捉えることが可能だっただろう。芥川は堀を、「辰ちゃんこ」と呼び、遠慮せずに自分の蔵書を読むように促す手紙（大正12・11・18）を書いた。また「ハイカラなものを書きたい」という堀に対して、「そのハイカラなものと言うのが写生的なものの反対ならばやはりどんなに苦しくってもハイカラなものを書くよりも写生的なものを書くべきだと思う。その方が君の成長にずっと為になると思う。これは大事なことだからちょっと君に手紙を書くことにした」（大正14・7・21）と後輩を思いやる懇切な手紙を書いた。

「聖家族」の原型として、「ルウベンスの偽画」がある。昭和二年に「山繭」に発表されて以来、「創作月刊」（文藝春秋、昭和4）、「作品」（創刊号、昭和5）と書き継がれて、昭和八年に江川書房から上梓された。最初の「ルウベンスの偽画」は、自分らしいものが初めてできたので嬉しくてたまらず芥川龍之介と室生犀星に見せに行ったという。これが芥川に見てもらった最後の原稿となった（堀辰雄『ルウベンスの偽画』）。小説のページごとに濃密に醸し出される廣子らしき女性の面影は、晩年の芥川の郷愁をも呼んだのだろう。芥川は死の数日前に、堀辰雄に案内を乞うて大森の廣子の家を訪れている。このことからも芥川、廣子、堀の深くこころの通い合う交流が偲ばれる。堀の『聖家族』は、芥川の死から三年後に発表された。「ただもう何かに憑りつかれたやうになつて、一週間ばかりで書き上げてしまつた」作品だ。「私はこの書を芥川龍之介先生の霊前にささげたいと思ふ」という献辞をもつ本は、鎮魂の書であり、堀の目に映った芥川と廣子の交流の忘れがたい一端を物語っている。

『聖家族』上梓の昭和五年には、「心の花」誌上に廣子の作品はない。わずかに『現代新選女流詩歌集』に「動物その他」五首が収録されている。「さびしくえぢぷとの葉を吸ふときしろ蛇がすうつと出てゆきました」「犬の眼よりもつと静かな眼がみつめるあたしは空のまん中にゐるやうな眩暈がす」など、破調の口語混じりで、定型におさまらない深い寂寥感を漂わせている。昭和初年のモダニズムに呼応するようにもみえる。この年は、石川信夫「エスプリ」創刊、前川佐美雄『植物祭』などが上梓された年であり、先端を視野に入れつつ作歌を試みたのだろう。しかし、破調口語体は、この短期間だけだ。『聖家族』に描かれる細木夫人の憔悴ぶりは、廣子の憔悴と重なり長い断筆を余儀なくされた。

堀辰雄『菜穂子』
写真提供：堀辰雄文学記念館

②『菜穂子』の母

小説の第一部は、「楡の家」と題される。「菜穂子、／私はこの日記をお前にいつか読んで貰うために書いておこうと思う」とはじまる娘に宛てた母の日記だ。「もっと打ちとけて話しておけばよかったろうと思う時が来るだろう」「私はこれを書き上げたら、この山の家の中の何処か人目につかないところに隠して置いてやろう」「その時までこの山の家が私の生きていた頃とそっくりその儘《まま》になっていてくれると好いが」とつづく冒頭部は、O村で書かれたことになっている。軽井沢追分村のことだ。堀は、昭和十三年に結婚後、旧軽井沢の愛宕山水源地近くに居を構えた。廣子も昭和六年に、宣教師ウィンの別荘を手に入れ、愛宕山下に別荘を持った。しかし小説の舞台は軽井沢ではなく、鄙びた追分宿に置いた。日記の主が語る経歴の多くは、廣子の経歴をなぞっており、廣子の次のような歌を下敷きにして小説の骨子がつづられている。

わが祖父が長者なりしをおもひ出でぬ映画より夢よりなほ不思議なる
わがむすめそばなる母を忘れはて野原のなかにさびしげなるかな

君やがて君みづからのためにしも生くる日あらむとおほせたまひし
イタリアの古城に似たるさびしさの中に住むかなわがわかき子ら
生きてあればのぞみもありとおほせつるそのことばさへむなしと思ふ

主人公の三村夫人は「数本の、大きな楡《にれ》の木のある、杉皮葺《すぎかわぶ》きの山小屋を、五六百坪の地所ぐるみ手に入れることが出来た。風雨にさらされて、見かけはかなり傷んでいたけれど、小屋の中はまだ新しくて、思ったより住み心地がよかった」と書く。当時の廣子の別荘そのものの描写だ。堀も昭和十五年に、廣子の真向かいに別荘を借りてひと夏を過ごしたので、観察が行き届いている。

菜穂子の母三村夫人は、廣子がモデルだ。菜穂子は、總子がモデルであり、高名でブリリアントな小説家の森於菟彦は、芥川龍之介だ。これに堀自身や弟分の立原道造を二重写しのモデルとする明という青年を加えた四者の心理の綾が、細やかに描かれている。三村夫人宛の森の手紙は、夫人の視点から次のように描写された。

私の差し上げた年賀状にも返事の書けなかったお詫《わ》びやら、暮れからずっと神経衰弱でお悩みになっていられることなど書き添えられ、それに何か雑誌の切り抜きのようなものを同封されていた。何気なくそれを披《ひら》いてみると、それは或る年上の女に与えられた一聯《いちれん》の恋愛詩のようなものであった。何だってこんなものを私のところにお送りになったのかしらといぶかりながら、ふと最後の一節、――「いかで惜しむべきほどのわが身かは。ただ憂ふ、君が名の……」という句を何の事やら分からずに口ずさんでいるうち、これはひょっとすると私に宛てられたものかも知れないと思い出した。…略…何故そんな移ろい易いようなお気持ちを、こんな婉曲《えんきょく》な方法にせよ、私にお打ち明けになったのだろう?…略…いったん意識し合った上では、もうこれからはお逢いすることさえ出来ない。

芥川が「明星」に発表した旋頭歌や、死後に発表された「或阿呆の一生」が下敷きとなっている。さらに「私はあの方のそんな一人よがりをお責めしたい気もちで一ぱいになっていた」とつづく小説を読むと、当時、堀の目には廣子の側からの芥川への思慕は意識されておらず、芥川の積極的な一方的な思慕の告白と理解されていたようだ。この告白によって母娘の関係が微妙に揺らぎ、三村夫人の心を不安定にする。「一層のこと早く年をとってしまえたらとさえ思った。…略…そうしてもう女らしくなくなってしまえたら、たとえ何処であの方とお逢いしようとも、私は静かな気もちでお話が出来るだろう」というところは、廣子の芥川宛の手紙の内容(大正13・9・5)と一致する。堀の目に映ったように、廣子には外見上、目に見える動揺はなく、未亡人として母として毅然と己を保っていた。思慕を抑え込んだ母に対して、總子は、「ゐましげに君と語らふ君がまな子を/ことわりにあらそひかねてわが目守《まも》りをり。」「朝曇りすずしき店に來よや君が子、／玉くしげ箱根細工をわが買ふらくに。」「君をあとに君がまな子は出でて行きぬ。／たはやすく少女《をとめ》ごころとわれは見がたし。」（「越びと」「明星」大正14・3）といった芥川の旋頭歌に偲ばれる青春期の気難しさを示した。廣子への芥川の思慕は、旋頭歌にこう詠まれた。

言《こと》にいふにたへめやこころ下《した》に息づき、
君《きみ》が瞳《め》をまともに見たり、鳶いろの瞳《め》を。

ひたぶるに昔くやしも、わがまかずして、
垂乳根《たらちね》の母となりけむ、昔くやしも。

「或阿呆の一生」には、「彼は彼と才力の上にも格闘出来る女に遭遇した。が、「越し人」等の抒情詩を作り、僅かにこの危機を脱出した。それは何か木の幹に凍った、かがやかしい雪を落すように切ない心もちのするものだった」とあり、添えられた詩は「風に舞ひたるすげ笠の／何かは道に落ちざらん／わが名はいかで惜しむべき／惜しむは君が名のみとよ。」とある。精神的な高みに置かれたからこそ、いつまでも色褪せない思慕が美しく響く旋頭歌と詩と小文である。五尺三寸（一六一センチ）（近藤富枝『信濃追分文学譜』）あったといわれる廣子の背丈や、目の色の深さが彷彿とする。

『菜穂子』は、「楡の家」第一部「物語の女」(山本書店、昭和9・11)、同第二部「目覚め」(「文学界」昭和16・9)、第三部「菜穂子」(「中央公論」昭和16・3)を纏めて、単行本『菜穂子』(創元社、昭和16・11)として上梓された。そして、翌十七年三月、第一回中央公論社文芸賞を受賞したのであった。芥川の死後すでに十五年が経っていた。

五　未発表歌「砂漠」　内なるものの声、旅路の果て

神いまさぬ世と思ひしみ現身の内なるものの声のみを待つ　　廣子

廣子は七十九歳の生涯に、たった二冊の歌集しか残さなかった。大正五年、三十八歳で上梓した第一歌集『翡翠』と、昭和二十九年、七十六歳で上梓した最終歌集『野に住みて』の二冊だ。纏まった作品はそれですべてと考えられていた。しかし、没後二年目の昭和三十四年九月、総合誌「短歌」誌上に「砂漠」と題した一連一七一首が遺稿として発表された。中野菊夫の懇切な五ページの解説が添えられ「この草稿は廣子の手による編集であり、昭和二十一年五月から昭和二十六年三月までの作品が編年体で構成されている」とある。廣子の遺品整理中に偶然発見されたノートによるものだ。遺されたノートには『野に住みて』に収録された「虚無深くまひるの庭に向ひゐぬ蟬一つ鳴く真昼の庭に」なども含まれているが、ほとんど未発表作品であった。

発表時の角川書店「短歌」の編集者は中井英夫で、次のような編集後記が残されている。

（生前に作品依頼をしたとき題名の選定で）躊躇なく「暗殺者」という題を選んだのは、いま思えばおよそ夫人の典雅な作風を理解せぬ行為であつかたも知れない。今度の「砂漠」という勝手な題も、すでに『野に住みて』の一章としてあることだし、あれこれと思いをめぐらしたが、…略…敗戦直後の夫人の心情を傳えるものとして他に思い浮ばなかつたことをお詫びしたい。

「短歌」編集後記　昭和34・9

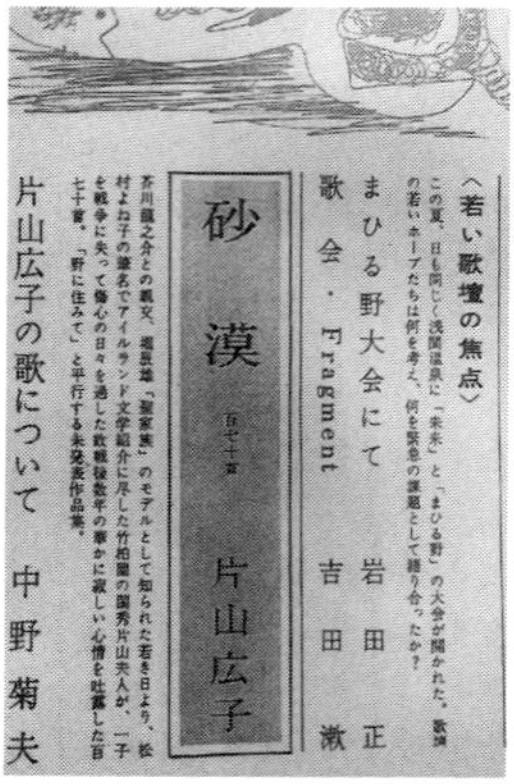
〈若い歌壇の焦点〉
この夏、日も同じく浅間温泉に「未来」と「まひる野」の大会が開かれた。歌壇の若いホープたちは何を考え、何を緊急の課題として語り合ったか？
まひる野大会にて　岩田正
歌会・Fragment　吉田漱
砂漠　百七十首　片山広子
芥川龍之介との親交、堀辰雄「聖家族」のモデルとして知られた若き日より、松村みね子の筆名でアイルランド文学紹介に尽した竹柏園の閨秀片山夫人が、一子を戦争に失って傷心の日々を過した敗戦後数年の静かに寂しい心情を吐露した百七十首。「野に住みて」と平行する未発表作品集。
片山広子の歌について　中野菊夫

（上）「砂漠」掲載時の中扉
（下）「砂漠」が掲載された「短歌」の目次（部分）
資料提供：角川『短歌』編集部

典雅な歌に不似合いな題をつけたことを謝っているが、作品の底に流れるテーマは「暗殺者」や「砂漠」という題が相応しいと感じた中井英夫の直観は正しかった。静かに抑えた作品の底に激しく逆まく流れがあるからだ。前衛短歌の推進者であった中井はさらにつづけて「今月ははからずもすぐれた先進を偲ぶ内容が多くなつたが、迢空、牧水、そして廣子と、それぞれになお刈り入れるべき多くの稔りをたわわに傾けているといえよう」と述べ、廣子の業績を高く評価した。掲出歌は、その「砂漠」一連に含まれている。昭和二十一年に詠まれた五十一首中の十六番目だ。「神いまさぬ世」という句に、達吉や弟を喪い失意に塗れた敗戦後の廣子の率直な心境が窺える。

幾年われらの知らぬ前の世に敗れて消えし国もありけむ
百とせは過ぎたるらしも火と飢ゑの後に生れし褐色の街
電車の中にものくふ人もゐなくなりて悲喜おのづから個々にたもたる
焼けしまま眠れるごとき町に來ぬ白きほこりを衝き進むバス
古き帯の値に得たる千圓を働らきてとりしごとく錯覺す

一変した戦後の国情を憂いつつも、新しい町の建設を大きな驚きと期待をもって見つめている。五百余坪の豪壮な大森の邸宅は灰燼に帰し、そこでの生活は遠国の出来事のように思われたのだ。都市生活者を対象に具体的に詠み、廣子らしい冷静で知的な見方が漂う。「眠れるごとき町」という実感に即した喩にリアルな味がある。埃を衝き進むバスも、復興途上の荒廃した街が目にみえるようだ。当時で千円の帯の売値は高価で、いかに豪華な帯を持っていたかが想像される。大切な帯を失うという哀感は感じられず、さばさばと割り切った気配が漂う。下句では、不労所得を恥じる気持ちを正直に晒した。晴れ着を失った寂しさには帰着しないところが、女性には珍しく冷静で理論的なとらえ方だ。「革命なれば苦笑してあらむわがもちし株はけづられ一株1／4」というリアルな歌もある。「物ごとをかろく考ふるわが癖よつまづきてのちみづからを責む」という歌は、生来の鷹揚な性格が写されている。

夫子らに気づかはれつつ病む人を心にしみてわがまもりつつ
吾子のため三とせの春のまつりすと野に出でてけふはよもぎを探す
花みつつ亡き子の妻と語らふも今日をかぎりと茶をのみてゐる
なからん後の小さき配分を書きをはりすがしくぞ吸ふ午後のたばこを

戦後の家族歴が偲ばれる一連だ。一首目は、仲の良かった妹次の病床を見舞ったときの作。妹は昭和二十一年七月六日に気管支拡張症で亡くなったが、夫上田恭輔や慶応病院の医学博士であった長男など頼もしい子らに見守られて逝った。廣子はこの前年に長男達吉を喪っており、自分を看取るはずの子の不在はどんなに無念だっただろう。

二首目は、達吉の三回忌を迎える様子だ。忌日は三月二十四日、本格的な春も目前だった。昭和二十四年には、達吉の妻和子が再婚する。三首目、穏やかな語らいに寂しさが漂う。前年には、文学上の支えである菊池寛の死にも会った。

四首目は、浜田山の一人暮らしを支えた家政婦母子が対象だ。家政婦の子にいくばくかの遺産を残すことを書き置いた安堵感が伝わる。結句の「すがしくぞ吸ふ午後のたばこを」に、誰はばかりなく書き置いた満足感が滲んでいる。結局、この願いは通らなかったが、廣子の身の内から湧き出した自我がまるで煙草のけむりに乗って吐きだされたような爽快な瞬間が捉えられている。廣子はさまざまな失意の果ての無聊のなかで、嫌っていた喫煙の味を覚えたようだ。世間や家族というしがらみが取り払われた戦後の自在な生活振りがここにも反映されている。「好きにもあらぬ煙草をさへに吸ひおぼえ今日も吸ふなり霜とくる朝」（昭和22・1・12）「煙草の香すこし残れば窓あけて朝雨の霧を流れ入らしむ」（同5・12）という歌も「砂漠」一連にある。敗戦により価値観が大転換したことで、廣子の自意識も自ずから変化した。世間の禁忌が解けたというより、自己の中の禁忌が解け、内部の自己革命が起こったのだ。冒頭の掲出歌には「内なるものの声のみを待つ」とあるが、まさに湧き上がった内なる声に正直な歌だろう。

うすむらさきの自動車《くるま》なりし子と友とわれとゆめに碓氷を行ける
ゆめならぬ春日きたりて青柳の糸もなびかなうづの銀座よ
わがゆめは涼しく遠き星のごと生《いのち》を超えていやさやかなれ

集中で「ゆめ」という語のある歌を挙げた。抑圧された文化の再興を思い、あたらしく築かれる都市の初々しさを夢みた。当たり前の生活に再び戻る喜びが伝わる。

一方で、失った友に思いを馳せ、亡き子を慕い、大森の心地良い住まいをなつかしむ。「うすむらさきの自動車《くるま》」でゆく碓氷峠や、健康な達吉の姿、大森の華やいだ文学夫人としての生活などは、すべて幻ながら今を生きる力になっている。「ゆめ」は、かつて、こうも詠まれた。

よろこびとゆめとつづける我が世かな髪白うなりやがて死ぬまで
生くる我とゆめみる我と手をつなぎ歩み疲れぬ倒れて死なむ

二首とも、三十八歳で編まれた第一歌集『翡翠』の代表歌。「ゆめ」の語とともに「死」という語をふくむのが特徴だ。若いがゆえに直截に結びつけられた二つの言葉だが、四十年後に詠まれた「ゆめ」は、歌の中に「死」を含まない。むしろ「生《いのち》を超えていやさやかなれ」と、限りのある人生を超えたところで、光彩を放つ悠久の星と同一視されている。生きる意味と幻のゆめが混然一体となって感受される。死は無や終末ではなく、子との再会であり友との再会であってまるで生の延長線上にあるようだ。八十代間近にして得たゆめと死の穏やかな融和だ。

後輩である村岡花子が廣子を評して「理知的だと思われるのだが、他分《ママ》アイルランド文学の影響を深く受けて、ひどく夢幻的なところもあった」（『生きるということ』）とのべている。

アイルランド文学に触発された夢幻性か、廣子の生来の素質がアイルランド文学を引き寄せたかは判じがたい。両方が重なり合って深い幻想を形づくり、廣子の歌に影響を及ぼしたのだ。理智的な風貌の陰に、夢幻的な世界の深淵が広がり、純粋で燃えるような情熱が生涯にわたって保たれた。村岡花子の次のような回想談は、こうした廣子の本質を鋭くついており印象深い。

片山廣子さんが私を近代文学の世界へ導き入れて下さった。そうして、その世界は私の青春時代を前よりももっと深い静寂へ導き入れるものであった。…略…この静かさは、以前のような、逃避的な、何物をも直視しない、正面からぶつかって行かない「精神的無為」の静かさではなくして、心に深い疑いと、反逆と、寂寥《せきりょう》をたたえた静かさであり、内面的には非常に烈しい焔を燃やしながら、周囲にその烈しさを語り合う相手を持たないことから来る沈黙であった。

村岡花子「静かなる青春」(『心の饗宴』時代社)

廣子の後輩の小説家、阿部光子は、廣子について「世の中には、無口な芸術家とおしゃべりの芸術家とがある。片山廣子夫人は無口な芸術家であつた」(「心の花」昭和32・5)と書いた。芸術家の寡黙とは、内面の燃えるような炎を包みこんだ反逆性と寂寥を湛えた静けさの謂だろう。

廣子の生涯については次のような証言もある。「近代女性の敬慕し、理想とする才能と頭脳を持ち、時代に先立つ〝リベラリスト〟であり、明治・大正そして今日までの日本の困難な時代に対して、無言のレジスタンスを持ちつづけた生涯であつたと思ふ」（佐佐木治綱「心の花」昭和32・5）。「心の花」の二代目主宰者である治綱の真をついた言葉だ。廣子の生涯には、安逸の気怠い静けさとはまったく質が違う引き締まった静かな熱が感じられる。情に流されるのではなく物事を直視して、正面からぶつかってゆく正直さと強さをつねにもっていた。静かで典雅な人といわれる廣子のこころには、高みを目ざす不屈の意志が燃えていた。周囲にその烈しさを語り合う相手をもっていなかった寂寥の沈黙が、孤高の人という印象をつよく与えた。わずかにその深みを共有し得た友であった芥川龍之介は、その高みの緊張に耐え得ず精神に異常を来し、自死した。

君がため死ぬべく思ひしこの君のかくながらへてゐますこの世は　未発表
うつそみとかかはりもなくわが心いくたびか死にまだ生きてゐる　「砂漠」

一首目は、廣子直筆歌稿の未発表歌である。冷静に、冷徹に自他を見つめている。古い手紙には死を匂わすような思慕が書かれていたが、その対象である自分はこのように永らえて世にある。世を隔てた人への静かな相聞歌だ。

二首目は、「砂漠」の掉尾の歌。生身とは関係なく、こころはいくたびも死んでは蘇り、今もなおしぶとく生きているという。情熱を得ては失い、なおしなやかに生を肯定し、精神の熾火を絶やさない。自己を見つめ自己に忠実に生き切った清やかさが「砂漠」一連には濃く漂う。

廣子は、昭和三十二年三月十九日、脳溢血によって浜田山の自宅で亡くなった。行年七十九歳であった。仏式による葬儀には、佐多稲子、堀多恵子、竹柏会の川田順をはじめ多くの人々が参列したが、なにか寂しさが漂ったという。歌壇文壇はもとより、世間そのものに遠く距離を置いた廣子の境涯を反映した風景だろう。同年三月二十一日の朝日新聞朝刊には、次のような告知が載っている。

東京都杉並区下高井戸四ノ九六五の自宅で脳出血のため十九日午後八時四十分死去、七十九歳。一昨年「エッセイスト賞」を受けたアイルランド文学者。東洋英和卒、歌集『野に住みて』などを出した歌人でもあった。告別式は二十二日午前十一時から正午まで自宅で。

これで、すべてである。簡素きわまりない記事だ。それだけに、いかにも謙虚な廣子の最後に相応しい。第一義的にアイルランド文学者とあり、「歌人でもあった」という付記のような歌人の扱いに寂しさもある。しかし、さらなる発掘の余地を残された分野として、歌の研究が俟たれていると考えればいいのである。今後、歌壇史上に、廣子の位置は相応にきちんと与えられなければならない。

　廣子の死の後年、「白珠」主宰の安田青風は近代の「名歌集五冊」という特集コラムのサブタイトルに「特に『野に住みて』について」と題して、次のように記した。「(廣子を）歌人として知る人は、或は少ないかも知れない。にもかかわらず、私は明治以後の歌人の中でもっとも尊敬を払い、人間としてもこの著者のような心で生きたいと希っている…略…否定をくぐって、言い換えれば「死」をくぐってこれほど美しく寂かに生を肯定している作品は、明治以後の歌壇には類例が少ないのではなかろうか」(「短歌新聞」昭和40・7）と述べて、近代代表五歌集の一冊に廣子の歌集『野に住みて』を挙げた。他の四冊は『みだれ髪』『赤光』『海山のあひだ』『桐の花』であった。

　生涯を通じて権力にも衆にもおもねることのなかった清廉な精神は、豊かな幻想性と、ロマネスクの高雅さと、しなやかにつよい自恃に支えられて、いつの時代の良心にも深く訴えかける力と純正さを保ちつづけているのである。

Ⅲ部　匂い立つ思慕

書簡にたどる廣子

一　手紙という鏡

芥川様御もとへ

二十三日におわかれする時にもう當分あるひは永久におめにか丶る折がないだらうと思ひました

廣子

平成二十八年の春、私は思いがけない朗報に接した。芥川龍之介宛の廣子書簡の現存、そして、その所在を確認したのだ。芥川宛書簡の存在は聞いていたが、確証はなかった。その芥川宛の廣子自筆の書簡は、人目に触れることなくひっそりと富山市の「高志の国文学館」に保存されていた。幻ともいわれた貴重な書簡の閲覧は、厳格な規定による許可が必要だった。やっと得た許可書を手に、勇躍富山に飛んだ。開館直後の閲覧室に終日籠り、廣子書簡を筆写した。コピーも許されない厳しい条件下の閲覧であり、学芸員の方のご配慮のもと書写を完了。読み取れない変体仮名混じりの書写だが、内容は充分に伝わる。冒頭に掲げた文は、その大正十三年九月五日

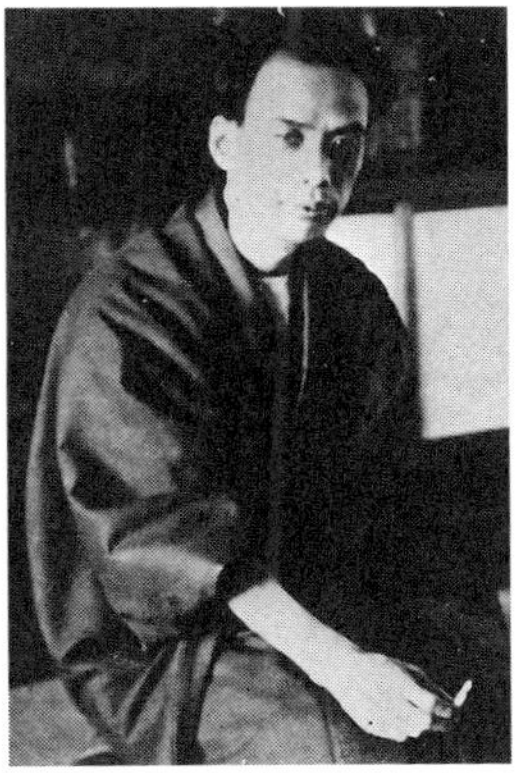
芥川龍之介（昭和２年）
写真提供：日本近代文学館

付の芥川龍之介宛廣子書簡の一節である。初めて会った軽井沢の別れを惜しむ内容だ。八月二十三日に軽井沢を発つときに、もう二度と会えないだろうと思いひどく寂しい気持ちになった、と正直に真情を訴えている。

こうした人間味に溢れた感情が綴られた書簡は長く行方不明であった。行方知れずの廣子書簡は、芥川の甥、葛巻義敏の手元に保存されていたのだ。封印されたと言っていいほど厳密に秘匿されていた。後に、国文学者で芥川研究家である吉田精一を経て、その没後は辺見じゅんの手に渡った。辺見は「数年前、私は廣子の芥川あての十数通の書簡を手に入れた。それは、大正という時代を背景にした美しい恋文であり、互いが文学的にも影響し合っていたことを感じさせた」(「朝日新聞」平成4・9・11)と熱い思いを込めて綴った。吉田は一九八四年に没したのでそれ以降、九十年頃には辺見の所蔵となったようだ。

書簡を手にした辺見は、廣子に強く惹かれて数編のエッセーを書いたが、平成二十三年九月二十一日に心臓疾患で急逝した。故郷の富山市に「高志の国文学館」を創設し、館長就任を目前にした時期での逝去だった。文学館の設立に伴って、辺見所蔵の多くの資料が同館に寄贈され、廣子の芥川宛書簡もここに保存されることになったのだ。これまでにも廣子書簡を引用した文章がいくつか確認されているが、どれもわずかな抜粋に過ぎず、原典を直接見た人は多くないと思われる。十四通の書簡は、三巻の巻物に表装されているが、平成二十八年八月現在、依然未公開である(平成二十九年一月十四日公開)。写真版の閲覧が申請によって許可されているのみだ。廣子宛の芥川書簡は、当たり障りのないものは残されたが、他はすべて廣子の娘總子によって焼却された。それゆえに、文学史上、芥川宛廣子書簡の貴重さは計り知れない。以下、未公開であった廣子の手紙に関して書かれた過去の文章を拾い上げてみよう。

それは芥川のひとり角力で、全く精神的な恋であつた。しかし精神的なものであつただけそれだけ強く、執念く彼の心の中で燃えつゞけてゐたと思はれるのである。…自から信じ、自から恃むこと厚い彼が、これほどの尊敬を一女性に呈したことはまことに異例である。

吉田精一『日本近代詩鑑賞』昭和38・4

その広子の方は竜之介宛の十数通の手紙にその心をつくしていると思えるのだが、いまだに葛巻氏の筐底深く秘められ、うかがうことはできない。

近藤富枝「片山広子」（「婦人公論」昭和40・11）

旋頭歌「越し人」二三首や、詩「相聞」に見る芥川の思慕にひきかえ、彼女の側には愛情を表現した作は無い。

藤田福夫『近代歌人の研究』昭和58

これはもちろん芥川のプラトニックラブで、ただ二人の間には彼の死までの三年間に十数通の書簡が交わされたにすぎない。…略…広子に寄せたこの思いは、少年の恋に似て、透明で美しい。…略…さすがに芥川の死後の広子は、しばらくは翻訳も家事も投げ捨て、ぼんやりと庭の草ばかりとって暮らしたと告白している。彼女の稀に見るみごとな理性をもってしても、若い才能豊かな芥川への愛着を消すためには、時日が必要だったようである。

近藤富枝『馬込文学地図』昭和59

この手紙を境に二人は東京でも会うようになり、丸善で洋書を買ったあと、上野の精養軒で食事をしたり、銀座で芝居を見たりした。翌年の夏にも再びつるや旅館に半月ほど滞在している。二人の交際は芥川が昭和二年七月に自死する半年前まで続いていたことが、廣子の書簡から推測される。

辺見じゅん「芥川と「越し人」」(「朝日新聞」平成4・9・11)

この二夏の間(一九二四年八月以降)に、片山廣子から芥川龍之介に宛てた書簡十数通が存在していることが明らかとなっている。近代文学研究家の吉田精一が、この書簡類の存在を報告した「芥川龍之介の恋人」(『歴史と人物』中央公論社、昭和46・11)と題された文章のなかで、「三年前に入手した大正十三年九月以降のみね子の芥川あて書簡」の一部を紹介している。そこでは一九二四年（大正十三）九月五日付け、十月三十一日付け、一九二五年（大正十四）二月十一日付け、六月一日付けの手紙の一部が引用されており、最低、四通の芥川龍之介宛ての片山廣子の書簡が現存しているのが認められる。

川村湊『物語の娘』平成17・5

客観的に彼（芥川）の憂鬱がはじまりかけたのは大正十四年の秋ごろからである。…略…それならば彼はなぜ、このころから徐々に元気でなくなりはじめたのか―これを解く十何通かの書簡（同一人のもの）を彼の生前、彼から私は託された。…略…もはや両者ともが故人であり、その名を明らかにしてもかまわないが（すでに一部では明らかにされているが）私は、私自身の好みから、これを最後まで匿名で了らせたい。そのために数字の伏せ字と、これらの書簡が大正十三年夏以後に書かれたものであることを明らかにしてゆるしを乞いたい。

「婦人公論」昭和40・11（葛巻義敏の言として引用）

二番目は小説家近藤富枝のもの。彼女は、昭和四十年に「婦人公論」公募の「物語近代人物女性史」に「片山広子」を書き佳作を得た。芥川の恋人としてベールに包まれた廣子の身辺を見つめ、芥川との交流を軸に彼女の人生を慈愛深く描いた。それによると、当時、廣子の書簡は、芥川の甥葛巻義敏のもとにあって読むことができなかったという。昭和四十年といえば、芥川の死後すでに三十八年が過ぎており、廣子没後すでに八年が経っていた。

列挙したコメントから推察すると、廣子の芥川宛書簡十数通は、芥川の存命中から甥の葛巻義敏のもとに預けられ、死後四十年近く極秘に保存され、昭和四十三年ごろには国文学者の吉田精一の手に渡り、平成にはいって間もなく歌人の辺見じゅんが手に入れた、という経緯が浮き上がる。貴重な資料が、いつか人手に渡る運命にあることが分かる。廣子の娘總子が「私も人間ですからいつの日かこの手紙をお金にしたいと考えることがあるやも知れません。そのようなことがないように燃やしておきたい」と葬儀直後に、すべて焼却した気持ちも分かる。そのときに相談に乗ったという長男達吉の未亡人であった和子の言葉「文学の世界で考えれば芥川さんの手紙は貴重なものだということを十分承知の上であえて焼いてしまいたいという総《ママ》子さまのお気持ちが十分理解できたので」賛成し、「手紙が煙となってお母様の元に届くだろうなどと気休めを言いながら罪深いことをしているような思いにかられておりました」（『片山廣子全歌集』）という談話にも共感する。それをもってしてもなお、芥川の廣子宛の手紙を見たかったという欲求は抑えきれない。大正期の得難いこころの交流が綴られていただろう芥川の手紙を想像して惜しまれるのだ。

列挙した文の内容は、第一に手紙の存在の疑問、第二に存在すれば何通かという疑問だ。加えて、芥川の廣子への恋情が広く知られていたこと、廣子は外面上は受け身に徹していたことが分かる。理性的な廣子とこころ揺れる芥川、芥川死後の廣子の憔悴ぶり、こころを露わにしない凛とした廣子の立ち居振る舞いなどが髣髴とするものばかりだ。

疑問であった手紙の存在は「高志の国文学館」に自筆が所蔵されている事実によって証明された。何通あったかについては、自筆書簡の書写体験から、辺見の手元には書簡十四通と原稿用紙に記された歌稿一通がすべてだと思われる。最初の所有者葛巻義敏が、「十何通かの書簡（同一人のもの）を彼の生前、彼から私は託された」とのべているので、まず間違いのないことだろう。貴重な手紙が散逸しないように生前に託された葛巻が、芥川の鬱病の原因として、廣子書簡の重要性を挙げているのには少なからずおどろく。文学史上、認められない見方だからだ。そこには、芥川の実姉ヒサの長男であり、芥川の晩年に同居して細々と仕事を手伝った甥の直感を感じる。義敏は、身辺の事情に明るかったため、芥川没後の原稿や資料の保存にも深く関わった。芥川の葛巻宛のメモや書簡は、大正十二年以降だけでも三十九通確認される。いずれも忌憚のない叔父甥関係が浮き上がるものだ。芥川は義敏を、「ヨシ坊」「よっちゃん大王」などと呼び、資料整理の手伝いを頼んだ。気軽に頼める間柄の以心伝心ぶりが書簡から伝わる。

廣子の書簡を手元に置いて、長く公開しなかった理由として、葛巻は「私自身の好みから、これを最後まで匿名で了らせたい」としている。葛巻の思いとは別に、書簡には著作権があり、没後とはいえ当時の発表は困難だっただろう。芥川の著作権は、昭和五十二年に消失し、昭和三十二年に亡くなった廣子の著作権は、没後五十年にあたる二〇〇七年、すなわち平成十九年に消失した。葛巻は、廣子書簡が芥川の鬱病に深く関連していると見た上で公開を封印したが、思い切ったこの見方は身辺をよく知る甥にのみ可能で、そう思わせる言動が芥川にあったということだろう。軽く見逃していいことではない。

廣子が初めて芥川に手紙を出したのは、大正五年に『翡翠』の書評を謝したものであろうが定かではない。大正六年から八年にかけて芥川の儀礼的な廣子宛書簡があり、手紙の上での交流が確かめられる。

焼却を免れた次の芥川の手紙は儀礼的ではなく、忌憚のない言葉の応酬に双方の知性が滲んでおり興味深い。

拝啓　原稿用紙でごめんを蒙ります False honests は誇張だから、悪くとつちやいけません
　あなたの事だから　勿論 true modesty だと確信してゐます　心の花では　あなたの方が先輩です　ですからお話を伺ひに出るのなら　私の方から出ます　あなたにあまり謙遜な手紙を頂くと私のやうな野人は　狼狽していけません　将来何等かの意味で、私の手紙が尊大に見えても　気にかけないで下さい　私はこれを書きながら　田端へ来て頂きたいなどと云つたのが、悪かつたやうな気がして　少し後悔してゐます

廣子宛芥川龍之介書簡、大正6・7・24

これに呼応する廣子の手紙は、確認されていない。差出し年次は、『芥川龍之介全集二十巻』によると大正六年だが、親交がかなり深い内容からみて、年次不詳という別資料の見方が妥当か。「田端へ来て頂きたい」といった芥川に対して、廣子の反論があったようだ。honests は、honesty の誤記とされているが、たぶん「うわべの誠意」ではなく「真の慎み」だと言いなおして弁解しているのだろう。廣子の弁にたじたじとなる芥川の筆が微笑ましい。理性的な廣子の実像を覗き見るようだ。

閲覧した廣子の芥川宛十四通の書簡の一覧は、次のごとくである。差出し年月日と、その主な内容を挙げる。

1・大正十三・九・一　追分の仮宿地所購入の件
2・大正十三・九・五　ソロモンとシバの女王の話
3・大正十三・九・二十三　室生犀星の文について
4・大正十三・九・二十五　おそれとかなしみ
5・大正十三・十・三十一　特殊階級とかいふ言葉
6・大正十三・十一・五　見ることと見ないこと
7・大正十四・二・十一　京都や長崎までも
8・大正十四・六・一　お手紙はあまり皮肉でした

9・大正十四・六・二十四　おぐしの一すぢも
10・大正十四・八・三十　高島屋内見のこと
11・大正十四・九・二十九　うたをおめにかけました
12・大正十四・十一・十一　一世紀もとし老いたやう
13・大正十四・十二・八　「支那游記」の礼
14・大正十四・九・二十五？　お見舞ひと歌稿

アミかけの2と5は、阿部光子と辺見じゅんが一部引用しており、傍線を付した2・5・7・8・9・12は吉田精一がすでに数カ所引用している。計六通の実在が知られていたが、今回、八通を加えた書簡の全貌が明らかになった。芥川が「これほどの尊敬を一女性に呈したことはまことに異例」とされた廣子の気品と優雅さ、知性、それゆえの孤高の姿とは違う、恋に揺れる実像が、十四通の書簡から鮮やかに浮かび上がる。

現存の書簡に加えて、廣子をモデルとする堀辰雄の『聖家族』に書かれた『メリメ書簡集』からこぼれ落ちた一通を重ねて感慨に耽る。その手紙にある「どちらが相手をより多く苦しますことができるか、私たちは試して見ましょう」「お互いに苦しむことによって生きていきましょう」という苦悩に満ちた言葉は、小説家堀のフィクションか否か定かではない。恣意的な小説ではあるが、かなり綿密な資料を基にしていることが知られている。今この手紙は確認されていない。現在は、十四通の書簡から、廣子の柔らかに揺れ動くこころを読み取りたい。

※以下、片山廣子の芥川龍之介宛書簡の引用は、「高志の国文学館紀要」第1号（平成29・1）による。

二　思ひいづれば　わか草の恋

おそれもかなしみと同じやうに時が経つたらばぼんやりとした
都合のよいものになり得ませうか　廣子

軽井沢から帰京後の九月に、廣子はたてつづけに四通の手紙を芥川龍之介に送った。当然、返書もあっただろう。

最初は、帰京三日後の九月一日付。「お仕事のお邪魔をしたこともたびたびでございましたでせうと大へんに恐縮に思つてをります」とはじまり、軽井沢の「假宿の地所の事」に及び「お心持が変りませんでしたらどうぞあなたも」とつづく。二人がそれぞれ軽井沢に別荘を持つために宿の主人佐藤不二男らに土地の仲介を頼んでいたことが分かる。この計画はついに実現しなかった。

二通目は、大正十三年九月五日付。内容の重要さから、すでに一部引用されている。「二十三日におわかれする時にもう當分あるひは永久におめにかゝる折がないだらうと思ひました…略…それでたいへんにおなごりをしくおもひました　夕方ひどくぼんやりしてさびしく感じました」とはじまり「通りがかりにあすこの障子際にステツキが立つてゐないのを見るとひどくつまらなく感じました　そしてつるやぢゆうが静かになつたやうでした」と、芥川帰京後の軽井沢の寂寥を伝えている。つづく次のような一節は、廣子の思いがつよくこもる部分であり、流布されている廣子像とは違う熱い情感を湛えている。

星が先夜ほどではなくそれでもめについて光つてゐました　ふいとあなたの事を考へて今ごろは文藝春秋の小説学の講義でもかいていらつしやるかしらと思ひました…略…とんでもなく遠いことを考へました　それは（おわらひになつては困ります）むかしソロモンといふえらい人のところへシバの女王がたづねて行つて二人でたいへんに感心したといふはなしはどうしてあれつきりになつてゐるのだらうといふうたがひでした…略…わたくしたちはおつきあひができないものでせうか　ひどくあきあきした時におめにかゝつてつまらないおしやべりができないものでせうか　あなたは　今まで女と話をして倦怠を感じなかつたことはないとおつしやいましたが　わたくしが女でなく　男かあるひはほかのものに、鳥でもけものでもかまひませんが　女でないものに出世しておつきあいはできないでせうか　これはむりでせうか句読点のほとんど無い原文のままの引用だ。流麗な筆で綴られた手紙からは、廣子の熱意と決意が伝わり圧倒される。前段は少女のような星月夜の描写。中段のソロモンとシバの女王の話は、二人の共通の話題となる。芥川が廣子をシバの女王に譬えて敬愛したことは有名だ。注目されるのは後段だ。「わたしたちはおつきあひができないものでせうか」と一気に書き下ろした。四日前に出した一通目の最後に「もう一つ書きたい事がありますけれども長くなりますからやめます」と歯切れの悪い終り方をしたのは、これを言い残したためではなかったかと思わせる。「おつきあひ」とは、「ひどくあきあきした時」に「つまらないおしやべり」をするだけの他愛のない付き合いだ。適齢期の子をもつ未亡人の節度と自制が漂う。「わたくしが女でなく　男かあるひはほかのものに」「鳥でもけものでもかまひませんが　女でないものに出世して」お付き合いできないかとも問う。芥川が「今まで女と話をして倦怠を感じなかつたことはない」といった言葉に反応してのことだが、互いの知性に強く惹かれて始まった親交であり、それを深めてゆくことが第一義だった。このころの廣子は、「私の知る限りその生活が常に詩であつた様に思はれる」「未亡人としての枠の中に端然と豊かに坐りつつ、何事も乱れといふものは一すぢも見せずに、最後まで心高く生きぬいたひと」（新見かよ子の娘望月義子）という言葉通りの印象が一般的だ。しかし、現実には支えであった夫を失って四年目の深い懊悩を秘めていた。書簡は、芥川という稀代の天才とめぐり会った幸せを何としてもつなぎ止めたい思いに溢れている。十四歳年下の芥川との出会いは、アイルランド劇作家グレゴリー夫人とイェーツの出会いを髣髴とさせる。廣子は、オーガスタ・グレゴリー夫人に傾倒し、生涯を通じて敬った。未亡人となって四年目、四十六歳のときにグレゴリー夫人は、三十三歳の天才詩人イェーツと邂逅した。アイルランド文芸復興運動に一身を捧げたグレゴリー夫人は、初めはごく普通の主婦であった。未亡人となってのち天才詩人イェーツと出会い初めて文筆に目覚め、アイルランド文学復興運動に生涯を捧げるまでに覚醒した。日本では依然女性の自由が抑圧されていた時代であり、志のためとはいえグレゴリー夫人のようなオープンな男女交際は許されない。敬愛しつつ世に秘めた交際をするほかはなかった。吉田精一が「芥川のひとり角力」（『日本近代詩鑑賞』）と言い、藤田福夫が「芥川の思慕にひきかえ、彼女の側には愛情を表現した作は無い」（『近代歌人の研究』）と言うように、廣子の行動は抑制され、外面的には芥川の思慕に冷淡だと思われていた。後に廣子の書簡を手に入れた吉田は「積極的に交際を求めたのはかの女だと主張している」（阿部光子『その微笑の中に』、吉田精一「芥川龍之介の恋人」）と見方を一転させた。手紙だけでこう断言するのは危険だが、芥川のひとり角力でなかったことはたしかだ。

三通目は、九月二十三日付。室生犀星の随筆「碓氷山上之月」（「改造」）への苦言だ。娘の總子を描写した部分が事実と反するので娘が憤慨しているという。「ふんがいしてそれから金沢へはがきを書くといひましたが　わたくしがとめました　あんな好い方をおどろかしてはいけない」とつづき、總子の憤慨に芥川の同意を求めた。親し気な書きぶりで芥川には内輪の話ができるという安心感が滲む。末尾に全歌集未発表の挨拶歌一首がある。

やがて来むさびしき夜々もおもひやり　みちたる月をわびまてるかな　（書簡3）

芥川が帰京の際に廣子に贈った「満月」という名の菓子への返歌である。

四通目は、九月二十五日付。「先だつてのお手紙ありがたうございました」とはじまるので、確実に芥川からの手紙があったことが分かる。「わたくしはまるで原始時代の人間みたいにをさない心を持つてゐますから　自分の思つてゐることを人にいつてしまつて何ともおもはないのです」と率直に自分の人柄を語っている。ときおりentertainあるいはadmirationといった横文字が使われており、語学に精通したふたりの会話の雰囲気が伝わる。「この世にもつともうぬぼれのつよい二人の人たちが二人とも揃つてもつともリディキユラスな（注・馬鹿げた）真似をしたとしてそれを知つてゐるのは當の二人だけなのです」とつづいた後に、この稿の冒頭にあげた一文がある。「おそれもかなしみと同じやうに時が経つたらばぼんやりとした都合のよいものになり得ませうか」と問うのだ。ふたりだけに分かる秘密めいた雰囲気が漂う。文中には芥川を指し示す「友人」または「clever friend」という言葉が出てくる。芥川の存在を、恋人というより、最も信頼する友人なのだと自他に言い聞かせているようだ。

以上、大正十三年九月に出された四通は、出会って間もないふたりの意気投合ぶりと、和やかなこころの交流が滴る。二通目には「わたくしはあんな大切なめんだうなお客さまの接待やくをして上げたからつるやさんから御は《ママ》うびが出てもよいはづだと云ひました　御はうびは何がよろしいでせうときゝますからあめがいゝでせうと云ひました」と書かれていて、廣子が芥川の接待をした褒美として、旅宿「つるや」の主人からみすずあめを貰ったことが分かる。芥川と出会った心躍りと宿の主人へのお茶目ぶりが微笑ましく、ユーモラスな廣子の一面を見せている。

大正十三年に出された廣子の手紙は、残り二通ある。十月末と十一月初旬の二回だ。「わたしたちはおつきあひができないものでせうか」と書いて以来、二人は東京で何度か会い、丸善や精養軒に行き、銀座で芝居を見たこともあったという。

五通目となる大正十三年十月三十一日付の次の書簡に、その様子がみえる。

昨日はお手紙と切符をありがたう　ぜひまゐりたいとたのしみに思つてをります　當日は七時二十分に東京をたつ人を見おくりにまゐりますから　それをすましてからまゐります　それゆゑ食事にお待ち下さいませんやうに…略…ひどくおさむうございましたらけつして御むりなさいませんやうに　わたくしは一人でもすこしもかまひません…略…先だつてあんなに長いお手紙をいたゞいてたいへんにすみませんでした…略…それから一つきゝずてになら

ない事は特殊有閑階級とかいふ言葉ですが　もしさういふ言葉を考へ出した人があつたにしてもそれをあなたがなぜお使ひになるのでせう　よる十二時すぎに下の座敷で眞わたをのばしてゐる叔母さんの話があなたの随筆の中にありましたが　わたくしはその方と親類だと思つて涙ぐましくも思つてゐましたのに、あの言葉はたいへんしやくにさはりました　胃のわるい貴族趣味のとのさまなんぞとは絶交してしまはうかと思ひました

前段は、ふたりで行くために劇場の切符を送ってもらった礼がのべられている。食事の誘いもあったようだが、相手をおもんぱかって断るなど、随所に廣子の配慮が滲む。思慮深い大人同士の付き合いだ。執筆に多忙なはずの芥川からの長い手紙も受け取っている。

後段の「きゝずてにならない事」への抗議は、前半の冷静さとは一転して激しい。芥川が、廣子を「特殊有閑階級」だと言ったのだ。阿部光子によると、廣子は見かけほど貴族趣味ではなく、「かがみのやうに古き板戸を光らせむと雨ふる朝もみがきつつたのし」「子がうゑし芽生の楓そだちけりしみじみたのし古き家に住み」（「立春」昭和15・2）という気取りのない主婦の歌もある。眞綿をのばす芥川の伯母フキは、玄関の格子戸を艶布巾で磨きあげたという。創作に苦しむ芥川から見れば日銀理事の未亡人は、優雅な特殊有閑階級とみえたのだろう。立腹した廣子は、「胃のわるい貴族趣味のとのさまなんぞとは絶交してしまはうかと思ひました」と容赦ない。こころを通じた者同士の遠慮のない応酬が微笑を誘う。

大正十三年の最後の手紙は十一月五日付の六通目だ。

そのせつおはなしの戯曲の事くはしく伺ひそこねましたが　エリザベス何といふ作家でございましたらう…略…をさないのろくさい心の反對にひどく先ばしりするわたくしのあたまが何でも物の極端まで行つて見て来なければ承知しないのでせうと思ひます

演劇鑑賞や丸善での洋書の買い物などの他に、戯曲の話も出て、互いの文学的欲求を満たし合い、補填し合った様子が偲ばれる。また後半の廣子の自己分析が面白い。幼くのろくさいようでありながら、一方では、先走りして極端まで追求する一直線なこころの持ち主だという。「幼さ」と「先走り」は隔たるようでいて、ともに子供の純粋さに通じる。ここにも「わか草の若かりし世の物思ひ」に通じる情熱がある。その情熱は廣子の生の原点であり、また最期までもちつづけた純粋な心の指針であった。

もし三越にたいへんにめづらしい帯があつてそれがほしいと思つたら見るたびにほしくなつて切りがないでせう　見ないでゐるとめづらしさも興味も感じる機会がないので自然にわすれることができませう　それはただ帯だけの場合にさうでせうか…略…ひどくこんがらかつてしまひます　御意見がうかがへるでせうか…略…こんな悪趣味な手紙はどうぞすぐおや

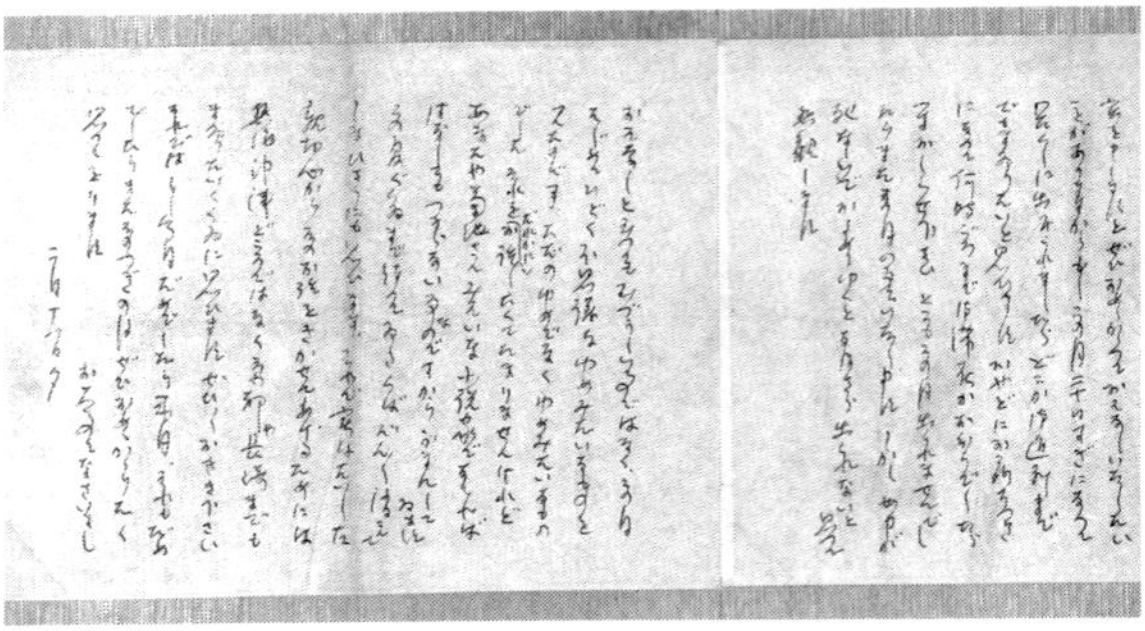

芥川龍之介宛片山廣子書簡（大正14年2月11日付）
資料提供：高志の国文学館

ぶり下さい

こうつづく手紙の終部は、ただ単に物欲のことをうんぬんしているのではない。たぶん、ふたりの交際に関しての心の混乱を訴えて、芥川の意見を求めているのだろう。会う方がいいのか、会わない方が賢明か、忘れるためにはどうしたらいいかといった煩悶が滲む。そのために、悪趣味な手紙であると言い、すぐに破るようにと頼んだのだが、芥川はついに破らなかった。

軽井沢で初めて出会った大正十三年の夏から暮れまでの手紙は、以上の六通だ。心躍りと、逡巡と、懐疑と、断念とが複雑に絢い合わされた内容であり、芥川のこころを反射する鏡としても貴重だ。甥である葛巻義敏が、芥川の鬱の原因と見なした訳もこの辺にあると思われる。

この後、手紙は大正十四年二月までない。頻繁にやり取りされた手紙がぴたりと止まっているのは不思議だ。廣子の家庭の事情もあるが、この間の数通が失われた可能性もある。

大正十四年二月十一日付の七通目の手紙は、「きのふ朝お手紙を拝見しました　わたくしのとゆきちがひになった事とをかしくおもひました」とはじまる。十一日以前に手紙を出したということだ。十一日付の手紙には、女中の縁談のもつれや、妹の病気、主婦の仕事で多忙だったことが記されている。その後に次のようにある。

ぜひおめにかゝつておはなしいたしたいことがありますから…略…どこか御近所まででもまゐりたいと思ひます…略…この月はじめにひどく不思議なゆめみたいなものを見たのです…略…それをだれかにお話したくてたまりませんけれどあなたや菊池さんみたいな小説家でなければはなしてもつまらない事なのですからがまんしてゐます…略…そのお話をきかせてあげるためには熱海沖津どころではなく京都や長崎までもまゐりたいくらゐに思ひます　ぜひ〳〵　おきき下さい…略…もし今月だめでしたら来月、それもだめでしたらまたそのつぎの月ぜひおめにかゝりたく思つてをります

抑えてはいるが、文面からは、芥川との面会を求める廣子の切なる思いがほとばしる。不思議な夢の話をしたいという理由はいかにも幼く、年下の芥川への甘えさえ滲む。それを許す雰囲気が芥川にあったということだろう。小説家である芥川に是非話したかった夢とは何だったのか、文学に繋がるもの同士の共感と切磋、自負と矜持などが複雑に溶け合って、ときには、

互いを深く傷つけあうこともあったに違いない。

三　龍之介様御もとへ　静かな心が来るやうに

あなたのおぐしの一すぢもあのお子さんがたのためには全世界よりも
大切なものだとしみじみおもひました　　　　　　　　　　　　ひろ子

大正十四年の芥川宛の手紙は、全部で八通残っている。二月十一日に「ぜひおめにかゝって おはなしいたしたいことがあります」と書いたのち、四か月もの間を置いて八通目がある。大正十四年六月一日付八通目の手紙は次のようなものだ。

メリメエの手紙とかおよみのよしいろ〳〵おたのしみな事と存じます…略…昨日いただいたお手紙はあまり皮肉でした　何のためにわたくしごとき善良な人間にそんな根性わるの外國の人たちのはなしをおきかせになるのです　わたくしがクリスチャンなら泣いておいのりして神よこの友だちにすなほな心をあたへたまへといふでせう　わたくしが歌人なら十首ぐらゐうたをよみませう　どちらもできないわたくしはだまつて手紙をにらみつけました…略…いそがしくて手紙を書いてはゐられないから…とありました…略…手紙をあげてもわるい

のだらうとお察しいたしてお禮状さへ書かずにがまんして失禮してゐました　それをきつと何とか奇妙におとりになつたのでせう　どのくらゐ努力してゞ不精にしてゐるかお分りですか　あなたのやうな方はそのメリメエの友だちとかいふ人とおつきあひなさるとようございます

長く手紙を書かなかったことを芥川は、「なぜか」と問い詰めたのだろう。芥川の多忙を案じて手紙を控えていた廣子が、こう立腹するほどの詰問だったと思われる。「どのくらゐ努力してゞ不精にしてゐるかお分りですか」と逆切れさえしている。手紙を要求する芥川と、極力控える努力をする廣子のこころのすれ違いは、初々しくも微笑ましく、大正ロマンの慎ましい相思の証でもある。

メリメはオペラ「カルメン」の原作者として知られるフランスのロマン主義文学者。多くの書簡を保存しており、その書簡集が『メリメの手紙』（春陽堂、昭和8）として翻訳出版されている。芥川の死後の出版であるので、彼は原書でいち速く読んだのだろう。互いに辛辣に言い合っているようだが、手紙の最後の宛名は、このとき初めて「龍之介様」と書かれた。それまでの「芥川様」とは違う親しいニュアンスに、深い愛情と信頼に満ちた交流が思われる。

九通目となる大正十四年六月二十四日の書簡は、次のごとくである。

先だつて非常に不愉快な気分の時に自制心がなくなつて不愉快な詩をおめにかけた事をすまなく思つてをります…略…その時わたくしは支那人になりたいとさへおもふほどに悲観してゐたのでした…略…あの不愉快な詩をおゆるし下さい　ちひさいお子さんがたにおめにか丶つた時にあなたのおぐしの一すぢもあのお子さんがたのためには全世界よりも大切なものだとしみじみおもひました　さうおもひながらあなたのお心持をいためるやうなあんな詩を考へた事はわたくしもよほどめちやな人間です　すべて流していただけるものなら流していただきたいとおもひます…略…こんな気持では死ぬのもはぢです　生きるのもはぢです一日も早くほんたうの老年の静かな心が来るやうにそればかりをいのります

前段の「不愉快な詩」の内容は分からない。不安定な気分になった廣子が、芥川にどのような詩を送ったのかは、残念ながら不明だ。理知的な彼女にして、こう悔やむほど情にまかせた詩を書いたのだろう。それを「その時わたくしは支那人になりたいとさへおもふほどに悲観してゐたのでした」と表現した。今では、問題となる発言だ。手紙が長い間、公表されなかった理由の一つとも思われた。しかし、夏目漱石の「韓満所感」(「満州日日新聞」明治42・11・5、6)には、「満洲から朝鮮へ渡つて、わが同胞が文明事業の各方面に活躍して大いに優越者となつてゐる状態を目撃して、日本人も甚だ頼母しい人種だとの印象を深く頭の中に刻みつけられた」「同時に、余は支那人や朝鮮人に生れなくつて、まあ善かつたと思つた」とある。明治三十三年にイギリス留学を体験した先進的文化人夏目漱石にしてこうだ。国内にこもる一主婦として、こう述懐するのは、時の趨勢としてごく普通の成り行きであり、無理もないことだろう。

注目されるのは、次の段だ。「ちひさいお子さんがたにおめにかゝつた時にあなたのおぐしの一すぢもあのお子さんがたのためには全世界よりも大切なものだとしみじみおもひました」とある。六月一日付の手紙から、この六月二十四日付の手紙を出すまでの間に、廣子と芥川は子供連れで会った。この年の七月には、三男也寸志が誕生する。出会ったのは、長男比呂志五歳、次男多加志三歳だ。芥川にまつわりつく幼子に、かみの毛の一筋でさえこの子らにとって全世界より重いものだと実感したのだ。「すべて流していただけるものなら流していただきたいとおもひます」とある。痛切な断念だ。終部の一節「こんな気持では死ぬのもはぢです　生きるのもはぢです　一日も早くほんたうの老年の静かな心が来るやうにそればかりをいのります」ともあり、仄かな男女の意識さえまったくなくなるときが来ることを切望している。この手紙の署名も、前回と同じ「龍之介様」とファーストネームだ。書面の断念とは裏腹な、深い親愛感が滲む二通だ。

十通目は、大正十四年八月三十日付。「いまちやうど二時半ぐらゐ　庭のせみの聲がやかましくて机のそばの時計の音もすこしもきこえません」とある。逸話が一つと、未発表の歌が二首記されている。「高島屋の内見には菊池さんもよばれていらしつたさうです　さうして見ると菊池さんの方が逃げたあなたよりは晶子さんに親切のやうにおもひます」とあるのは、与謝野晶子と菊池寛のことだ。律儀な菊池の姿が髣髴とする。晶子は呉服展示会「百選会」に関わって歌を詠んだり、流行色の名を考案したり協力した。その内見会についてだろう。この後に全歌集未発表歌が二首ある。帰京して軽井沢を懐かしむ歌だ。

しらぬ間に月のあかるき夜となりて山なきくににいまかへり来し
いやはてに浅間の山をかへりみてうつし身をたまははなれゆきけむ
（書簡10）

十一通目は、大正十四年九月二十九日付。「こなひだはお手紙をありがたう」とあり、芥川の書簡のあったことが分かる。さらに「うたをおめにかけました」「どこの雑誌にも出さうとおもひませんでした　もうすこしほんとにしろうとになり切ればよいのですが　まだくさいところがたくさんありましたから　ただふさ子女史に批評をたのんだだけでした」ともあり、発表前の歌を芥川に見せたことが分かる。作歌上のアドバイスも期待したのではないだろうか。何よりも「ほんとにしろうと」になりきって「くさいところ」がない作品を良しとしていると ころが、作歌信条として注目される。娘總子との文学上の関わり方も、興味深い。

十二通目は、大正十四年十一月十一日付。

ゆうべはあたたかでした　一人で歩きながらたつた一年のあいだに一世紀もとし老いたやうな気がしました　知るといふ事ほど人をとしよらせるものはありませんね　わたくしはもういちど百年前の秋の夜にかへるためにはいのちも何もかもすてたく思ひながら歩きました…略…あなたのおつしやつたあのグリンアイド、モンスタアにわたくしもいろんな事を教へられましたよ…略…それまでわたくしは十二のものを人に與へたいとおもふ時自分だけ與へて満足できると思つてゐましたが…略…人に與へようとするだけのものを人からも求めてゐるといふ事が分かりました　それでなくてどうしてあんなに不愉快になりませう…略…人から十二あるひは十のものを要求するのはその人をほろぼすものだと。わたくしはさむくなつて一度に一世紀もとしとりました

廣子はこのとき、帝劇に九条武子の劇「洛北の秋」を見に行き、かつて観劇の後、芥川とともにたどった道をひとりで帰った。彼とともに歩いたのは前年の秋のことであり「たつた一年のあいだに一世紀もとし老いたやうな気が」したという。芥川と知り合った後のこころの懊悩が知られる。百年前の秋に戻れるなら「いのちも何もかもすてたく」思ったとも書いた。

ともに帰る際に、芥川が「オセロ」のグリンアイド、モンスタアの話をしたようだ。悪臣イ

アーゴが「嫉妬はこわいものでありますな、閣下。そいつは緑色の目をした怪物で人の心を餌食にして、苦しめるやうです」とオセロに言った場面だろう。廣子も嫉妬心の何たるかを身をもって味わった。芥川への愛情は与えるだけで満足できるような柔《やわ》なものではなかった。見返りがないと不愉快になったこともある。しかし「人から十二あるひは十のものを要求するのはその人をほろぼすものだ」と認めずにはいられない。六月二十四日付の手紙で「あなたのおぐしの一すぢもあのお子さんがたのためには全世界よりも大切なものだとしみじみおもひました」と書き、幼い子らのために付き合いを潔く断念したのちのさらなる苦悩が滲む。

十三通目は、大正十四年十二月八日付。実質的にはこれが最後の書簡となる。

　こなひだは「支那遊記《ママ》」をありがたうございましたふさ子に先きによまれたものですからついお禮を申しおくれてしまひました…略…先夜堀さんが見えて皆さまお丈夫との事うかゞひました　まだ小説でおいそがしうございませう　けふめずらしく静かな心持でうちにをります

「支那游記」は、芥川が大阪毎日新聞社の命を受けて、大正十年三月下旬から七月上旬にかけて北京、上海、南京などを巡った百二十余日間の記録である。自序は大正十四年十月に書かれている。この旅以降、体調を崩し、精神的にも不安定になったことが知られている。贈呈された本は、娘の總子がまず読んだという。母子ともに芥川への関心が高かったことが読み取れる。このように穏やかな心境を綴って最後の手紙が終わっている。二人がともに潔い断念のもとにこころの交流を図っていたことが分かる。十四通の書簡中もっとも短く、たった七行だ。

　書簡の最後、第十四番目に位置するのは、大正十四年九月二十五日付（本文の日付は二十三日）とされる書簡。これに三越製の赤い罫線の原稿用紙に書かれた「追分のみち」と題する廣子作の十八首が添えられたと推測されている。日付は十三番目の方が数か月早いが、歌稿があるために最後に置かれて巻子に仕立てられたと思われる。

（健康について）たいていおよろしうで《ママ》ございますか　つるやのタロチヤンがジンマシンとかいふのをやつてひどくかゆがつてゐましたからたぶんあれをひきうけておいでになつたのかとおもひます　さう思ふとすこしをかしくなりました…略…あれからわたくしはあんまりあついおもひをしましたのでこの夏からもう何年も経つたやうな気がします　信州のうたすこしお見まひにおめにかけます

ユーモアを交えた病気見舞いののち、常宿「つるや」の子どものことなど、二度目の軽井沢の思い出に話が及ぶ。「あんまりあついおもひ」とは、単に天候のことだろうが、そうとばかりは言えない心情も漂う。この手紙とは別に三越製二百字詰め原稿用紙七枚に、「追分のみち」十八首と添え書きした歌稿がある。公的に発表する前に芥川の助言を期待したのではないかと思われた。互いの文学上の触れ合いが垣間見られる貴重な意味をもつ資料だ。この歌は、「三田文学」（大正15・8）に掲載された「日中」の原型であろう。発表までの推敲過程も興味深い。そこには芥川の批評も加味された可能性がある。

十四通の廣子の書簡は、東西の文化的素養と才気とが鮮明であり、かつ随所にユーモアが滲み、人間性の豊かさがみられる。柔らかく繊細に揺れ動く女性の息遣いが行間からもれてくるのだ。ペン書きによる変体仮名の柔らかな筆跡を終日なぞって書写していると、その吐息があたりに立ちこめるようであった。こうした熱い心情を、人に対しても文学に対しても、つねに深く秘めもっていた片山廣子像が再構築されなければならない。長く伏せられていた書簡の公開を機に、廣子が真の姿をあらわしたことはじつにうれしいことだ。廣子のこころを柔らかく溶かしたであろう芥川の廣子宛書簡が当たり障りのないもの以外すべて失われたことが、あらためて残念に思われる。

廣子に関して廣子自身や友人らに宛てた芥川の書簡は次のようである。軽井沢での出会い以後に絞って挙げると、以下の十四通が認められる。内容のメモを付した。

1・大正十三・七・二十八　室生犀星宛　住吉の松村みね子はきのふ来にけり
2・大正十三・八・十三　芥川文宛　片山広子女史もゐる
3・大正十三・八・十九　犀星宛　片山さんと追分に
4・同日（葉書二枚）　小穴隆一宛　もう一度廿五才になったやう
5・大正十三・八・二十　佐佐木茂索宛　同
6・大正十三・八・二十六　犀星宛　山梔子夫人も買ふよし
7・大正十三・十・二十二　犀星宛　片山さんへは訪問する機会を得ない
8・大正十四・二・十四　与謝野晶子宛　旋頭歌を少々御覧に入れます
9・大正十四・四・十七　犀星宛　誰にも見せぬやうに願上候
10・大正十四・四・二十九　隆一宛　今様を作つて曰く
11・大正十四・八・二十五　隆一宛　片山女史も二三日中に帰る筈
12・大正十四・九・一　犀星宛　片山さんも二十七日か八日にかへつた
13・大正十五・二・八　片山広子宛　御見舞のお菓子を頂いたよし
14・大正十五・七・十四　犀星宛　片山さんや何かによろしく

室生犀星宛が最も多く七通、小穴隆一は三通、廣子・芥川文・与謝野晶子・佐々木茂索が各一通である。芥川が犀星にこころを許し、廣子への思慕を隠さずに訴えていたことが分かる。

廣子の最後の手紙の後、芥川は体調不良が昂進し湯河原での療養に専念する。さらに親族の不慮の死とその後始末など心労が重なり、昭和二年七月二十四日未明に、田端の自宅で自死した。その一月《ひとつき》前に芥川は堀辰雄を案内に廣子宅を訪れた。自死を知った廣子の衝撃は大きく、以後十年近く文筆から遠ざかる大きな要因となった。廣子にとって芥川の存在は文学上のみならず、人生を温かく潤すこころの指針であったと言えるだろう。

四　歌稿「追分のみち」　青き蝶のむれ

今年（平成二十九年）、高志の国文学館にて、全文の翻刻紹介というかたちで片山廣子の芥川龍之介宛書簡十四通が初公開された。その内容（「信州のうたすこしお見まひにおめにかけます」）より、大正十四年九月二十五日付の書簡に同封されていたと推定される「追分のみち」と題する歌稿十八首も同時公開となった。そこには軽井沢を背景とした「日中」（『野に住みて』収録）の原型と思われる歌が十五首含まれていた。以下の通りである。

沓掛の橋わたるとき見る川はうづまき泡だつにごり水なり
しみじみとわれは見るなり午前《あさ》の日のひかりさだまらぬ浮州のなつぐさ
とほ山にしろき巻ぐもたちなびきけさの朝かぜにすみたる秋ぞら
はろかにもさびしくありけり浅間嶺は知るらめやけふのわれらのこころ
かげもなくしろき路かな信濃なる追分のみちのわかれめに来つ
われら三人影もおとさぬ日中に立つて清水のながれを見てをる
しづかにもまろ葉のみどり葉うつりたりこれは山蕗とおなじことをいふ

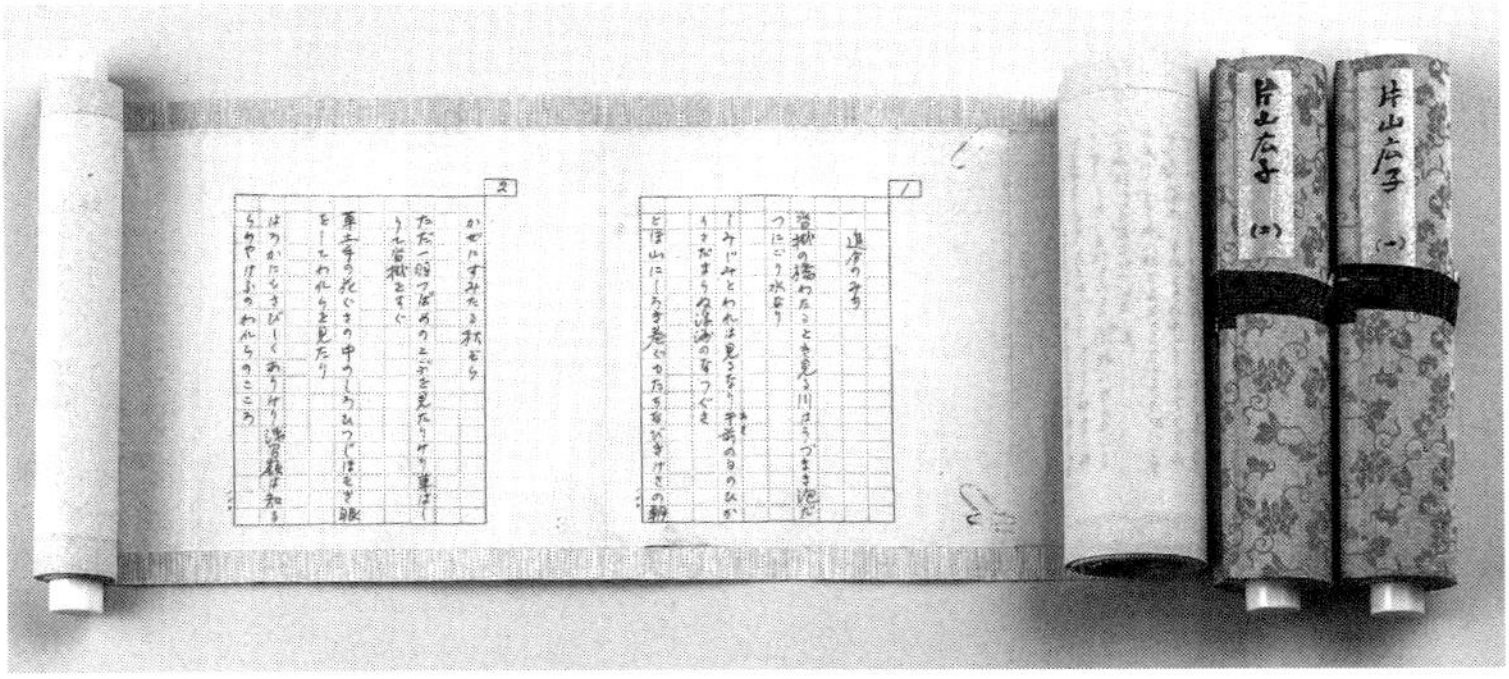

片山廣子「追分のみち」18首の冒頭
資料提供：高志の国文学館

土橋わたる土橋はゆらぐ草土手をおり来てみれば
野びろし畑は
さびしさに堅されてひとは眼をあはすもろこしの
葉のまひる日のひかり
傘さしここに待つなり油屋のふるきかど出でて人
来たるかと
日のてりに路ねむるなりみちなかの馬糞のうへの
青き蝶のむれ
四五本の樹のかげにある腰かけ場ことしもきたり
腰かけて見る
しろじろとうら葉のひかる木々ありて浅間のかぜ
に吹かれたるかな
ひとびとは言ふこともなくながめたり村のなかよ
りひるの鐘鳴る
友だち別れむとして草なかのひるがほの花を見
つけたるかな

以上の歌群は推敲後、歌集『野に住みて』におさめられた。大正十五年八月刊の「三田文学」（第一巻第五号）に発表された「日中」十八首の原型だ。このころ「心の花」に作品発表がまったくない廣子が、芥川宛の手紙に同封したとみられる十八首中の十五首を下敷きにして、「三田文学」への歌稿を完成させたと思われる。廣子の『翡翠』を「新思潮」で批評したのは芥川である。芥川のアドバイスや感想は、推敲の参考だっただろう。

この十五首は、「三田文学」では次のようになっている。

晴れやかに沓掛の町の屋根をみるこの川のほとり人なく明るし ☆
しみじみと我は見るなりあさの日の光さだまらぬ浮州の夏ぐさ ＊
風あらく大ぞらのにごり澄みにけり山々にしろき巻雲をのこし ☆
さびしさの大なる現はれの浅間山さやかなりけりけふの青ぞらのなかに ☆
かげもなくしろき路かな信濃なる追分のみちのわかれめに来つ
われら三人影もおとさぬ日中《にっちゅう》に立つて清水のながれを見てをる
しづかにもまろ葉のみどり葉映るなり「これは山蕗」とおなじことを言ふ ＊＊
土橋をわたる土橋はゆらぐ草土手をおり来て見ればのびろし畑は ＊
さびしさに壓されてひとは眼をあはすもろこしの葉のまひるのひかり ＊
日傘させどまはりに日あり足もとのほそながれを見つつ人の来るを待つ ☆

日の照りのいちめんにおもし路のうへの馬糞にうごく青き蝶のむれ　☆
四五本の樹のかげにある腰かけ場ことしも来たり腰かけて見る　＊
しろじろとうら葉のひかる樹々ありて山すその風に吹かれたるかな　＊＊
おのおのは言ふことなくて眺めたり村のなかよりひるの鐘鳴る　＊＊
友だち別れむとして草なかのひるがほの花を見つけたるかな

モチーフに大きな変化はない。「追分のみち」の作品と違いがまったくないものは無印、漢字と仮名の違いのみは＊印、語句を変化させたものには＊＊印、特に変化の大きいものには☆印を付した。

歌集『野に住みて』に収録した作品とならべ、初出と思われる山川柳子宛書簡の歌も参考に、特徴のある十首の推移をたどってみたい。

①沓掛の橋わたるとき見る川はうづまき泡だつにごり水なり　「追分のみち」
晴れやかに沓掛の町の屋根をみるこの川のほとり人なく明るし　「三田文学」大15
はれやかに沓掛の町の屋根をみるこの川のほとり人なく明るし　『野に住みて』昭29

②とほ山にしろき巻ぐもたちなびきけさの朝かぜにすみたる秋ぞら　「追分のみち」

風あらく大ぞらのにごり澄みにけり山々にしろき巻雲をのこし　「三田文学」
風あらく大空のにごり澄みにけり山山に白き巻雲をのこし　『野に住みて』

③くものかげすこしかぎろふ浅間やま屋根みわたしてわれら息づく
山川柳子宛書簡　大14・8・31
はろかにもさびしくありけり浅間嶺は知るらめやけふのわれのこころ　「追分のみち」
さびしさの大なる現はれの浅間山さやかなりけりけふの青ぞらのなかに　「三田文学」
さびしさの大なる現はれの浅間山さやかなりけりけふの青空のなかに　『野に住みて』

④傘さしここに待つなり油屋のふるきかど出でて人来たるかと　「追分のみち」
日傘させどまはりに日あり足もとのほそながれを見つつ人の来るを待つ　「三田文学」
日傘させどまはりに日あり足もとの細ながれを見つつ人の来るを待つ　『野に住みて』

⑤影もなくしろき路かな信濃路の追分にきたりこの路を見る　山川柳子宛書簡
かげもなくしろき路かな信濃なる追分のみちのわかれめに来つ　「追分のみち」
かげもなくしろき路かな信濃なる追分のみちのわかれめに来つ　「三田文学」
影もなく白き路かな信濃なる追分のみちのわかれめに来つ　『野に住みて』

⑥しづかにもまろ葉のみどり葉うつりたりこれは山蕗とおなじことをいふ　「追分のみち」
しづかにもまろ葉のみどり葉映るなり「これは山蕗」とおなじことを言ふ　「三田文学」
しづかにもまろ葉のみどり葉映るなり「これは山蕗」と同じことを言ふ　『野に住みて』

⑦日のてりに路ねむるなりみちなかの馬糞のうへの青き蝶のむれ　「追分のみち」
日の照りのいちめんにおもし路のうへの馬糞にうごく青き蝶のむれ　「三田文学」
日の照りの一めんにおもし路のうへの馬糞にうごく青き蝶のむれ　『野に住みて』

⑧しろじろとうら葉のひかる木々ありて浅間のかぜに吹かれたるかな　「追分のみち」
しろじろとうら葉のひかる樹々ありて山すその風に吹かれたるかな　「三田文学」
しろじろとうら葉の光る樹樹ありて山すその風に吹かれたるかな　『野に住みて』

⑨しみじみと物をおもへば言葉なし静けさのなかにひるの鐘鳴る　山川柳子宛書簡
ひとびとは言ふこともなくながめたり村のなかよりひるの鐘鳴る　「追分のみち」
おのおのは言ふことなくて眺めたり村のなかよりひるの鐘鳴る　「三田文学」

⑩友らいまわかれんとして草むらのひるがほの花見いでたるかな　山川柳子宛書簡

友だち別れむとして草なかのひるがほの花を見つけたるかな　「追分のみち」
友だち別れむとして草なかのひるがほの花を見つけたるかな　「三田文学」
友だち別れむとして草なかのひるがほの花を見つけたるかな　『野に住みて』

①から⑩まで「追分のみち」にある歌稿は、「三田文学」に掲載するまでには充分な推敲がされ、歌集収録時にはほとんど変化がない。芥川の批評を得て推敲された可能性は否定できない。山川柳子宛の書簡は、大正十四年八月三十一日に書かれているので、九月二十三日に書かれた芥川宛のものより早い。「日中」に関する歌は四首で、「追分のみち」と重なる。したがって両方に共通する歌は、山川宛が初出と思われる。
注目すべきは③の推敲過程だ。

くものかげすこしかぎろふ浅間やま屋根みわたしてわれら息づく　山川柳子宛書簡
はろかにもさびしくありけり浅間嶺は知るらめやけふのわれらのこころ　「追分のみち」
さびしさの大なる現はれの浅間山さやかなりけりけふの青ぞらのなかに　「三田文学」
さびしさの大なる現はれの浅間山さやかなりけりけふの青空のなかに　『野に住みて』

四首ともに一、二句の形容句が三句目の「浅間山」に掛かり、下の句に作者の感慨がのべられているという歌の構造が酷似している。山川宛の歌は、即詠の粗削りな印象があり、焦点が絞りきれていない。「追分のみち」の歌は、浅間山に作者の寂寥をかさねて焦点の絞りこみがなされている。しかし、上の句「さびしくありけり」と、下の句の「けふのわれらのこころ」が付き過ぎて甘く流れる。三田版は、「さびしさの大なる現はれ」と大きく詩的にとらえて印象鮮明であり、個性的な見方が魅力だ。下の句は、すっきりと山を描写して嫌味がない。大幅な字余りは、「ほんとのしろうとになり切ればよいのですが　まだくさいところがたくさんありましたから」という芥川宛の弁明の手紙を下敷きにすると、素人臭さを残した自然な感じを取り入れたとも思われる。歌集には、「青ぞら」を「青空」として収録した。柳子宛から「追分のみち」、そして三田版への推敲は、写実から抽象への昇華が際やかだ。他の歌の推敲にもふれてみよう。

⑥「うつる」から「映る」へ、「いふ」から「言ふ」へ表記の異同がある。表記上では会話の部分をカッコで括った。芥川と廣子の同時に発した言葉が音感をともなって親しく伝わる。歌集も三田版をほとんどそのまま採った。

⑦「日のてりに路ねむるなり」という上句が「日の照りのいちめんにおもし」とより描写に重点が置かれ、原作の甘さを払拭している。どこか芥川が傾倒した斎藤茂吉の口調を思い起こ

させる。歌集収録時には、三田版をほとんど変化させていない。この歌は芥川の絶唱である旋頭歌「越びと」(「明星」大正14・3)の十二連目、「うつけたるこころをもちて街《まち》ながめをり。日ざかりの馬糞《ばふん》にひかる蝶のしづけさ。」と情景の切り取り方と情感がぴったりと重なる。作品はこのように互いにつよく影響し合っている。

⑧「浅間のかぜ」が「山すその風」へと変化している。山すそとすることによって、作者の位置がくっきりとしてくるとともに深い陰影が生じる。

芥川宛書簡に同封されたとみられる歌稿「追分のみち」十八首は、芥川の率直な感想を期待したと思われ、手紙を受けた芥川が何らかの意見をのべたと想像される。大正十四年といえば、旋頭歌「越びと」を発表し、室生犀星宛の書簡に廣子を詠った抒情詩を書き送るなど、深く廣子に傾倒した時期だ。歌稿の無視は有り得ない。廣子は歌稿の最後に、「ほかに馬のうたが二首ありましたがどうもおちつきがわるく　もつと考へることにいたしました」と書き添えている。芥川の人間的包容力や、文士としての才力への篤い信頼が、こうした軽井沢を背景にした廣子の歌や書簡からもたしかに窺えるのである。

Ⅳ部　廣子歌枕

場所にたどる廣子

一　軽井沢探訪

1　軽井沢の家　　家族の時代

（1）追分抒情　　道祖神の虹

影もなく白き路かな信濃なる追分のみちのわかれめに来つ　　廣子

追分は、軽井沢と沓掛を加えた三宿で有名な浅間山麓の宿場町だ。中山道と北国街道の分岐点に位置するために、三宿の中でも最も栄えたという。江戸時代は、参勤交代の要衝として、本陣、脇本陣、そして四十軒以上の宿屋が犇いていた。脇本陣の油屋は、建坪三五〇坪で間口は二十間。飯盛り女も四十人を数え、吉原のような活況を呈した。

廣子に油屋を詠んだ歌がある。

傘さしここに待つなり油屋のふるきかど出て人来たるかと
芥川宛書簡
ひとびとは言ふこともなくながめたり村のなかよりひるの鐘鳴る
日傘させどまはりに日あり足もとのほそながれを見つつ人の来るを待つ
「三田文学」

追分の道祖神

今、熱気に満ちた宿場町の面影はまったくない。観光用に整えられた石畳と、わずかに遺された旧宿屋のつがる屋、蔦屋の家屋、旧本陣跡の石碑、浅間神社、近代の堀辰雄文学記念館などがひっそりと立っている。脇本陣油屋は、参勤交代の廃止後に旅館となり、堀辰雄や立原道造が執筆のためにこもったこともある。しかし、堀が執筆していたころに焼失した。今は追分の文化施設として、旅籠の面影を残しつつ現代芸術の交流の場となっている。

四月半ばに訪問したときは、浅間神社前の流れに、背の低い姫辛夷が満開の影を落としていた。神社前の町営駐車場を出て、追分の名の元になった街道の分岐点「分去れ」の道祖神までゆっくり歩く。追分宿は、五町四十二間（一町は六十間で、およそ一〇九メートル強）という宿場で、端から端まで歩いても十分とかからない。狭い地域で、大正時代はどんなに鄙びた村であったことだろう。堀辰雄文学記念館の資料に見る追分「分去れ」の写真には、道祖神を祀った低い丘を挟んで左右に川が流れるように、中山道と北国街道が分岐している。丘は疎林に囲まれて車一台みえない。追分停車場近辺を写した一枚は、鬱蒼とした木立の間に荷車を引いた人がみえるだけだ。素朴な古き良き軽井沢への郷愁を誘われる。

「影もなく白き路かな」と詠まれたのはおよそ五十年前の追分の風景だ。廣子は何度も訪れたようで、このときは油屋に入らなかった。芥川は初の追分訪問で、鄙びた村の様子にいたく感激したことが書簡に認められる。

けふ片山さんと「つるや」主人と追分へ行つた非常に落ちついた村だつた北国街道と東山道との分れる処へ来たら美しい虹が出た

室生犀星宛、大正13・8・19

もう一度廿五才になつたやうに興奮してゐる

小穴隆一宛、同8・19

追分の印象が興奮気味に書かれている。廣子の歌「傘さしここに待つなり」「日傘させどまはりに日あり」などは、所在無く連れを待つ姿が髣髴とする。「人の来るを待つ」には、明らかに芥川の姿がみえる。芥川の歌にも、追分の「分去れ」を詠ったものがある。

二世安楽といふ字ありけり追分のみちのべに立てる標示石には
夕かけて熱いでにけり標示石に二世安楽とありしをおもふ
龍之介

廣子の帰京後に堀辰雄らともう一度訪れたときの様子だ。「分去れ」には数基の石碑と地蔵が立っている。最前列に「道祖神」と彫られた三角の自然石があり、その後ろには大常夜灯とのあいだに大きな三角の石碑と古い石柱が立っている。三角の石碑には「さらしなは右、みよしのは左にて月と花とを追分の宿」と流麗に書かれており、地味な古い石柱には、「東　二世安楽　追分町」と漢字で彫られている。この中では最古の碑だという。芥川の歌の「二世安楽」はこの目立たない古い石碑を詠んでいる。現世と来世の二世の安楽を祈願したものだ。

そのとき、芥川や堀らは、石に腰かけ煙草を吸っていたのだが、芥川は「ここはあんまり静かでしんじゃいたくなる」とつぶやいたと堀が廣子に伝えている。誰の目にも残らない最古の地味な碑に芥川はこころ惹かれたのだ。芥川のこころは、すでに耗弱気味であった。

冒頭の掲出歌は『野に住みて』所収。大正十四年八月三十一日付の山川柳子宛書簡の末尾にすでに書かれている。そのときは「影もなくしろき路かな信濃路の追分にきたりこの路を見る」となっており、下句に違いがある。

山川宛の手紙の文面は、次のようである。

帰京の前の日ふさ子がしきりに申しますので一寸追分までまゐりました　赤いお家の屋根を見ながら休ませていただけない事がさびしうございました…略…二三のつれもございましたのでその人たちにも遠慮いたしてかへりをいそいでしまひました

追分にあった山川の留守宅を訪ねて、立ち寄ることなく帰ったことを報告している。「二三のつれ」とは誰か名は記されていないが、投宿した旧軽井沢から追分までは車が必要な距離であり、廣子の単独行は無理だ。当然、芥川龍之介、堀辰雄、宿の主人などの同行が考えられる。

初めて芥川と追分に行ったのは、大正十三年。八月十九日につるや主人佐藤不二男と芥川龍之介、廣子と三人で行ったことが芥川の室生犀星宛の書簡で確認される。このとき、追分に美しい虹が出て芥川を大いに喜ばせた。二度目の追分行は十四年八月二十七日であり、芥川に堀辰雄、總子が加わった。

芥川書簡に十四年の追分行についてのものは残念ながら残っていない。

（2）　家族のみえる場所

平成二十六年の春はいつになく暖かく、四月十一日から五泊六日の予定で訪ねた佐久市の旧軽井沢宿は、最高気温が二十度にもなった。それでも桜が開く気配はなく、きっちりと巻いた

現在のつるや

小さな蕾がわずかに紅を帯びている。降り積もった枯葉と枯枝をふみしめて、まだ誰も居ない春先の別荘地をめぐった。

別荘番号６５１番地を探して、二回目の軽井沢探索だ。この番号は歌人であり、アイルランド文学の翻訳者であった松村みね子、すなわち片山廣子のかつての別荘番号だ。昭和六年に米国人宣教師ウインから買い求め、昭和三十年に太田黒元雄の娘鈴子に譲渡するまで廣子一家が使用した避暑地の家だ。昨日は旧軽井沢宿の旅籠「鶴屋」、今の「つるや旅館」の主人に聞いた道をたどって、ついに行きつけなかった。今度は、「堀辰雄文学記念館」で接写した旧別荘地の詳しい地図を携えて来た。

「つるや旅館」の裏道を南に下って鋭角にまがり、北にしばらく上ると右手の林の中に広い別荘地が開ける。別荘は、赤い屋根の木造二階家だ。確かに６５１の別荘番号が立てられている。向かいの家に６５８番とあるのは、今は新しい建物が建っているが、もと堀辰雄が所有していた別荘番号である。向かい合って住んでいたという廣子と堀辰雄の逸話が、この場所を証する手掛かりとなった。間違いなくこの場所、この建物が片山廣子が昭和六年十二月に手に入れた別荘だ。「つるや旅館」の主人に聞いた通りに、当時そのままの姿で残っている。

遠目に見てもじつに慎ましい佇まいであり、百年近くもしっかりと骨格を保っている。落葉を踏みしめて誰も居ない別荘に近づくごとに、素朴で清らかな気配が濃くなる。壁は檜の皮を幾重にも貼った古い檜皮葺《ひわだぶき》で、うす緑の苔の跡が残っている。幅の広い階段を三段上ったところに広やかな木のベランダがあり、入口へとつづく。西側には黒い高い土管の煙突が屋根の上に伸びていて、室内に暖炉があることが窺える。

片山廣子の別荘だけではなく、軽井沢には、近代に建てられたさまざまな別荘が残されている。初期の別荘は、明治二十一年（一八八八）に英国宣教師アレキサンダー・クロフト・ショーが初めて住んだ簡素な建物を模したものが多い。日本の建築史上貴重な建築群で、「軽井沢バンガロー」と名づけられる質素な木造建築である。その後、大きなベランダや暖炉がつけられ「後期軽井沢バンガロー」と呼ばれた（中島松樹「軽井沢文化財歴史建物マップ」）。片山廣子の赤い屋根の簡素な別荘は、宣教師の別荘を源とする「後期軽井沢バンガロー」の代表格だろう。

廣子が、宣教師ウインから譲り受けたときに、築後何年だったかは分からないが、様式から見て明治後期から大正にかけての建築と思われる。軽井沢には、明治から大正にかけて「軽井沢バンガロー」や「後期軽井沢バンガロー」、そして、明治三十八年に来日した建築家ウィリアム・メレル・ヴォーリズの「ヴォーリズ建築」が多い。

他に、大正末期から住宅改良会社を立ち上げた橋口信助の「あめりか屋建築」、大正中期に帝国ホテル建築のためにライトとともに来日したアントニン・レーモンドの「レーモンド建築」など、その時代の最先端の建築物が大切に保存されている。建築は、単なる意匠としてあったというだけでなく、時代の意識と文化を象徴するものだ。

明治二十年代は、海外のあたらしい思想がどっと流入し民間に馴染んでゆく時代だった。「家族」や「家庭」の在り方が変化しはじめ、家制度などの旧弊が問われはじめたときであり、近代都市化の波が市民にまで及び、家族中心の思想とともに、それに合わせた建築への関心が高まった。大正五年に、橋口信助が住宅改良会を設立して、機関誌「住宅」を発行し、大正八年には、西村伊作著『楽しき住居』(警醒社書店)が刊行され多くの読者を得た。

西村伊作は、与謝野晶子らとともに先進的な女子教育機関「文化学院」を創立した人であり、文化学院には廣子の姪も通い、廣子は父兄として晶子とここでもまみえている。その伊作は、若いころから建築に強い興味があり、明治三十九年初頭に、和歌山県新宮に簡素なバンガロー風の家を初めて建てた。明治四十四年には、自分の結核療養用に組み立て式のポータブル・ハウスを建てるなどいち速く米国式建築を取り入れた。時代の趨勢をいち速くキャッチして、家庭を基盤とする社会の在り方を呈示した人であり、女性中心の近代的な「スウィートホーム」の理念を最も早く掲げた人である。

伊作は、芥川と廣子がめぐり会う二年前の大正十一年に、軽井沢大塚山の麓に別荘を購入した。軽井沢をあたらしい思想の具現の場として、西村伊作や与謝野晶子、片山廣子や芥川龍之介がその接点をもったのは興味深い。

昭和九年に初めて軽井沢を訪れた東大建築科の立原道造の卒論のテーマは、「浅間山麓に位する藝術家コロニイの建築群」という題だった。立原は三年連続で、辰野金吾賞（辰野は東京駅設計者）を受賞し、将来を嘱望された。優れた学生の卒論テーマとなった軽井沢別荘群は、時代の指標となり得る貴重な建築群だったといえるだろう。

（3）廣子の別荘

軽井沢には室生犀星、有島武郎、芥川龍之介など、文人の借り上げ宿や別荘が多かった。廣子の旧別荘はそのままの姿で現存しているとはいえ、今も現役の別荘であり、他者の所有であるために入ることはできず、間取りも知ることはできない。米国宣教師の簡素な住居に影響を受けて、明治三十九年に建築家西村伊作がいち速く建てたバンガローの図面が唯一のヒントになる。それは四畳半大の二部屋に八畳大の居間、台所という間取りで大きなベランダとチムニー付きの暖炉がある。

軽井沢に多かった「バンガロー建築」は、一九〇〇年ごろに米国西海岸に発して全米に流行した住宅形式だ。家族の集う居間が中心で、客人用の玄関は無く、ベランダから直接居間に入る形式のために、家長中心で客をもてなすことを第一とする日本の社会には馴染まなかった。来日した宣教師が軽井沢に建設した例をのぞけば、西村伊作が最も早く取り入れた家族主義の様式だ。万事控えめで合理的だった片山廣子の別荘としては、その質素さにおいて、その簡便さにおいて最も適していただろう。

廣子の別荘

家族主義のバンガロー風別荘を好んで住んだ片山廣子だが、軽井沢に自分の別荘を持った昭和六年、五十三歳のときには、すでに夫片山貞次郎（大正九年没）は亡かった。明治三十三年生まれの長男達吉は三十一歳で未婚の銀行員、明治四十年生まれの長女總子は結婚する二年前で二十四歳だった。以前は母子ともに、夏ごとに「つるや旅館」に投宿し、芥川龍之介との出会いも投宿ゆえの幸運であった。ふたりが出会ったころ、芸術家コロニーの構想が流行ったようで、廣子も芥川や室生犀星らとともに別荘を買う相談もあったが、結局、実現しなかった。次のような室生犀星宛の芥川の手紙がある。

追分の近く仮宿《カリヤド》と云ふ所に坪一円五十銭の地所あり林間の地にて、もしよければ山梔子夫人も買ふよし僕も買ふ気なり君は如何

田端から室生犀星宛　大正13・8・26

犀星と芥川の書簡に暗号のように出てくる山梔子夫人とは、廣子のことだ。大正十三年に、初めて芥川と会ったときから、口の堅さと優雅さゆえ「山梔子夫人」と密かに呼ばれた。同年七月二十八日の犀星宛絵葉書には、「左団次はことしは来ねど住吉の松村みね子はきのふ来にけり　二伸　クチナシの句ウマイナアと思ひましたボクにはとても出来ない」とあり、犀星も芥川同様に廣子に深くこころを寄せ、往復書簡の話題にしていたことが分かる。

八月十九日には、親友小穴隆一宛に「もう一度廿五才になつたやうに興奮してゐる　事によると時候のせゐかも知れない。事によると、何か書けるかも知れない」ともあり、廣子と邂逅したこの夏の芥川の心躍りが窺える。すでに神経を病んでいた芥川のしばしの再生を促した夏であった。二人が別荘を持ったなら、後の文学的交流はどのような新展開を見せたことだろう。

別荘651番は、夫亡き後、残された母子三人で手にした別荘だ。廣子の別荘のすぐ前に新見かよ子の別荘があった。かよ子は、東洋英和時代に寄宿舎生活をともにした親しい学友であり、明治二十九年に、佐佐木信綱を二人で訪れて「心の花」に同時に入門した歌の仲間でもある。望月小太郎に嫁いでのち未亡人となり歌から離れるが、廣子との友情は終生つづき、別荘が真向いにあったため、夏ごとに近しい交流をした。四歳から廣子に親しく接していたという娘の望月義子は、同じ「心の花」の歌人となり、廣子の回顧文を綴っている。「私が女学生の頃から、レオナルド・ダ・ヴィンチのモナ・リザに額や眼のあたりがそつくりだと思つて見てゐたあのなつかしい面わがありありと浮かんでくる」と高雅な廣子の風貌を名画に譬えた。次の文章は、廣子の家の様子をいきいきと写しており興味深い。

やがて片山さんは、うちの山小屋のすぐ前の、外人の別荘だったスコットランド風の古いコッテージを買われ、すっかり手入をなさった。庭のすすきのかり方も總子さんの注文で風情があり、クッションも總子さんの手づくりであった。居間には暖炉の両側に本棚があり、ぎっしり内外の本がつまっていた。中でもアガサ・クリスティの原書と翻訳が思いがけず沢山にあった。

望月義子『青き木洩日』平成6・2

未婚であった總子の意向が強く反映された家の佇まいだ。母子三人の文学仲間もよく集ったという別荘は、廣子を中心にしたサロンとなった。たった三人のささやかな家族が、近々と肩を寄せ合った一時期の象徴として、質素なコッテージ風別荘があったのだ。

長男達吉は筆名吉村鐵太郎、長女總子は宗瑛《そうえい》(茶の号を筆名とした)と称して、ともに昭和四年に雑誌「文學」の同人となっている。達吉は文芸評論に鋭さを発揮し、總子は個性的かつ野性的な短編小説「空の下に遊ぶ獣の子たち」や「荒磯」で人目をひいた。

「心の花」の主要歌人として才を発揮した廣子、アイルランド文学の翻訳に抜群の力量をみせた松村みね子の血が、子どもたちに及ぼした影響は大きい。しかし、昭和二十年に達吉を心臓病で喪い、仙台に嫁した總子とも別居することになった。子どもたちはともに子をもたなかったために、片山家は廣子から二代目をもって継ぐべき子孫がなくなった。継ぐべき家族をもてなかった廣子の体力も次第に衰え、家族中心主義へと移り変わる時代の象徴的な建物、軽井沢バンガローでの別荘生活は、ひっそりと幕を閉じた。別荘は、昭和三十年四月に親交のあった太田黒鈴子に譲渡された。廣子が亡くなったのは、二年後の昭和三十二年三月十九日である。

（4）理想の村　革新の温床・晶子、廣子、龍之介

平成二十八年四月二十日から、三泊四日の日程で、廣子の足跡を求めて二度目の軽井沢訪問をした。四月半ば過ぎの関東の桜はもうすでに散ったが、標高千メートルの軽井沢の桜は今が満開で、そう多くはない桜木が常緑樹のあいだに清楚に揺れている。新緑にはまだ早く、落葉松林も細かい葉を靄のようにけぶらせているばかりだ。山野草が若みどりの芽をもたげ、名も知らぬ白い花が顔をのぞかせている。二年前に訪れたときは、廣子の足跡をたどって、軽井沢近辺を歩き回って迷ったが、今年は「軽井沢ボランティア・ガイドの会」の案内を乞うことにした。

今回は、理想の村の建設をめざして西村伊作が設計したバンガロー群を訪ね、廣子に秘かな

思いを寄せた室生犀星の旧居と詩碑を見て、つるや旅館と廣子別荘を再訪する予定だ。さらに廣子と芥川のゆかりの地である追分に寄り、与謝野晶子や北原白秋・西村伊作が理想の中等学校文化学院の構想を練った星野温泉に足をのばすことにした。

星野温泉で構想を得た文化学院は、廣子の姪である美都子が通った。お茶の水に中等女子教育機関文化学院が設立されたのは、大正十年。大正九年の夏に、紀州の財産家西村伊作が男女共学の中等教育機関として計画したもので、これには与謝野寛・晶子夫妻、河崎なつ、伊上凡骨らが軽井沢千ケ滝に集まって構想を練ったいきさつがある（月刊「文化学院」17号）。軽井沢と文化学院は近代の息吹を伝える場であり、深いえにしに繋がれている。

文化学院の創設者西村伊作は、大正十一年に、軽井沢の大塚山の麓に別荘を購入し、翌十二年には、理想の村として北軽井沢に「一匡邑《いっきょうむら》」というコロニーを創設した。その面影を漂わせている西村一族所有のバンガロー風別荘群が今も旧軽井沢に残っている。旧三笠ホテルの近くに移築され、かなり広い疎林の中に七棟の簡素な建物がロータリーを囲むように建っている。理想の村「一匡邑」の建設当時の写真は、「アサヒグラフ」（大正12・8）にも掲載されており、理想の村づくりは時代の風潮になった。理想の村建設運動の先駆は、大正七年に武者小路実篤が宮崎県に作った「新しき村」である。この構想に触発された村は、長野県松本市や岡山県倉敷市にもあった。その理想の村の面影が、ここ軽井沢にくっきりと残っているのだ。芥川龍之介の甥で、生前からその資料を一手に管理した葛巻義敏も若かりしころ、「新しき村」への入村を真剣に考えたが、関東大震災に遭遇してやむなく諦め、芥川家の書生となったといういきさつがある。

民主的な時代を謳った伊作の理想の村の跡は、現在は伊作一族の別荘に使われているだけでひっそりと人影がないが、バンガロー七棟の立つ敷地には草一本生えておらず、よく管理されている。管理棟と、白い木造外壁の平屋の簡素さがひときわ目につく。九十年以上たつ現在も、芽吹き前の落葉松を中心とした疎林の中で、簡素ながら凛とした気韻をみなぎらせている。

男女が分け隔てなく学ぶ初の中等学校建設や、家族主義、女性中心の家を構想した西村伊作の発想は、大正時代の自由な気風をまとった軽井沢の雰囲気とよく合う。こうした風土のなかで、大正十三年の夏の軽井沢で、廣子は芥川龍之介とめぐり合ったのだ。三十二歳の心神耗弱気味の芥川と、四十六歳の寄る辺ない未亡人片山廣子は、爽やかな新進気風の軽井沢でひととき若やぎ、柔らかくこころを解き放った。

> 僕は短篇を一つしか書かず、無暗に本を読んでゐるしかしもう一度廿五才になつたやうに興奮してゐる　事によると時候のせゐかも知れない。事によると、何か書けるかも知れない
>
> 小穴隆一宛芥川書簡　大正13・8・19

芥川は心身に厄介な病を抱えながらも、土地の気風と優雅で鷹揚な廣子との出会いにこころ洗われ、気の置けない友人にこのように書き送ったのだった。

翌年大正十四年にも、芥川は軽井沢に逗留し、廣子との交流をもったが、体調が悪くこの年の春は、療養のため修善寺温泉に出かけた。療養地でも原稿催促の電報がしきりにあり、閉口している様子が室生犀星宛の書簡に記されている。その書簡に芥川の代表的詩となる「相聞」が、はじめて綴られた。廣子への密かな思慕を詠んだものだ。

歎きはよしやつきずとも
君につたへむすべもがな。
越《こし》のやまかぜふき晴るる
あまつそらには雲もなし。

また立ちかへる水無月の
歎きをたれにかたるべき
沙羅のみづ枝に花さけば、
かなしき人の目ぞ見ゆる。

犀星宛芥川書簡、大正14・4・17

この詩について「但し誰にも見せぬやうに願上候」と他言を禁じている。人に見せるためではない秘密裏の創作詩であった。後に犀星は芥川の詩について「詩人としても迴《はる》かに一流にまで飛び越えた」とのべ、佐藤春夫は「頽唐美の一歩手前の完成は見られる」とのべた。文芸評論家の吉田精一も、この詩は「つゝましやかにもあはれ深い風情を旨とした四行詩として、その形式美は近代詩中の一逸品と推すに足りるであらう」として形式美を愛し、言葉を練り上げる芥川の抒情詩を肯定した。沙羅の咲く軽井沢を思い、儚い白花に廣子を重ねた抒情詩だ。沙羅は大森の片山邸にもあった。

革新と抒情、理想と夢とがこもごもに交差する地として、大正から昭和初期の軽井沢の文化的機運は忘れ難い。

2　晶子と伊作をめぐって　家族と革新

（1）　大震災と家族

東日本大震災から一年が経った（注　平成二十四年現在。以下同）。今なお復興に手がつかず、被災者の生活の先行きも見えない。この地震ほど日本中に打撃を与えた災害はない。巨大津波や被災状況を鮮明な映像につぶさに知り、崩壊を余儀なくされた家族の姿を目の当たりにして、言い知れぬ衝撃を受けた。ここから将来に繋げる新たな展開を、何とか見出したい。廣子の尊敬する与謝野晶子やその他被災から立ち直った先人の軌跡をなぞり、その鍵を探ってみたい。

昨年の大震災から八十八年前の一九二三年（大正十二年）九月一日に、関東大震災が起こった。相模湾を震源地とするマグニチュード七・九の大地震で、死者は十万人に達した。その大混乱の渦中に、与謝野晶子一家がいた。

当時、晶子は麹町区富士見町、今の千代田区富士見に住んでいた。牛込見付からの外濠に近い古い借家だったという。出入りの酒屋三河屋の持ち家で、当時は八人の子どもと与謝野夫婦が住んでいた。長男の光は二十歳、五男の健は六歳、六女の藤子は四歳だったが、当時の回想記にこうある。

みんなで名を呼び合いながら土手まで走った。土手の上は人が右往左往していた。覚えているのは夜になって、空が真紅だったこと、お濠の水が、それを映して、矢張り真紅であったこと。その晩と次の晩は土手の上に泊まった。火事は家の近くまで燃えてきたが、運よく風向きが変わって延焼は免れた。

森　藤子『みだれ髪』昭和42

外濠に逃れ、その一角の松の枝に蚊帳を吊り、簞笥を運び出しての野宿を余儀なくさせられたという。晶子はそのときの様子を次のように即時、生々しく詠い残している。

三方に火あり後に牛込の濠ありくらく死の洞のごと
　　　　「女性」大正12・10

火の子降る土堤の傾斜の上に居て此処より安き地なしとぞする
　　　　「国民新聞」大正12・10・28

人は皆亥の子の如くうつけはて火事と対する外濠の土堤
　　　　「女性改造」大正12・10

長男の光は、母がかねてより文化学院に預けておいた十年来の大仕事である『源氏物語』の口語訳の原稿の安否を鉄幹とともに確かめに行った。まだ市中に火が燃えている最中に行き、文化学院が燃え尽きているのを確認して落胆したという。数千枚に及ぶ原稿はすべて焼失した。晶子の憔悴ぶりは子供の眼にも明らかで、藤子は「さすがに気丈な母も、こればかりは大きなショックで、これ以後、長い間源氏の筆をとることをしなかった」と記した。

都焼く火事の煙に夕映のうつる悲しき日に逢へるかな
　　　　「現代」大正12・10

十余年わが書きためし草稿のあとあるべしや学院の灰

誰れ見ても親はらからのここちすれ地震《なゐ》をさまりて朝に到れば
　　　　『瑠璃光』

空にのみ規律のこりて日の沈み廃墟の上に月上りきぬ

外濠に避難した際の切迫した即時詠の臨場感から、火事の煙に映る夕茜、行き交う人々への親愛、そして失われた原稿へと視点は移る。さらに時を経て、「見苦しい露骨な部分が減つて傷ましい中に一種の静かな新しい美が感ぜられるやうになつた。廃墟の美である。」(「廃墟の美」大13・6)と震災の十か月後に記したように、文学者としての美意識へと視点が転じてゆく様子が窺える。そのように意識は強靱に立ち直ってゆくのだが、尽力の上になった『源氏物語』の草稿焼失への無念は去らない。再執筆は昭和十年鉄幹没後、晶子五十七歳まで待たねばならなかった。

大切な数千枚の原稿を預けるほどの信頼を置いた「文化学院」と、晶子はどのような関係にあったのだろう。

文化学院は、昨年創立九十周年を迎えた現存の学校である。大正十年(一九二一)に、紀州の財産家である西村伊作によって創立された、日本初の男女共学制の中等教育機関だった。親交のあった与謝野夫妻が協力し、晶子は、学監としてその創立に参加した。

晶子の書いた「文化学院の設立に就いて」によると、従来の良妻賢母型の女性教育への不信が根底にあり「(これまでの女子教育は)男子の隷属者たるに適するように、わざと低能扱いの教育を施していました。私たちは男子と同等に思想し、同等に活動しうる女子を作る必要から、女性としての省慮をその正当な程度まで引き下げ、大概のことは人間として考える自主独立の意識を自覚せしめようと思います。」という明確な設立趣旨をもっていた。この語調には、かつての「君死にたまふこと勿れ」（「明星」明37・9）や、付随する「ひらきぶみ」（「明星」明37・11）に通底する強い意志を帯びた、確固たるひびきがある。

一方、文化学院創立者の西村伊作の生い立ちを追うと、不思議に晶子と深く共鳴し合う精神の軌跡が浮かび上がる。

伊作は、明治十七年（一八八四）に和歌山県新宮市に生まれた。父は材木問屋を営む大石余平で、母は旧姓西村ふゆ。伊作は嫡子を失った母方の祖母の養子となり、莫大な山林を受け継ぎ、西村姓を名乗った。両親はクリスチャンだったが、明治二十四年（一八九一）彼が七歳のときに、岐阜・愛知を中心に起こった濃尾地震に遭遇して一挙に亡くなった。

濃尾地震は、東日本大震災から数えて一二〇年前であり、マグニチュード八・〇、死者七二〇〇余、全壊家屋十四万余という大地震だった。伊作一家は当時新宮から名古屋に転居しており、両親とともに名古屋英和学校のチャペルの早朝祈禱会に参加しているときに、被災した。内陸直下型の激震で、父母はチャペルの崩壊した煉瓦に頭部を直撃されて死亡したという。幼くして両親を失った彼は、その後親戚間を転々とする。

亡父の末弟に渡米して医師となり、明治四十四年に大逆事件の連座を問われ刑死した大石誠之助がいる。伊作は一時、新宮の誠之助のもとに引き取られ、革新的思想家のこの叔父から新知識を得、生涯に亘って多大の影響を受けた。

与謝野鉄幹に「誠之助の死」と題した詩がある。「大石誠之助は死にました。／いい気味な、／機械に挟まれて死にました。」（『鴉と雨』）とはじまる詩は逆説的に詠まれているが、友喪失の深い悲しみを伝えている。

晶子にも著名な歌がある。

産屋《うぶや》なるわが枕辺に白く立つ大逆囚《だいぎやくしう》の十二の柩《ひつぎ》　　　『青海波』

晶子はこのとき、双生児として四女宇智子を出産し、他の一人を死産した。難産の産褥の夢枕に立ったのが、大逆事件の死刑囚の柩だ。幸徳秋水、大石誠之助ら十二名が処刑された翌日には、やはり紀州田辺出身の管野須賀子が処刑された。須賀子は晶子の歌の愛読者で、弁護士の平出修（「明星」）に歌集の差し入れを懇願したという。晶子はそれを知りながら「私の臆病さにそのさし入れをえせず候ひき」と須賀子刑死の後々まで気にかけていた。

西村伊作や誠之助が与謝野鉄幹と出会ったのは、明治三十九年（一九〇六）の十一月。雑俳を好む誠之助の案内で北原白秋、吉井勇、茅野蕭々らと、熊野川を旅した。晶子も大正四年

（一九一五）三月、新宮出身の佐藤春夫（「明星」）の案内で紀州を訪問し、大逆事件後の伊作、そして誠之助の遺家族に会った。

伊作は、海外経験のある先進的な誠之助によって新しい家族像や社会への目、海外への目、文学への目を開眼させた。濃尾地震被災後に展開した人脈や時代環境を基礎に、個人の自由を尊重する文化学院設立への道筋を開いた。

（2）　反骨の源

大逆事件前後の晶子の歌をもう少し挙げてみる。

不可思議は天に二日《にじつ》のあるよりもわが体《たい》に鳴る三つの心臓
男をば罵《ののし》る彼等子を生まず命を賭《か》けず暇《いとま》あるかな
『青海波』明治45

虚無を生む死を生むかかる大事《だいじ》をも夢とうつつの境にて聞く
母として女人《にょにん》の身をば裂《さ》ける血に清まらぬ世はあらじとぞ思ふ
この国のはやり病《やまひ》をかなしみぬ力の前に直《なほ》き人《ひと》無《な》し
「萬朝報」明治44・8・12

出産という我が身の大事と、国をゆるがす大逆事件とを交錯させた歌群だ。一首目の「体に鳴る三つの心臓」と詠まれる不可思議な人体の宇宙、二首目の「男をば罵《ののし》る」という厳しい男性への断罪、三首目の「虚無を生む」という死と生の深淵をのぞいた母の目は、ごく自然に、女性の力の再認識や、国家に物申す姿勢へと繋がってゆく。

四首目は「女人《にょにん》の身をば裂ける血」すなわち母なるものの血によって「清まらぬ世」は無いと断言し、五首目は力の前に屈することは「国のはやり病」だと鋭く告発する。いずれも人間として、女性として、家庭人としての発想の上に自然に築かれた思念といっていい。この発想は、反戦詩として物議を醸した「君死にたまふこと勿れ」や、その批判への反論「ひらきぶみ」にも共通する。

かやうに人間の心もち候弟に、女の私、今の戦争唱歌にあり候やうのこと歌はれ候べきや。（中略）歌は歌に候。（中略）私はまことの心をまことの声に出だし候とより外に、歌のよみかた心得ず候。

「ひらきぶみ」（「明星」明治37・10）

一女性の立場、父母兄弟という家族を思いやる立場からの真摯な作歌姿勢を明確に表明している。以後の晶子の態度を決定づける反論であり、一女性として、家庭人としてのまっとうな立ち位置の認証を訴えている。後の文化学院趣意書へと繋がる意思表明だ。「わざはひかたふときことか知らねどもわれは心を野ざらしにする」（『佐保姫』明42）という歌も思い起される。この歌は平出修が管野須賀子に『佐保姫』を差し入れた際、彼女が、どの歌にもまして私が一番好きな歌であると言ったものだ。一連の歌や評論は、世の流れに棹をさす、女性の視点、家族の視点、真摯な一般人の直言の有効さを明言している。

母こそは何に生きしと知らむ日の汝《な》が頰《ほ》をおもへばうつくしきかな　『毒草』明治37
子の病めば家の中なるいかなる室《ま》いかなる隅も見てあぢきなし　『晶子新集』大正6
子等あまた港に入りし船のごと安げに眠る春の宵かな　『草の夢』大正11

関東大震災の前年に上梓された『草の夢』には、「劫初《ごふしょ》よりつくりいとなむ殿堂《でんだう》にわれも黄金《こがね》の釘《くぎ》一つ打つ」という晶子の心意気を吐露した著名な歌がある。家族という足場を得て一層強まる志の強さが響く。十一人の子の養育という苦闘も自らの創作の力とし、幼児期の里子の体験、娘時代の抑圧、許されぬ結婚と実家の軋轢など、幸不幸を問わず、晶子の発想の根元には一貫して「家族」があった。

こうした発想の根としての「家族」は、決して旧態依然とした発想ではなく、昨年の大震災を体験し、原発の恐怖を身に沁みて知り、文明の行き詰まり感の極まった二十一世紀の今だからこそ、改めて新規に問い直されなければならない問題だ。その根となる「家族」の定義は、時代とともに変化し、範疇も拡大するのは自然の成り行きであり、例えば婚姻をしない、血の繋がりのない、同居しない、性別を問わない伴侶と家族の出現も有り得る。

家族観の変容は、世界的に見ても著しい。婚外子の割合が子供の人口の五十パーセントを超えるスウェーデン、フランスなど福祉先進国の先例もあるように、家族の形態は大きく変わろうとしている。日本はまだ社会的モラルの縛りのきつさや福祉の不備があり、婚外子はわずか二・一パーセント（平成20・厚生労働省）に過ぎないが、深刻な少子化の現在、この縛りもいずれ解けるだろう。別姓をも含めて、個の自立と尊重の上に成り立つ、新しい家族像が今こそ期待される。

さまざまな意味で、家族の定義の見直しは必至だ。それを念頭に置いた上で、あえて「家族」を基盤とした時点からの発想の有効性を確認しておきたい。二十一世紀の新解釈の新概念による「家族」を地盤とした発想が、地に足の着いた、真の反骨を生むのだと思う。

（3） 家庭観の変化と家

西村伊作には、山林を所有する大財閥家という以外に、近代建築の建築家という、もう一つの側面があった。

関東大震災後、都心を怖れた晶子一家が荻窪に五百坪の土地を借りて、初めて自分の家を建てて移り住んだのは昭和二年だった。「設計は、だいたい母が書きましてね、それを西村伊作さんが専門的にちゃんと直して、紀州の大工さんに作らせたんです。…略…伊作さんの勧めで、温水暖房を考えたんですよ」（与謝野光『晶子と寛の思い出』）というように、当時としては破格に斬新な発想の家だった。晶子のこの家には、モダンなベイウィンドーの居間があるが、これは伊作の建築の一つの特色で、写真を見ると、当時普及しはじめた板ガラスをふんだんに使っている。

一八五一年のロンドン万国博のメインパビリオンが、ガラスと鉄で作られてから、板ガラスは、世界的に注目された。日本国産は明治三十六年（一九〇三）で、伊作が建築を手掛ける明治三十九年ごろは、時代の最先端建材の一つとして貴重なものだった。正岡子規の「ガラス戸」の歌が明治三十三年以前には見当たらないという指摘（松村正直『短歌は記憶する』）もあり、国産化までは輸入品の高価な建材だった。「常伏《とこぶし》に伏せる足なへわがためにガラス戸張りし人よさちあれ」という子規の感謝の歌も、当時の珍しさを反映している。与謝野晶子が書いた父の思い出には、「私の父はまた色硝子をいろいろ交ぜた障子を造って縁《えん》へはめました。廊下にもはめました。欄間《らんま》もそれにしました」（『私の生い立ち』）とあり、ステンドグラスを取り入れていた様子が描かれている。明治期の堺の商家、晶子の父の文化的先進性が、家庭生活へのガラスの導入からも窺える。

伊作が初めて家を建てたのは、明治三十九年、伊作二十二歳のときだった。新宮に日本初のバンガローを建てたのだ。以後、改良をかさねて近代住宅の基となる居間式住宅を完成させる。客間と主人の部屋が重視された接客中心主義から、家族が中心となる居間式、家族本位の間取りへと世の意識を変革していった。こうした設計の理念は、大石誠之助にならって何度も海外に遊学したり、書物を多読し、自転車やモーターバイクなど新しいものを臆せず使いこなすなかで、実用性と美的スタイルが磨かれていった。

女性を中心とした家庭生活を重視し、水洗式トイレ、床暖房なども取り入れた設計は、近代住宅史上、じつに多大な意味をもつ画期的な仕事だった。家族を基盤にした意識革命と言っていい。黒川創は、そこに「スウィートホーム」の理念を見ると同時に、「明治時代の堺利彦や大石誠之助らによる新しい家庭観にもひとつの源流を持」つ（『きれいな風貌』）と言及している。

伊作は、大正八年（一九一九）に、『楽しき住家』（警醒社書店）を出版して、全国的に大きな反響を呼んだ。家族を重視した建築を通しての意識改革は、そのまま社会変革へと繋がる通路であった。与謝野鉄幹、晶子の墓を設計したのも西村伊作であり、今も武蔵野の多磨霊園に簡素でモダンな比翼の墓碑が建設当時のまま残っている。鉄幹の葬儀も文化学院で執り行われた。画家でもあった伊作との、文化芸術を通じての深い精神の共鳴が今に響くようだ。

（4）　共鳴する時代精神

晶子や伊作と同時代の正岡子規は、黎明期の明治とともに歩み革新的な三十五年の生涯を送った。最晩年の明治三十五年（一九〇二）に書かれた「病牀六尺」に次のようにある。

日本の習慣では、一家の和楽という事が甚だ乏しい。それは第一に一家の団欒という事の欠乏して居るのを見てもわかる。一家の団欒という事は、普通に食事の時を利用してやるのが簡便な法であるが、それさえも行われて居らぬ家庭が少なくは無い。

「病牀六尺」67

当時の女性の教養の低さを嘆く章（65）の後にあり、その向上に団欒を勧奨している一文だ。明治の後期あたりから、「一家の団欒」が公言され、推奨された走りとも言える。西村伊作の居間式住居の導入や、後の『楽しき住家』のベストセラー現象との共鳴も面白い。都市化現象の一端だ。

短歌革新の旗頭である子規、旧弊を打ち破る自己解放の歌人である晶子、そして建築、教育面で際だって革新的であった伊作が、同時期に「家族」を尊重する発想をもって、書き、行動し、あたらしい文化の飛躍に繋げたのは興味深い。

近年、家族の虚構化、空洞化が問題となり、引きこもりやパラサイトが社会現象となった。都市文化爛熟期の現代の家族の有りようは、さらに複雑化して解きがたい。そうした過剰な文化の中で、団欒という言葉が失墜しほとんど無効になった感が強い。しかし、去年の震災以来、その位相がやや違ってきた。家族の定義の拡張、家族間の葛藤をもふくめた新たな日常の有効性、革新の足場としての家族が、近代とは違う全くあたらしい視点から再考されていい。

家族を立脚点とした歌は、甘く、視野狭窄に陥りがちで、先の見通しがないとする見方がある。しかし、拉致問題もその一例だが、社会の理不尽、文化の浸食等に対抗するとき、その甘さは一転して激しい抵抗体に変化する。家族を立脚地とすることは、埋没することではなく、異化し、そこを反動板とすることでなくてはならない。

東日本大震災が起こった昨年は、関東大震災から八十八年、濃尾地震から一二〇年。そして今年は、与謝野晶子没後七十年という節目を迎えた。東日本大震災を基点として今昔の家族像を探り、それを一措定として、短歌という小形式の中で、何が可能かを真摯に問う契機としたい。

(5)　関東大震災と廣子

筆ほそく晶子と書ける御文をただ一つわが持ちてゐたりし　　廣子

「荻窪にて」と題する与謝野晶子の死を偲んでの一連（『野に住みて』）五首の四首目である。「なき與謝野晶子夫人のみまへに」と詞書がある。初出は昭和十七年七月の「心の花」で八首連作。歌集には収録されていないが「人の詠む歌は詠むなと言ひたまひし或る日の教われ忘れつつ」「相模の海真夏の波のしろき秀を遠くに見つつ集《つど》ひせしかも」など晶子を偲ぶ歌がある。家庭生活や歌の行き方は違っても、深く敬愛した同年生まれの歌人だった。晶子が終の地を荻窪に定めたのは、前述の通り、関東大震災を怖れて都心から離れたためだ。

関東大震災が起こった大正十二年九月一日は、猛火によって文化学院が焼失し、与謝野晶子の永年の努力になった『源氏物語』草稿が失われた日である。また、その失意をバネに再び奮起する心の原点ともなった日であった。加えて、家長制度で硬直した「家族」の見直しと変革が、各方面から巻き起こった時代でもある。「良妻賢母」に縛られない女性の真の教育への道も模索されはじめた。男女共学の中等教育に目が向き、家族中心の建築が計画されるなど、あたらしい家族像の在り方が論じられ震災後の都市再建に大きなヒントを与えた。

晶子や伊作の活動は、震災の荒廃をバネとして活発化した。

休みなく地震《なゐ》して秋の月明にあはれ燃ゆるか東京の街　　晶子『瑠璃光』
きはだちて真白きことの哀れなりわが学院の焼跡の灰

ありしのち家低くして海に似る都なれども春の日を抱く

晶子は震災後の動揺からたくましく立ち直り、三首目では、仮の宿の低い家並を見つつ「春の日を抱く」と寂寥感を詩的詠歎へと昇華している。廃墟に新たな美を見出す芸術家としての毅然とした眼差しもみられる。一方、伊作は、炎上した文化学院の復興に力を入れ、大正十三年一月には、バラックで二階建て校舎を再建した。翌々年には阿佐ヶ谷に自宅を建設し、小石川に佐藤春夫の家を作った。昭和二年には、荻窪に晶子の家を設計して建築した。さらに銀座に建築事務所を出すなど、活発に行動し震災後の都市に活動の根を下ろした。軽井沢にも大塚山の土地、万平ホテル近くの土地などを得て次々とバンガローを建てた。晶子、伊作ともに大震災後を機に、仕事を拡張充実させてゆく様子が分かる。

「関東大震災後の前衛芸術とモダニズム、プロレタリア文学と大衆文学の勃興、さらには文芸復興期から戦時体制への移行といったぐあいに、時代はまさに激動のさなかにあった」（安藤宏「近代文学の一五〇年」）と書かれるように、大震災を機にして、種々の流派が台頭し、激しく競った時代だった。

しかし、廣子にとって関東大震災は、取り返しのつかない痛恨の記憶を残すことになった。当日、廣子は東京駅前広場にいて無傷であったが、叔母の養子となった実兄恭一の邸宅が焼失した。

廣子が、師佐佐木信綱に宛てた震災見舞の書簡には次のようにある。

この秋はゆつくり本をよんで、勉強して見ようと思つてをりましたことも、ただそのあとのほんの僅かの日のことで、毎日毎日このごろは着物を出して包んであげたり、行李をしまつたり、そんなことばかりいたしてをります。何時になりましたらこの地震のわざはひからのがれて、ほんとに静かになりますことやら、…略…軽井沢から軽便に乗つて、上州の方までまゐりました日のことなども、いつか書きたいとはおもつてをりましたが、あまりにあはい記憶で、まるでわかい時のゆめのやうな気もいたします。

佐佐木信綱宛見舞状（「心の花　大震災号」第27巻第10号）

歌の師である信綱に宛てた見舞状で、「この秋はゆつくり本をよんで、勉強して見ようと思つてをりました」とあるのは、作歌のことであろうか。震災後、「着物を出して包んであげたり」したのは、被災見舞の衣類のことと思われる。自分の勉強も手につかないほど、身辺の人々に心を尽くしている様子がありありとうかがえる。震災後に思えば、軽井沢の旅でさえ、「あまりにあはい記憶で、まるでわかい時のゆめのやうな気もいたします」と回想されるのだ。大震災の衝撃は、廣子の胸を思いのほかにつよくつき動かした。

この年に発表された歌はまったく残っていない。一月から八月までは、随筆、小説、翻訳などが「文化生活」「新家庭」「心の花」に掲載された。しかし、震災後の九月以降は、すべての文筆活動を停止している。静かで優雅にみえる廣子の激しいこころの動きが感じられる。『瑠璃光』に多くの震災詠を収録した晶子とは、この点においてじつに対照的だ。

廣子に降りかかった痛恨事は、文筆活動の停止だけではない。もっと深く社会問題や家族問題に触れる大事件が起こった。大震災時の実弟東作の思いがけない災難である。東京帝大を銀時計で卒業した家族の希望の星である東作は、震災当日、白い麻服を着ていたという。そのことが近隣の人々の誤解を誘い、朝鮮人と間違えられ、警防団のなぶりものになったのだった。「そのショックから立ち直れず、昭和二十年、世を終えるまで、口も利かなければ、笑いもしないで、いつも白い服を着ているという生活であった」（阿部光子『その微笑の中に』）と書かれている。弟の挫折は、廣子の胸に大きな影を落とした。阿部の文章はさらに「廣子はこれをすべて内に沈潜させてしまったのだった。親しい友にも実家の悲運は一切いっていないから精神病の遺伝を苦にする芥川龍之介に、廣子がこれを打ち明けたかどうかは分からない」とつづいている。災難にあって以来、東作は本郷の小さな家で母と二人ひっそりと暮らし、母亡き後の終戦間際、昭和二十年八月に爆撃によって亡くなった。

当時の震災の様子と、異常な警防団の動きなどを、田端に居た芥川龍之介は次のように記している。

丸善も文房堂も神田の古本屋も全部焼けた。…略…大川やその他の川も土左衛門だらけ。僕の見た焼死者だけでも三百以上ある位だ。田端は幸ひに焼けない。しかし放火や泥棒が多いから、毎日僕と渡辺とかはるがはる夜警団に加わつてゐる。戒厳令を敷かれた結果、軍隊も歩哨を立ててゐるし、青年団や在郷軍人会は総出だし、まるで革命か戦争でもあつたやうだ。

葛巻義敏宛書簡、大正12・9・16付

混乱極まりない状況が浮き上がる。たまたま北海道にいて被災を免れた甥（実姉ヒサの子）宛の手紙だが、生々しい現場が記録されている。朝鮮人の反乱という流言蜚語も流れた。東作はこの騒乱に巻きこまれてなぶり者になり、生涯蟄居することになったのだ。

このことについての廣子の歌や文章は、まったく記録されていない。深い傷心ゆえの無言と思われる。反面、衝撃を沈黙のうちに毅然として受け止める強さをもっていたとも言える。警防団の誤解による暴力であぶりだされた民族蔑視の風潮は、廣子のこころを揺さぶるものであった。『野に住みて』に次のような歌がある。

むかし高麗びと千七百九十九人むさし野に移住すとその子孫かわれも

紀元前三十七年から七世紀の後半まで、日本には多くの高麗人が渡来した。七一六年に律令制がひかれた際、すべての高麗人が武蔵野に集められて、高麗郡がつくられた。その数が、一首のように、一七九九人だったという。明治二十八年に、入間郡に併合されてその名はなくなった。祖父の出身地である埼玉県大里郡（現熊谷市）に近く、こうした地域があったのだ。世におもねることのない父の生き方や、朝鮮の人に間違われなぶり者になった東作の生き方を重ねてみると、その実感が伝わってくる。「その子孫かわれも」には、弱者への思いやりと共感が滲んでいる。

戦後、次のような歌を詠んだのもこうした混乱期の痛切な記憶が重なるからだろう。

幾年われらの知らぬ前の世に敗れて消えし国もありけむ
演説者野に立ち道をときし時耳ありて聴けるはただ一人のみ
日本よにごらずあれと祈りつつ畑の道を選挙場に行く
「砂漠」

政治的問題や、大衆意識などに関心が薄いかにみえる廣子の歌だが、こうした視線にこころの内面が窺える。関東大震災にどのように遭遇し、受け止め、乗り越えたかは、晶子、伊作、龍之介の行動や歌文に生々しくたどることができる。一方、廣子の沈黙は、それに匹敵する激しい衝撃がこもる証として記憶されていいだろう。

本郷区駒込富士前町の廣子の母かんと弟東作がひっそりと住む家には、ご近所だった幼い頃の佐佐木由幾がよく遊びに行ったという。文学には関係のない家庭に育った少女は、ここで初めて歌とめぐり会った。

幼い頃、よく遊びにいつた家の一軒に吉田さんといふお家があつた。吉田さんは片山廣子さんのおさとで、片山さんのやうに色の白いお母様がをられた。私はそのお母様から短歌のこと、片山さんのこと、竹柏園のことを伺つた。玄関脇のやゝ冷たいお部屋で、古い心の花の読める字だけを読んでゐた幼い自分を思ひ出す。謂はば、片山さんは私にとつて、短歌への開眼ともいふべき存在であつた。

佐佐木由幾「心の花」昭和32・5

＊

静かな佇まいの廣子の母と東作の家は、後に「心の花」の後をつぐ佐佐木治綱の夫人となる人の幼いころの遊び場でもあったのだ。「よく遊びにいつた」というところに、少女でさえひきつけられる静かな磁場のような魅力をもつ雰囲気が漂い、廣子の母親の人柄が偲ばれる。幼い者や弱者への懐の広い静かな受容の精神は、廣子に確実に受け継がれた。

晶子は、第二十歌集となる『瑠璃光』（大正14・1）に、関東大震災詠を収録した。歌集の贈呈を受けた芥川は、その批評を次のように書いて晶子に送っている。

病中床の上でゆつくり拝見しました。あの連作のお歌は地震のならば地震の、温泉のならば温泉のと言ふやうに別丁を一頁づつ入れて頂くと読む方で大へん助かりますが如何ですか。それから仮名づかひ改定案につき、小生も改造に（筆者注・三月の）悪口を書きました。…略…この手紙と同封して旋頭歌を少々御覧に入れます。御採用下さるならば明星におのせ下さい。落第ならば御返送下さつても結構です。小生自身には大抵落第してゐる歌ですから。右とりあへず当用のみ　頓首

与謝野晶子宛芥川龍之介書簡、大正14・2・14

押しも押されもしない大歌人晶子に対して、思うところをずばずばとのべる芥川のけれんみのなさは痛快だ。この震災は無論、関東大震災である。別丁を入れるとは、震災の歌のすぐ後に、大涌谷の歌が続くのは読みにくいので区切ったほうが良いという進言だ。注目すべきは、後段の「御採用下さるならば明星におのせ下さい」の一節だ。ここに挙げた旋頭歌とは、片山廣子に対する思慕を詠みこんだ有名な旋頭歌二十五首のことである。

一

あぶら火のひかりに見つつこころ悲しも、
み雪ふる越路のひとの年ほぎのふみ。

むらぎものわがこころ知る人の戀しも。
み雪ふる越路のひとはわがこころ知る。

現《うつ》し身を歎けるふみの稀になりつつ、
み雪ふる越路のひとも老いむとすあはれ。

二

うち日さす都を出でていく夜ねにけむ。
この山の硫黄の湯にもなれそめにけり。

みづからの體温守《も》るははかなかりけり、

静かなる朝の小床《をとこ》に目をつむりつつ。

何しかも寂しからむと庭をあゆみつ、
ひつそりと羊歯《しだ》の巻葉《まきば》にさす朝日はや。

ゐましげに君と語らふ君がまな子《ご》を
ことわりにあらそひかねてわが目守《まも》りをり。

寂しさのきはまりけめやこころ揺《ゆ》らがず、
この宿の石菖《せきしやう》の鉢に水やりにけり。

朝曇りすずしき店《みせ》に來《こ》よや君が子、
玉くしげ箱根細工をわが買ふらくに。

池のべに立てる楓《かへで》ぞいのちかなしき。
幹に手をさやるすなはち秀《ほ》をふるひけり。

腹立たし君と語れる醫者の笑顔《ゑがほ》は。
馬じもの嘶《いば》ひわらへる醫者の齒ぐきは。

うつけたるこころをもちて街《まち》ながめをり。
日ざかりの馬糞《ばふん》にひかる蝶のしづけさ。

うしろより立ち來る人を身に感じつつ、
電燈の暗き二階をつつしみくだる。

たまきはるわが現《うつ》し身《み》ぞおのづからなる。
赤らひく肌《はだへ》をわれの思《も》はずと言《い》はめや。

君をあとに君がまな子《ご》は出でて行きぬ。
たはやすく少女《をとめ》ごころとわれは見がたし。

言《こと》にいふにたへめやこころ下《した》に息づき、
君が瞳《め》をまともに見たり、鳶いろの瞳《め》を。

三

秋づける夜を赤赤《あかあか》と天《あま》づたふ星、
東京にわが見る星のまうら寂しも。

わがあたま少し鈍《にぶ》りぬとひとり言《ごと》いひ、
薄じめる蚊遣線香《かやりせんこ》に火をつけてをり。

ひたぶるに昔くやしも、わがまかずして、
垂乳根《たらちね》の母となりけむ、昔くやしも。

たそがるる土手の下《した》べをか行きかく行き、
寂しさにわが摘みむしる曼珠沙華《まんじゆしやげ》はや。

曇り夜のたどきも知らず歩みてや來《こ》し。
火ともれる自動電話に人こもる見ゆ。

寝も足らぬ朝日に見つついく日經《ひ》にけむ。
風きほふ狭庭《さには》のもみぢ黒みけらずや。
小夜《さよ》ふくる炬燵の上に顋《あご》をのせつつ、
つくづくと大書棚《おほしよだな》見るわれを思《おも》へよ。
今日《けふ》もまたこころ落ちゐず黄昏《たそが》るるらむ。
向うなる大き冬樹《ふゆき》は梢《うら》ゆらぎをり。
門《かど》のべの笹吹きすぐる夕風の音《おと》、
み雪ふる越路《こしぢ》のひともあはれとは聞け。

「明星」大14・3

芥川は、添えられた三連二十五首の旋頭歌で抒情豊かに恋情を詠いとめた。『或阿呆の一生』で芥川が詠んだ抒情詩には、「風に舞ひたるすげ笠の　何かは道に落ちざらん　わが名はいかで惜しむべき　惜しむは君が名のみとよ。」と相手の立場を思いやるがゆえに、思慕を無理に断ち切ったと詠った。女性に圧倒的に不利であった姦通罪は、昭和二十二年まであり、明治四十五年には相手の夫に訴えられた北原白秋が、罪に問われて獄にはいった。「風に舞ひたるすげ笠」は、獄にはいる時にかぶる犯罪者の笠を指す。白秋事件ののち、大正十年には、白蓮事件と称する一大スキャンダルがあり、大正十四年には、それが原因で白蓮が華族を離脱した。芥川と廣子が会ったのは、まさに「心の花」の仲間である白蓮が事件を起こした最中だった。芥川の配慮と、子どもたちの将来を案じる廣子の気持ちとが、暗黙の裡に別離の結論を導きだしたのだろう。

いずれにしても、晶子の歌集について率直に進言したのちに、ぬけぬけとおのれの相聞歌の掲載を依頼している。この無邪気さに、芥川の本領が滲む。誰にも慕われたという天才作家の生来の人なつっこさがよく出ている書簡でもある。芥川は、非常にやさしい人で、他者に対して細かく気を配った。生い立ちの複雑さからくるのか、親類縁者や後輩を労りよく面倒をみた。十二歳年下の堀辰雄には、手紙の追伸に「わたしの書架にある本で読みたい本があれば御使ひなさい　その外遠慮しちやいけません」と配慮した。宇野浩二は著書『芥川龍之介』の中で「やさしい人であった、親切な人であった、しみじみとした人であった、いとしい人であった、さびしい人であった」と惜別している。

小島政二郎は、その秀でた容貌と才能について次のように記した。

（芥川は）なんともいえない澄んだ目をしていた。鋭くって瑞々しくって叡智に濡れていた。女のように長い睫毛が、秀麗な容貌に一抹の陰翳を添えていた。「こりゃタダモノではない」初対面の挨拶をしながら、私は打たれた感じがした。こんな素晴らしい顔をした人間にこれまで私は逢ったことがなかった。話題は豊富だし、座談はうまいし、私はつい誘い込まれて、初対面の窮屈さなんかすぐ忘れて、腰を落ち着けて話し込んでしまった。…略…その間も、後から後から来客があって、忽ち書斎が一杯になってしまった。主人は、誰に向かっても万遍なく話題を持っていた。時には、機知を交えて議論を上下した。聞いていて、私は主人の博学に舌を巻いた。理論の透徹した鋭さに耳を洗われるような思いをした。

『眼中の人』平成7・4

『羅生門』を読んで、この人となら、文章をともに語るに足ると思った、とも書いた小島の憧れが溢れ出すような文章であり、芥川の秀麗さと才力が彷彿とする。こうした力量と羨望とをないまぜにした強い磁力のある芥川が、片山廣子の優雅さと才力に惹かれたのだ。

そして、なによりも、震災詠を云々した一通の手紙の中に、晶子と芥川と廣子がひっそりと、しかも存在感ゆたかに共存していることが私にはじつに興味深いのである。

大震災を境にして活動の場を広げる人々と、その衝撃を深い沈黙で受け止める人とがある。文学的にその衝撃をどう発信するか、良心に照らしてどう沈黙を保つか、そこに文学者としての態度がくっきりと刻まれる。また、家族の存在がつよく意識されはじめた時代の象徴として、震災後の晶子の活動があり、廣子の緘黙の歴史が刻まれる。片山廣子の深い沈黙になにを見るべきか、先の東日本大震災から後の我々の態度にもつよく響くものがある。鋭い問いを発する廣子の沈黙には毅然とした存在感があると言うべきだろう。

＊

二〇一七年度のノーベル文学賞は、カズオ・イシグロであった。日本に縁を持つ文学者の小説の主題は、周知のごとく「記憶」である。寡作な彼の最新作『忘れられた巨人』は遥かアーサー王の時代を背景にした人々の記憶の旅であり、傑作と評判の高い『わたしを離さないで』は次の世紀を展望すべき記憶の旅とも言える。触れたくない災害の記憶をどう文学として再構築するか、戦にしろ天災にしろ、記憶をどう昇華して差し出すかという難問の一つの答えとなり得る作品だ。

大震災の記憶を湧き出す歌と活動で繋ぎ止めた与謝野晶子、震災を機に自分の記憶とも言える作品管理を甥に託し、五年後に自死した芥川龍之介、震災のすべての表現を封じた片山廣子の三者三様の記憶のとどめ方が浮き彫りになる。多くを語った者の勇気と闊達は讃美されるべきだろう。歌や小説の深部にその記憶を滲み込ませ、手渡すことは時代の証言者の役割だ。昨年、野間文芸賞を受賞した高村薫が「二度の大震災を経て、作家が変容した」とのべた。阪神と東日本大震災によって自分がエンターテインメントから純文学に移行したことを指している。真摯に記憶を身に沈めた結果だと理解できる。多くを語らぬ者の内面の激動を知ることは難しい。沈黙のはてに珠玉の随筆集『燈火節』を綴った片山廣子の存在が改めて思われる。

遥かな時代の遠望の中に、表現者がどのように災害を受け止め、かつ記憶したかの全貌が見えてくる。阪神淡路大震災、東日本大震災、さらに中越、和歌山、岡山、九州などの地震が続き、災害の時代とも言われる「平成」最終年であるからこそ、時代の表現者として記憶の醸成のための長く深い沈黙を、決して蔑せず、恐れない者でありたいと願うのだ。

二　富山と金沢探訪

1　富山「高志の国文学館」　安住の館

(1)　夏の訪問　自筆の息遣い

廣子を訪ねて初めて富山を訪問したのは、平成二十八年八月十一日だった。片山廣子の芥川龍之介宛書簡十四通のすべてを閲覧するのが目的であった。廣子の自筆による芥川宛書簡十四通は、多くの芥川龍之介研究家や、片山廣子研究家が読みたいと切望し、探しもとめていた垂涎の資料と言っていいが、折々の所有者以外誰一人として全文を読んだ者がいなかった。所有者の没後どのような経過で富山に運ばれ、どのような人々の手を経て現所蔵の「高志の国文学館」に収蔵されたかは、その概要を先に詳しくのべたのでここでは省くが、散逸することなくまとめて収蔵され、今回すべてを閲覧できるのはなによりうれしいことだった。

書簡は国文学者吉田精一の手を経た後、最終的な所有者は、角川書店創立者角川源義の長女の辺見じゅんだった。彼女の死後、父方のふるさとである富山県に新設された「高志の国文学館」に寄贈されることになった。同館は平成二十四年七月六日に開館され、平成二十八年現在四年目となった。富山駅から徒歩十五分ほどに位置する。館内は、創立の新鮮な気風に満ちており、全館に明るい緊張感が漂っていた。富山県ゆかりの作家や漫画家の成果を紹介する回廊があり、堀田善衞、源氏鶏太、藤子・F・不二雄、藤子不二雄Ⓐ、角川源義、辺見じゅんなどの資料や文学年表が展示されている。古くは、越中国守を務めた『万葉集』編者の大伴家持の絵巻や映像資料もあり、家持の歌を深く愛した廣子にとって、これ以上の安らぎの場はあるまいと思われた。

高志の国文学館
写真提供：高志の国文学館

廣子の書簡は重要な資料であるだけに、半月ほど前に閲覧許可の申請書を提出して、諾否の許可を得なければならない。許可が出たのが八月の盆の前であったため、富山までの北陸新幹線は全席満席。早朝四時起きで東京駅に向かい開館時刻九時半に滑りこみ、制限時間の午後五時半までびっしりと資料と向き合うことになった。

廣子の自筆書簡十四通はすべてペン書きである。草書気味の変体仮名が多く、書写に思いがけなく時間を要した。一通一通がかなり長文で、草仮名《そうがな》といわれる漢字に近いかなづかいが使われているために、透かしても凝視しても何とも読み取りがたい。その焦燥感たるや喩えようがない。コピーも撮影も許されない貴重な資料だ。十四通は三本の巻子に仕立てられているが、実物の巻子はもとより手にすることはできないため、写真版の写しを書写するのみだ。懸命の書写によって何とか時間内に全文を写し終わった。十四通の書簡から立ち昇ったふくよかな廣子の気配が、部屋いっぱいに満ちて息苦しいほどだ。自筆の文章、まして手紙という個人的な感情を封じ込めた一通一通の一行一行が、まるで耳元で語られる生きた言葉のように身に沁み込んでくる。

緊張を解くために立ち寄った館内付属のイタリアンレストランは本店が銀座にある。その店を富山の「高志の国文学館」に招致したのは、辺見じゅんだろうか。銀座を愛した廣子を知る人の粋な計らいだろう。廣子の文章に「銀座で」（九条武子夫人追悼篇、「心の花」昭和3・3）と題した一編がある。これには、九条武子とばったり出会ったときの思い出が次のように綴られている。

わたくしたちは「おや」と云ひ「まあ」と云つてお辞儀をした。ちやうどプレッツの店の前あたりだつた。…略…九條さんにお辞儀する拍子にその羽二重のふくさがすうつと足もとに落ちた。自分で取らうとするより先に九條さんはお手を伸ばしてそのふくさを拾ひ上げて下さり、ほこりがついた羽二重を片手の指尖にいたはるやうに持つて、ふう、ふう、と唇をつぼめてお吹きなさりながら片方の指で土をお払ひになつた。

廣子と武子の親し気なやり取りが、丁寧に描写されており、戦前の銀座の雰囲気も仄かに伝わる。また、廣子の『燈火節』に食の文章が多いことも思い出される。銀座の雰囲気を色濃くもった館内付属のレストランは、素朴な食から美食までをこよなく愛でた廣子の面影が浮かぶような雰囲気を文学館に添えている。

書簡の書写を一日で終え、同館所蔵の第一歌集『翡翠』の初版本をも手に取ることができた。ヨネ・ノグチや佐佐木信綱の序文も丁寧に読み返し、今回の仕事を終了させた安堵感は深い。奥ゆき深くかつ艶やかな廣子書簡の雰囲気を身に帯びつつ翌日は黒部峡谷に向かった。トロッコで一時間半ほど奥地に入り込むと、ねっとりとうねる黒部川の水の色はこれ以上ない深い翠である。第一歌集の題『翡翠』の美しい鳥の背の色が浮かび、また宝石である翡翠の色が思い浮かぶ。奥黒部の秘境である猿飛峡の景観は、まるでアイルランドの絶壁のようで、またしても廣子の随筆と歌とアイルランドの文学をなぞる心地であった。こうした奥座敷をもつ富山の地に、廣子の大切な芥川宛書簡が残されるのは必然であったように思われる。廣子のこころの安住の地として、雄大で静謐な富山の地は誠にふさわしい。

（2）冬の訪問　書簡の面白さ

富山を再訪したのは、翌平成二十九年の一月十四日であった。片山廣子の芥川龍之介宛書簡十四通の巻子が、初めて公開される特別企画展に行くためだ。「知られざる作家の世界―書簡から直筆原稿、書画まで」と題された企画展は、一月十四日から二月二十日までを会期としている。併せてこの日は、芥川龍之介研究家で、横浜市立大学教授の庄司達也氏の講演がある。また一月十三日を発行日とする、平成二十七年度「高志の国文学館　紀要第一号」が上梓され、廣子の書簡が活字の翻字で一般公開される。企画展では、ほかに岸田劉生の武者小路実篤像、源氏鶏太の「私とユーモア小説」の原稿、室生犀星短冊、岡部文夫の「月明」原稿など、貴重な所蔵品が公開される予定であった。しかし、何といっても注目されるのは、片山廣子の芥川宛書簡の巻子三巻の実物初公開だろう。

寒風荒ぶる雪の富山に降り立ち、急くこころに駆け付けた文学館の庭は、うっすらと雪を被いた立木に囲まれていた。展示の巻子は、ガラスケースの中にあって、もちろん、手を触れることはできない。巻子の第一巻、廣子書簡の一通目が開かれている。大正十三年九月一日付であり、書写したときに見覚えた廣子自筆の文字がなつかしい。さらに廣子書簡の活字化と、行き届いた注釈が施されている「高志の国文学館　紀要一号」の翻刻書簡を読む。

綿密な日録で知られる宮坂覺の芥川年譜（『芥川龍之介全集』岩波書店）には芥川と廣子の

出会いがありありと再現されている。大正十三年の夏の記録は次のごとくである。

7月27日　山本有三をグリーンホテルに訪ね、一泊する。片山広子が鶴屋旅館に《ママ》訪れる。
8月3日　早朝、午前4時半、金沢から室生犀星が軽井沢に訪れる。
　4日　堀辰雄が鶴屋旅館に訪れる。
　5日　午後2時の列車で堀辰雄が帰京する。犀星の部屋で片山広子を交えて談笑し、犀星には片山を「いつか二人で晩食に呼ばうよ」などと語る。
　8日　夜、片山広子・総子親娘、室生犀星と四人で散歩をする。
　10日　片山広子が二階から落ち、室生犀星と二人で見舞いの句を送る。
　13日　夜、室生犀星、片山広子・総子親娘、鶴屋旅館主人と自動車で碓氷峠に月見に行く。
　14日　午後11時、室生犀星が夜行列車で金沢に帰る。
　19日　片山広子、鶴屋旅館主人と追分《おいわけ》に出かけ、美しい虹を見る。
　23日　軽井沢から帰京し、田端の自宅に戻る。
　26日　追分近くの土地を買うよう室生犀星を誘う。片山広子も買うと言っており、芥川自身もそのつもりだった（実現せず）。

ふたりの親交が日を追って深まる様子が息づきをともなって伝わる。十九日の芥川の胸の昂りは特別で、帰京した犀星宛の書簡や、佐佐木茂索宛書簡に「もう一度廿五才《ママ》になつたやうに興奮してゐる」と書いた。二十五歳の興奮とは何だろう。年号で言えば、大正五年だが、この年に「新思潮」に掲載した初期小説「鼻」が夏目漱石に激賞され、作家としての自信を得た記念すべき年だ。また、幼馴染の塚本文との結婚が整った年でもある。公私ともに喜びの絶頂にあったと言っていい。廣子と出会った夏の軽井沢での昂りは、それに匹敵する心躍りだったという。芥川の廣子宛の書簡は、残念ながら儀礼的なものを除いては残されていない。現存している芥川の廣子宛書簡は以下の四通だ。

1、大正6・6・10　廣子の翻訳本『いたずら者』(シング著) 寄贈礼状
2、大正6・7・24　神奈川近代文学館「芥川龍之介展」(平成4・4) では年不明
3、大正8・2・28　病気見舞いの礼状、即景俳句
4、大正15・2・8　見舞い礼状と隠居希望等近況

封筒と本文がペアならば、差出日と受取日が明確で年次の規定も容易で正確だが、残念ながら、芥川宛廣子書簡はすべて本文のみで、封筒は一つも残されていない。また墨書ではなくすべてペン書きである。和紙の巻紙に書かれたのではなく、便箋や原稿用紙などを利用して書き

重ねたものだ。十四通を巻子仕立てにしたのが、前所蔵者であるか、葛巻義敏であるかは現在不明である。鈍い金色の布地に一面のつる草が配された落ち着いた表装だ。三本の巻子はそれぞれ濃紫色の帯で巻かれている。

墨書でも巻紙でもないことから、二人が打ち解けた間柄で気楽に文通し合ったと見られる。廣子書簡としては別に、師である佐佐木信綱雪子宛書簡二〇九通が翻刻（「日本近代文学館誌・9」平成25）されている。初期は巻紙墨書であったのが、年次が進むにつれて便箋になり、ついには原稿用紙や方眼紙へのペン書きに移ってゆく過程がじつに面白い。時代の推移とともに親密な間柄となる過程が、鏡のように映し出される。

芥川が廣子に出した2の手紙は、松屋製二百字詰め原稿用紙だった。東大正門近くの松屋製であり、しかも原稿用紙を使う辺りに、当時の帝大生の気負いが出ている。早稲田系の作家が神楽坂の相馬屋製を使ったのと対比させると時代の心意気が濃く漂う。芥川は、新進の作家となってから、竹の地模様のある京都「佐々木」製封筒を使うなど、粋な文士の雰囲気を漂わせた。廣子の書簡に三越製の原稿用紙が使われていたことも、三越を好んだ廣子の生活の一端を窺わせるものだ。書簡は内容のみならず、用紙や封筒をも鑑賞し、時代や間柄を推し量るよすがとする楽しさがあることが改めて思われた。

また芥川の書簡は、書簡の最後に俳句を添えることが恒例だ。廣子もこのことに触れて、「わかい人が書いた文のおけいこみたいなこんな手紙は紙くづかごのそこにあることさへもは

ぢます　俳句の代りになりませんもの。あなたは常識家でいらつしやるから　もつとい、とこ
ろに沈めて下さるでせうね」（大正14・11・11）と書いた。「常識家」というところに、突っ走
ることができない社会人としての思慮と深い焦燥感が滲む。手紙の内容とともに、封筒や便箋
そのものの風姿の大切さが近代の手紙のやり取りに鮮明に浮かぶ。メールではとても味わえな
い大正期の手紙だ。

吹雪のためにすっかり暗くなった午後六時、「高志の国文学館」を後にして、天候が良けれ
ば徒歩十分ほどの富山駅まで、三十分以上かけて到着した。北国の道路には、三十センチほど
の間隔でいたるところに融雪用の小さなスプリンクラーが噴射している。雪水溜りの夜道を旅
の荷を引きずりつつたどり着いた富山駅から、その日の内に、芥川の親友室生犀星の生まれ故
郷金沢に発った。金沢育ちの犀星は、芥川が廣子への慕情を打ち明けるほどにこころを許した
友であった。犀星もまた廣子に強く憧れて、優雅な風貌の夫人を「山梔子《くちなし》夫人」と名づけ、芥
川との手紙のやり取りに暗号のように用いたのであった。

2　金沢の室生犀星と鈴木大拙　良き隣人たち

（1）犀川の西　犀星の養家

　廣子と深い交流をもった室生犀星が生後一週間で預けられた寺が、金沢市千日町の雨宝院だ。「室生犀星記念館」は生家があった場所に建っており、養子先の寺とは目と鼻の先である。小さな民家のような寺で、急坂の下にあるために見過ごしてしまいそうだ。六地蔵が赤い帽子をかぶって佇む門には、千日山雨宝院の門札とともに第十七番札所の木札がある。寺の裏手に回ると目の前に犀川が流れている。杏の木と梅の古木が立つ小さな庭は、幼い養子の犀星が心を癒した場所だ。犀星は作庭が生涯の趣味であったが、その原点だと住職は言う。廣子の「軽井沢の町にちかき室生犀星氏の庭にて」と詞書のある歌に「洞庭の湖《うみ》かたどりし苔庭にゆれ映る日を見ていましけり」という一首がある。

雨宝院

　雪を浮かべて流れる犀川は幅広く清々しい。しかし、かつては暴れ川で、氾濫によって雨宝院が流された歴史もあり、今は本堂だけが犀星幼少時の面影を残している。本堂わきの庫裏には、犀星が詩を投稿した「北国新聞」の記事や、上京後、養父へ宛てた赤茶けた手紙などが、所狭しと展示されている。養父である住職へ送金したという封書が何通も展示されていた。どれも急く気持ちのままに住職が開けたのか、鋏ではなく指で千切った跡が生々しい。犀星は小学校を三年で中退して、給仕などをする幼年時代を送った。さまざまな辛いことはあっても、犀星の養父を思いやるやさしい気持ちが送金を絶やさぬ封書に感じられた。廣子がかつて「あんな好い方をおどろかしてはいけない」と芥川の手紙に書いたのもうなずける。険しい風貌のなかに、繊細なこころの襞を秘めており、萩原朔太郎が親交を結び、芥川が廣子への思慕を打ち明け、ともに生涯の友とした理由もこの辺りにあると思われた。芥川の幼年期の寂しさに呼応する生い立ちの暗い影が、この小さな寺に閉じこめられている。庫裏の障子を開けると、しきりに降る雪をたちまち溶かしつつ冬の犀川が流れている。

うつくしき川は流れたり
そのほとりに我は住みぬ
春は春、なつはなつの
花つける堤に座りて
こまやけき本のなさけと愛とを知りぬ
いまもその川ながれ
美しい微風ととも
蒼き波たたへたり

「犀川」(『抒情小曲集』)

純粋な犀川賛歌だ。犀星という筆名も、犀川の西に住むことに由来しており、当初は犀西と称した。当時、川の東に犀東という高名な詩人がいたことから、遠慮して犀星と改名。新進の「明星」への憧れも添えて「星」の字を当てたともいわれる。本名は室生照道《てるみち》だ。故郷への思いは、この川のような自然への敬愛と、幼年時の辛い人間関係とが複雑に絡まるものであった。最も有名な抒情詩「小景異情」にはこうもある。

ふるさとは遠きにありて思ふもの
そして悲しくうたふもの
よしや
うらぶれて異土の乞食《かたゐ》となるとても
帰るところにあるまじや
ひとり都のゆふぐれに
ふるさとおもひ涙ぐむ
そのこころもて
遠きみやこにかへらばや
遠きみやこにかへらばや

「小景異情」その二（『抒情小曲集』）

故郷を厭いながらも、筆名として犀川の名を負うことによって、生涯ふるさとを担いつづけた犀星だ。その身に沁みとおるような実体験の悲しみを歌った抒情詩が、朔太郎や芥川のこころを深くとらえたのだろう。犀星もまた母狂死という出生の秘密をもつ芥川への親近感が強かったに違いない。犀川の氾濫の後、少年犀星が川原で拾って大切にしたという小さな仏像が飾られていた。抗いがたい出生のいきさつを思い、祈りのこころが自ずと湧いたのだろう。芥川が大切に秘蔵した像で、死後出版の『西方の人』(岩波書店、昭和4・12)の装丁にも使われた清楚なマリア観音像を思わせる。犀星と芥川、そして廣子の寂しさが響きあって一層きびしく吹雪く冬の金沢だ。犀川の畔《ほとり》の素朴で清楚な寺は、幼少期の犀星の体温と溜息をとどめて今もひっそりと佇んでいる。

「室生犀星記念館」は、犀星が詩人としてまた小説家として大成してからの著作や調度品が展示されていた。うつくしい象嵌の調度は見事だが、雨宝院にあったシミだらけの赤茶けた送金封筒の一つの方が、犀星の息吹が感じられて忘れがたい。

犀星は晩年『かげろふの日記遺文』を書き、第十二回野間文芸賞を受けた。このなかに描かれた手の届かない貴婦人像は、片山廣子がモデルになっているという見方がある。恵まれない生い立ちであった犀星が、境遇のまったく違う廣子につよく憧れると同時に、住む世界の違いを痛感して煙たくも感じざるを得ない心理が、小説に巧みに反映されている。米国駐在大使の娘として育ち、日銀理事の夫人として香り高い花を咲かせた廣子への、愛憎相半ばする憧憬は、ここ金沢の犀川のほとりに生い育った貧しい少年の見果てぬ夢でもあった。

記念館には、犀星の文壇交友図が掲げられていた。芥川を慕って東京の田端に住んだ犀星は、芥川の死後、田端にいる甲斐がないと嘆き、昭和七年に廣子の住む大森に新築し移住した。廣子を慕ってのことだといわれる。その作庭に意匠を凝らし終の棲家としたのだ。田端も大森も文士が多く住んだため一大文士村を形づくり、文士間の交流が盛んだった。したがって、記念館に掲示された犀星交友図には、芥川や萩原朔太郎、堀辰雄、菊池寛などの他に、女流作家の名も記されている。しかし、ひっそりと犀星の心に秘めたであろう片山廣子の名はどこにもなかった。

（2）犀川の東　大拙とベアトリス

犀川をはさんで西側に犀星、そして東側に鈴木大拙の生誕の地がある。「室生犀星記念館」を見た後すぐに、対岸の「鈴木大拙館」に向かった。

鈴木大拙は、明治三年生まれ。金沢市下本多（現本多町）出身の仏教哲学者で、本名を鈴木貞太郎という。東洋思想の何たるかを世界に説き、「禅」を日本語そのままに「Ｚｅｎ」と呼ばれるまでに普及させた人物だ。同郷の西田幾多郎（哲学者）、藤岡作太郎（国文学者）とともに三太郎と呼ばれた俊英である。第四高等学校（現金沢大学）中退後、東京帝国大学に入学

鈴木大拙夫人・ベアトリス
写真提供：松ヶ岡文庫

し、二十四歳で「大拙」という居士号を得ている。二十七歳で渡米し、以後十一年間滞在して出版社員として翻訳、通訳などに勤しんだ。この渡米が縁で、ベアトリス・アースキン・レインと知り合い、日本に帰国後に結婚した。大拙四十一歳、ベアトリス三十三歳であった。

鈴木大拙館を訪ねる目的の一つは、この夫人について幾ばくかの情報が得られるかと期待してであった。夫人は、廣子のアイルランド文学翻訳に大きく貢献した人物である。廣子も、ベアトリスの指導によって大正五年ごろアイルランド文学に親しんだと略歴（『現代短歌全集』改造社、昭和6）にみずから記した。

ベアトリスは、スコットランド系アメリカ人で、片山廣子がアイルランド文学と本格的に取り組む上で大きな力となった。母は、エマ・アースキン・レインというスコットランドの有力な名門貴族の出であった（上田閑照著『私とは何か』にアイルランド出身とあるのは誤り）。アースキン家は、スコットランド王のクィーン・メアリーの後見人ともなった家柄だ。エマはアメリカの外交官トーマスと結婚し渡米して、ベアトリスをもうけた。ベアトリスは英国貴族の血を引きながら、大拙の妻として日本に永住し、禅の研究に携わり、三十年近くを添い遂げた。

廣子がどのような経緯でベアトリスとめぐり会ったかは、定かではない。廣子の父が駐米大使であったので、米国に留学した大拙と何らかの繋がりがあったとも考えられる。大拙は明治三十年に渡米したが、廣子の父は明治二十七年に外務省を退官し、明治三十八年に死去しているので多少の時期的なずれがある。ともかく廣子は、ベアトリスに出会って、初めて本格的なアイルランド文学の翻訳に自信を得たことは間違いない。

大拙館は、訪れる人はまばらだが、東洋思想に関心があるのか外国人の姿が目についた。館内は、まず玄関をはいるとうす明かりの灯った長い廊下が奥の展示室まで一直線につづいている。ここで深い東洋思想に触れるための心の準備をするのだろう。薄暗い廊下を渡りながら、ひそやかな瞑想が始まるがごとくであった。要所に大拙の言葉を記したカードがあって、自由に持って帰ることができる。その内の一枚に次のごとく大拙の言葉と、記念館の姿勢が記されていた。

大拙は「人生の根本的問題は、主客を分かつものであってはならぬ。問いは知性的に起こされるのであるが、答えは体験的でなくてはならぬ」といいます。…略…訪れるそのひとにとっての思索の時間と場所、そしてかけがえのないものを体験する機会を提供する場となることを願っています。

石川県西田幾多郎記念哲学館交流協定5周年特別展「思索と体験」Ⅲ

物にこだわるのではなく、みずから思索を体験する時間と場をもってほしいというのが、大拙館の本来の意図なのだと理解した。外部回廊に出ると、一面に水を張った浅い矩形の池「水鏡の庭」が目前に広がる。時折ところどころにぽこっと小さく水が吹きあがり、あたりに柔らかい波紋を広げ、こまかく舞い散る雪は、つぎつぎにその水面に消えてゆく。白い壁面の外の木立はうっすらと雪を被いて、三角に張られた雪吊りの美しいかたちが水面に影を落としている。訪れた外国人も、じっと見つめてしばし動かない。それぞれの思索の時間がゆっくりと流れているようだ。物は要らないのだ。ベアトリスも大拙のこころに醸し出されるこの静寂と思索を愛し、人生を託すほどに深く感応したのだろう。

永遠とは、この知性・感覚の世界におけるわれわれの日常の体験であって、この時間の制約の外に永遠があるのではない。永遠とは、生と死の真只中《まっただなか》、時間の進行の只中《ただなか》においてのみ可能である。

工藤澄子訳『禅』(『鈴木大拙全集［増補新版］』14巻)

高邁な思想も、じつは日常の俗的な体験のなかに、すべての答えがあるのだと理解して、大拙の思いの一端に触れたつもりになる。

大拙とベアトリスの間に実子は無く、英国人と日本人女性の混血児である美しい少年、アラン勝を養子にした。日本に暮らしたアランは、混血児に差別的な社会になじめず、中学を放校になるなど生活が荒れた。哲学者の子としての苦悩も負っていただろう。成人して後に、宝塚出身で第二回NHK紅白歌合戦に出場したジャズ歌手池真理子と結婚し、アラン自身も芸能界に身を置いた。昭和二十三年に大ヒットした笠置シヅ子の「東京ブギウギ」は、鈴木勝、すなわちアラン勝の作詞である。戦後の駐留軍の中でかえって生き生きと自己を解き放つことができたという。アランの手になる「東京ブギウギリズムウキウキ／心ズキズキワクワク／海を渡り響くは東京ブギウギ」という歌詞には、自己解放の喜びとともに底深い哀愁も流れている。アランの行状を嘆いた大拙だが、日常の俗にどっぷりと浸ったアランのなかに、時代の真実を捉える力を養ったのは、紛れもなく宗教哲学者大拙と妻ベアトリスのふたりだった。

ベアトリスの大拙宛の手紙数通がある。明治四十一年二月二十五日の初々しい恋文と、昭和十四年二月十一日の死を間近にした遺言のような手紙の二通を紹介したい。

最愛なる貞様。あなたを深く愛しています。母と、その活動を除けば、あなたは私の人生の全てなのです。…略…次にお会い出来る時を今から楽しみにしております。愛する、愛する、あなたのビアトリス《ママ》より

横山ウェイン茂人訳『鈴木大拙・没後40年』（松ケ岡文庫）

さて、貞さん、私たちの家庭の問題は東洋の仏教よりはるかに重要な事柄です。…略…私

の腸閉塞は一向によくなりません。また身体の前の部分にも痛みがあります。このような状態なので私たちの家庭の問題を今すぐ解決しなくてはなりません。

飯沼信子、中田なが子訳『野口英世とメリー・ダージス』

貞様とは大拙の本名、鈴木貞太郎《さだたろう》のこと。仏教思想に感化され、大拙と結婚したベアトリスの純愛に満ちた手紙と、死を前にしたひとりの女性としての苦悩あふれる手紙に、偽りのない心情が表れている。永遠は日常の体験のなかにあって「生と死の真只中《まっただなか》、時間の進行の只中《ただなか》においてのみ可能である」という大拙の言葉がその裏から聞こえてくるようだ。ベアトリスは逆説的にそれを実感したのだろう。純愛と不信の両極を揺れるベアトリスの人生だが、その人生の半ばごろに、片山廣子は彼女と出会った。廣子は、明治四十四年に来日したベアトリスに、大正五年ごろ会って指導を受けたという。大拙への愛と、求道に励み健康で自信に満ちた時期のベアトリスの指導で、アイルランド文学の翻訳にいきいきと取り組んだ。

鈴木大拙館は、ひっそりと冷たい雪のなかに佇んでいた。思索を体験する時間と場を提供するという言葉通り、奥の深い記念館だ。押し付けではなく、自分らしい見方を求める稀有な思索の場として印象深い。だが当時の女性の地位を象徴するかのように、館内にベアトリスの資料はまったくなく、まして廣子に繋がるいかなる影さえも見ることはできなかった。

3　染井墓地の春

いかばかり人の涙のかゝるらむ染井の野辺は草青きかな　　廣子

都営霊園の中では最も小規模な染井霊園に、片山廣子の墓がひっそりとある。平成二十八年の春、例年より早く桜の開花宣言があった。このときとばかりに晴天に恵まれた三月二十九日、ソメイヨシノの故郷でもある巣鴨の染井に出かけた。

冒頭に挙げた歌は、合同歌集『あけぼの』所収で、片山家の菩提所である染井墓地を詠っている。初出は「心の花」（明治37・9）「声なき星」の「染井に詣でて」である。かつてこの歌のように、「いかばかり人の涙のかゝるらむ」と詠まれた感傷深い墓参も、この日は廣子一族の御霊に会えるという期待のため弾むようであった。

巣鴨より染井に通ふわかれみち秋の日うけて荷馬やすらふ　　『あけぼの』明治39・6

初出は「心の花」（明治38・1）の「にひあめつち」。原作は「すがもより」「かよふ」と仮名書きになっている。推敲後、地名がくっきりと浮き上がり歌が鮮明になった。

片山廣子の墓

巣鴨駅から白山通りに沿って歩くと、穏やかな春の日差しのなかに、荷馬ならぬトラックや乗用車が行き交って活気がある。当時から百年以上も経つ白山通りの商店街は、整備され広い歩道を備えた繁華街となっている。駅から霊園までのあいだに「とげぬき地蔵」で有名な高岩寺があり、平日も大賑わいだ。土産物屋、飲食店、衣料品店など、小奇麗な店が並ぶ白山通りの別れ道から旧中山道に入ると、小さな土産屋が軒を連ねた地蔵通りとなり、そのまま高岩寺へとつづいている。高岩寺は病気平癒祈願の寺であり、洗い観音の患部にあたる場所を手拭いで洗うと病が完治するといわれる。廣子も結婚後まもなく夫貞次郎や、片山家の父や兄弟の病の介護に悩まされた。墓参の途次に夫や義弟の病気平癒を祈ったことがあっただろう。掲出歌のように、当時、廣子が通った墓参の道筋には、荷を負った馬が休んでいたかと思うと隔世の感がある。東京都中央卸売市場豊島市場の細い脇道を抜けたところから染井霊園にたどりついた。廣子の墓は裏門近くだ。細道に沿って歩くと、その先にごく狭い鉄扉の入口を発見して閂をずらし霊園にはいった。後で思うと、それは裏のまた裏にある通用門らしく、廣子の墓所近くの門は通称「巣鴨門」という高い石の門柱が立っており、自由に出入りできるようになっていた。

染井霊園には、二葉亭四迷や高村光太郎、岡倉天心など著名人の墓が多い。しかし、片山家の墓所は、正門にかかげられた著名人墓所の案内図には見当たらない。ひっそりと眠る廣子の墓所は、巣鴨駅から歩いて十分ほどの裏門からはいった方が近い。

片山家の墓所は、一種（イ）6号6側一番である。巣鴨門から五十メートルほど正門寄りに歩いたところに片山家の墓はあった。一族五人が寄り添って眠っており、夫君の両親と夫貞次郎、長男達吉、廣子とそれぞれ独立した五基の墓碑がたっている。貞次郎の墓碑はその両親の横にあり一番大きい。向かい合って廣子と達吉の墓がつつましくある。どの墓碑にも戒名は無く、俗名のみが大きく彫られていてすっきりと爽やかだ。片山家の墓地に隣接してアルファベットが刻まれた外人墓地があり、アイルランド文学に深く親しんだ廣子には、なんとも相応しい絶妙な場所であった。片山家の墓はすっかり古色を帯び、供花はなかった。彼岸を過ぎて間のないころであり、廣子や貞次郎、達吉の命日が三月でもあることから墓参があってもしかるべきだが、ここしばらく縁者の来訪が絶えていることが分かる。それもこれも含めてしばらくは、感慨深く立ちつくした。瞑目しつつ『片山廣子―孤高の歌人』（清部千鶴子）の墓参の一節を思い出した。初めて墓に参ったという清部が、花店「信照庵」で墓への道を尋ね、供花を求めたとあった。廣子は病床に伏していたとき、同門の後輩歌人栗原潔子に、見舞いにお菓子ぐらいはいいが、花や金品は不要だとつよく言ったそうだが、栗原自身は、忌日になるといつも供花を抱えてそそくさと染井の墓地に向かったという。どこか耳のはたで「あなた、お花なんぞ持っていらっしゃらなくてもいいのに」という廣子の声が聞こえたとも書いている（「短歌研究」昭和38・3)。花は要らないと言った廣子だが、廣子自身には墓地を訪ねて詠んだ、次のような歌がある。

世を捨てつ世に忘られし父君の御墓かざらむ白百合の花

『あけぼの』

実父吉田二郎を失ったのは廣子二十七歳の五月、明治三十八年のこと。「世を捨てつ」とあるのは、外交官で米国総領事まで務めた父が、病気がちで晩年は世に疎く生きた姿を偲んでのことだ。「されどそはいつも病につかれ居給ひし父君の御顔なり。…略…また髪あぐとて鏡に向ふ時、わが顔のよく父に似たるよと思ふ時など、ふと思ひ出つれば若うおはせし時は我が如き姿してわが如く笑ひ給ひけむと限なくなつかしと思ふ」(「霜月日記」二十三日、明治40・11)と回想されている。自分に風貌の似た親しみ深く、懐かしい父に供えたのは白百合だった。花が一輪もない墓も毅然として爽やかだが、春はなにかうら寂しい。

廣子も通った裏門近くの花店「信照庵」に立ち寄り、片山家の墓の近況を問うと、今は片山姓でない方が管理しておられるが、病気のために墓参が絶えているとのことだった。店内にカサブランカが香り高く、ひときわ強い光彩を放っていた。パリの老舗ウビガン社の香水ケルク・フルールを愛したという廣子のために、豊かな香りのカサブランカを求めた。廣子の墓を指し示すように染井墓地一番の桜の古樹が枝を広げている。他の桜より開花が早いのか、三月下旬にもう五分咲きを過ぎており、大きな花枝が片山家の墓を指さすように影を落としている。花柄ごと桜が落ちているのは、ひよどりの仕業だろう。掲出歌「いかばかり人の涙のかゝるらむ染井の野辺は草青きかな」という一首を思い浮べると、花柄は涙のごとくでもある。いまだに舗装されていない墓地の小道は、昔はなおさら「草青き」道であったことだろう。

まつるべき子等ことごとく旅にありて花の香もなき御墓さびしも

明治三十七年九月に作られたこの歌は、同三十四年に亡くなった片山貞次郎の父恭平の墓の様子と思われる。染井の墓碑の内の一基だ。長男である貞次郎は父の死によって、実家の未婚の妹五人、弟一人の世話をすることになり、嫁である廣子の負担も増した。「まつるべき子等ことごとく旅にありて」と詠われたように、現在の墓は直系の係累がないために一層閑散として、「花の香もなき御墓さびしも」と詠われたそのままの風情である。

吾子のため三とせの春のまつりすと野に出でてけふはよもぎを探す　「砂漠」
子のためにけふ七年の法要すうらら春日は蠟の火ゆれず　『野に住みて』

二首目は、染井墓地の長男達吉の墓前の様子だ。七年目ということは、昭和二十七年の春で

芥川龍之介の墓

あり、蠟燭の火が揺れないほど穏やかな日差しの日だったという。今日も同じように穏やかな日で、心地よい日差しが五基の墓にまんべんなく降りそそいでいる。今年は、昭和三十二年に亡くなった廣子にとっては没後六十年ということになる。夫貞次郎は三月十四日、廣子は三月十九日、達吉は三月二十四日が忌日で、廣子を挟んで前後五日の僅差で命日を刻んでいる。廣子は、夫と達吉に呼ばれるようにして旅立ったのだろう。

染井墓地に近々と接して、慈眼寺がある。ここには廣子の敬愛してやまなかった芥川龍之介の墓がある。染井墓地のなかを貫く染井通りを真っ直ぐに下り幅一メートルあるかないかの道を横切ると、そこはもう慈眼寺の駐車場だ。左手が墓地となっており、道標に従って歩くとさらに左手の奥に龍之介が眠っている。座蒲団型の個性的な真四角の墓碑で、碑の頂に家紋の五七の桐が大きく彫られている。芥川の墓も俗名のみがくっきりと浮き彫りになっていて、戒名はない。刈り込まれた太い金木犀が赤く芽吹き初めたばかりだ。こちらの墓には彼岸の供花があり、まだ色を残している。振り向けば染井墓地の桜の梢を間近に望むことができる。芥川をして「あの人にだけは敵わない」（栗原潔子「片山廣子素描」）と嘆息させたという廣子と、偶然にも近々と眠るふたりのえにしは、やはり浅くはない。

龍之介の墓から染井墓地に戻ると、すぐ右手に五島美代子の墓がある。美代子は、「心の花」の後輩歌人で廣子との交流もあった。廣子について美代子は、その批評はほんの一言であっても感激に震えるほどに畏敬の念がつよかったと書いている。その中に「娘の頃の私は、一時、歌でも文でも読めば読むほどみんな嘘のやうな気のする事があつた。嘘でないまでも、上つ面だけを撫でてあつて、本当の女の心理にふれてゐない…略…そのなかで、片山夫人が時々「心の花」にお書きになった随筆、あれだけが、何だか本当のことのやうな気がするのであつた…略…随筆をしるべにして、飛石づたひのやうに女の人生の道が見えてくる…略…その道をたうとう夫人はゆきつくして、そんなに遠くはないと仰しやつたあの世に、終にいつておしまひになつた」（「人生のこと」昭和32・5）と身近に偲ぶ追悼文が残されている。同門の先輩後輩歌人であったふたりは、はからずも同じ染井墓地に眠ることになった。美代子の墓もじつに簡素で飾り気のない石碑であった。

長い病床の間も、片山さんはきつと初秋のやうにすっきりと、何も彼も御独りの胸に納めて、野の鳥の声などをきいていらしたに違ひないと思ふ。

佐佐木由幾「初秋のやうに」（「心の花」昭和32・5）

ついに起ち得なかった病床の数年間に於いてすら、彼女のこのつよい態度は乱れることがなかった。どこで自身を支えているのか、側でみていて全くわからないような場合にも、いつも現実以外のどこかに自分を置いたまま、そしらぬ顔で長い病臥の生活をつづけた。

栗原潔子「片山廣子素描」(「短歌研究」昭和38・3)

片山さんが亡くなつたときいた時、私はいきなり溢れて来る涙の中でやつぱりこのことを思出していた。長い間、ねたきりでいらして、片山さんは、むさし野の地の霊と親しく語りあつておいでになつたのだが。今、とき放たれて、むさし野の故里へ帰られたのである。片山さんの魂は、今こそ、ほんとうに自由におなりになつたのだ。私は泣きながら、こんな崇高な気持ちを味わつたことがないような気がした。

阿部光子「無口な芸術家」(「心の花」昭和32・5)

廣子と近しく接した女性たちの、追悼文の一節だ。佐佐木由幾が「何も彼も御独りの胸に納めて、野の鳥の声などをきいていらした」という通り没後もゆったりと染井の鳥の声を聞いている。栗原が「現実以外のどこかに自分を置いたまま」長い病臥生活をつづけたとのべたように、繰り言は一切言わなかった。室生犀星や芥川龍之介が敬意をこめて「山梔子夫人」と呼んだ床しさが今も漂う。

戦争で大森の邸宅を接収され、浜田山の粗末な家に移転して命終を迎えた廣子だが、武蔵野の旧家に生まれた自分の運命として、野の家で生涯を終えるのは相応しいことだと述懐した。阿部光子が「故里へ帰られた」というのはそのことを指す。また「今こそほんとうに自由」を得たと労る気持ちもここに発しているのだ。静かな眠りを守る簡素な廣子の墓苑が、ゆったりと自足した趣を醸しだしているのもなるほどと頷ける。

「古びた箪笥などが置かれているきりまったく飾り気のない六畳に、ひえびえと清潔にしつらえた自分の病床」（「片山廣子素描」）に伏していたと、栗原が描写した生前最後の姿のように、没後六十年の今も清潔で飾り気のない墓碑に守られて静かに眠っている。戒名は「謙徳院廣室妙大姉」。これからが満開だという今年の花の枝が、廣子の墓域にたっぷりと豊かな影を落としている。

代表歌一二五首

古谷智子選

『翡翠』

何となく眺むる春の生垣を鳥とび立ちぬ野に飛びにけり
此日ごろ我みづからをながめつつかなしびもしぬおどろきもする
くしけづる此黒髪の一筋もわが身の物とあはれみにけり
我が生命かへりみせらるもづもづと這ふ虫見ればかへりみせらる
灌木の枯れたる枝もうすあかう青木に交り霜とけにけり
わが指に小さく光る青き石見つつも遠きわたつみを恋ふ
ああ我は秋のみそらの流れ雲ただざばかりにかろくありたや
かぎりなく憎き心も知りてなほ寂しき時は思ひいづるや
ことわりも教も知らず恐れなくおもひのままに生きて死なばや
子猫ならば遠野のやみに捨ててまし我が胸に来て何か啼くこゑ
幼児は母の心もよむばかりさときまみして我を見つむる
行きて見む雪の大野のあけぼのの風に吹かれてよみがへるやと
ゆるしがたき罪はありとも善人の千万人にかへじとぞ思ふ
虫の音も風に乱るる夜の園を三たびめぐりて胸をさまりぬ

かしこしと常にあふぎし其人のあやまち聞けばふとよろこばる
月の夜や何とはなしに眺むればわがたましひの羽の音する
あなかなし一人いませる母をさへ女にしあれば見すてまつりぬ
折々は知らぬ旅人ひとつやどにあるかと思ふつまとわれかな
心狂ひ君をおもひし其日すら我が身一つをつひに捨て得ず
いづくにか別れむ路にいたるまで共に行かんと思ひ定めき
わが心あまり清きにおどろかるあまり弱きにふとほほゑまる
たばこの香すこし残れる部屋にゐて帰りし人を思ふあめの日
たゆたはずのぞみ抱きて若き日をのびよと思ふわが幼児よ
我をしも親と呼ぶひと二人あり斯くおもふ時こころをさまる
百年の前に死にける我ならむふと帰り来し見知らぬ人は
いはけなき髪かきなでてをみなてふうつくしき名の君をかなしむ
うつせみは木より石よりさびしけれ此ますぐなる性《さが》をすてばや
よろこびとゆめとつづける我が世かな髪白うなりやがて死ぬまで
さびしらに浅間葡萄も吸ひて見む人酔はしむる毒ありといふ
日ごろ我が思はぬ人もいと恋し日の入りあひにみやまどり鳴く
遠山と我と立つ時やみに伏す大野のむねにおつるいなづま

人と我ひろき世界をあゆみつつ顔見たるのみ何のつみかは
をさなごの眠りのうちのほほゑみとふと来りふと消えしよろこび
女なれば夫《つま》も我が子もことごとく身を飾るべき珠と思ひぬ
あはれとも憐れむことの罪ならば我に罪あり神にも恥ぢず
ちさき頬はねだりごとすと温かういと和らかうわが頬による
つれづれに小さき我をながめつつ汝何者と問ひて見つれど
髪ゆれて泣くとや人のながめけむ其ひまにふと思ひかへしつ
我が世にもつくづくあきぬ海賊の船など来たれ胸さわがしに
生くる我とゆめみる我と手をつなぎ歩み疲れぬ倒れて死なむ
よろこびかのぞみか我にふと来る翡翠の羽のかろきはばたき

東北に子の住む家を見にくれば白き仔猫が鈴ふりゐたり
みちのくの海辺の家にみだれ咲く黄菊しら菊食《を》すためにありとも
いくたびか老いゆくわれをゆめみつれ今日の現在《うつつ》は夢よりもよし
夢おほく無知なりし日も悲しみに屈してありし日も過ぎてゆき
わが前に白くかがやく微笑なり月日流れて友をおもふとき
待つといふ一つのことを教へられわれ髪しろき老に入るなり

『野に住みて』

あまざかるアイルランドの詩人らをはらからと思ひしわが夢は消えぬ
世をさかる寡婦《ひとり》のわれにうらやすく人の洩らしし嘆きもあはれ
動物は孤食すと聞けり年ながくひとり住みつつ一人ものを食へり
まどふ吾に一つの示教《をしへ》たまひける或る日の友よ香たてまつる
地獄といふ苦しみあへぐところなどこの世にあるを（と）疑はぬなり
生れづき二月もちかし町かどの花屋に白きしくらめんを見る
息しづかに夜ふけの部屋に祈ることはわれみづからにいふ言葉なる
子とわれとすでに幾つもの波を越えあるときは世に馴れし思ひする
ともにあればいつも若しと思ひゐたるわが子もやがて年ふけむとす
女ひとり老いゆく家はものよどみきたなき心地す雨か雪か降れ
一人なる夜の卓子にわが指と銀器がくろき影をもちたり
むさし野の大きなる家にうまれ出でて母はともしく老いたまひたり
かずならぬわが生命さへ母のために一つの樹かげつくりしと思はむ
わが祖父が長者なりしをおもひ出でぬ映画より夢よりなほ不思議なる
子のために重荷とならむを恐れつつも老いゆく吾の心よりかかる
ぬすむなかれと誡《おきて》は言へりひもじさに砂漠の民ら盗みしならむ
われもまた湯気にかこまれ身を洗ふ裸体むらがる街湯《まちゆ》のすみに

いにしへの病者を洗ひたまひけむ大き湯殿をふと思ひたる
香水を手巾《てふき》に撒きてわが父が海彼に住みし一千八百八十年
人に打たれひとを打ちえぬ性《さが》もちて父がうからは滅びむとする
くれはやき山手の坂を下りくれば花屋のあかりに菊の花しろく
使来てわれにいひける言葉なりかならず驚きなさいますな
かかる世には母に先立ち行くことのなきにあらずと言ひしを憶ふ
騒音のみなぎる辻をよぎりゆく百年前のわがうすき影
もろもろの悲しき事もあやまちも過ぎたるものは過ぎ去らしめむ
さびしさの大なる現はれの浅間山さやかなりけふの青空のなかに
影もなく白き路かな信濃なる追分のみちのわかれめに来つ
しづかにもまろ葉のみどり葉映るなり「これは山蕗」と同じことを言ふ
日の照りの一めんにおもし路のうへの馬糞にうごく青き蝶のむれ
友だち別れむとして草なかのひるがほの花を見つけたるかな
八月の空気のなかに一ところわが心のまはり暗きかげあり
野のひろさ吾をかこめり人の世の人なることのいまは悲しも
亡き友のやどりし部屋に一夜寝て目さむれば聞こゆ小鳥のこゑごゑ
湯上がりのわが見る鏡ふかぶかと青ぐらき部屋の中に澄みたり

せと火ばち湯はたぎるなりわが側にしろき蛾の来たり畳にとまる
フランスの新聞をこまく裂きて堀辰雄暖炉の火をもす
葦はらの中の砂地に立ちとまり人がうしろから来るやうにおもふ
わが傘のみ一つ見ゆるかと心づき葦はらのなかに傘たたみたり
四十路すぎわれ老いたりと思ひしも遥けくふるき物語なる
人は死に吾はながらへ幾世経て今も親しくいともしたしき
わが側に人ゐるならねどゐるやうに一つのりんご卓の上に置く
すばらしき好運われに来し如し大きデリッシヤスを二つ買ひたり
日のくれて静かなる家にりんご割る音がさくつと簡単にひびく
さつさうとパンパンひとり住む家に白桃の花は真珠のごとし
富士が嶺を土なるものとながめつつ駿河の国に旅寝せし夏
山百合のあまりにほへば戸をあけて暗やみの中に香を流しやる
大き富士はうつせみ吾とかかはりなくみそらに掛りむらさきの山
あたたまり静かに眠る明日は吾生きてあるやと問ふこともなく
子のためにけふ七年の法要すうらら春日は蠟の火ゆれず
有為転変すさまじかりし世紀にも心臆せずまだある生命
むかし高麗びと千七百九十九人むさし野に移住すとその子孫かわれも

花のごとく木草の如くわがうから枯れゆくならばそれもすべなし
生きるかひあるかと問はじ天地の一つ生命をわれ今日も愛す
心あわていくばくの金欲しと思ふわが一生の最後の日のため
まつすぐに素朴にいつも生きて来し吾をみじめと思ふことあり
書斎にシャロット・コルデーの絵を掛けて父はゆるしけむ美しき暗殺者を
魚らの冷たいなめらかさを人間仲間が持たばかなしからむ
けふわれのかけし祈願はしら雪のふりつもる冬まで待ちてみむとす

わが祈るひとにはいはれぬ祈りなど羽ありて飛ぶりんごむくとき
花みつつ亡き子の妻と語らふも今日をかぎりと茶をのみてゐる
古き帯の値に得たる千円を働きてとりしごとく錯覚す
なからん後の小さき配分を書きをはりすがしくぞ吸ふ午後のたばこを
うつそみとかかはりもなくわが心いくたびか死にまだ生きてゐる

「砂漠」

＊初期歌篇

末知らぬ野みち山みちいづれにか神のめすらむ方に行かばや
君をして十とせ此世に立たしめば我が百とせも何か惜しまむ

「あけぼの」

忘れむと思ふに消ゆる思かはいきの限りは君をおもはむ
世にふれどあるかひもなし人の親の女を生むは罪にあらずや
のちの世は蝶ともならむ塵ともあれ物おもふ人と又はうまれじ
おそろしき夢よりさめて聞きしかな静かなる夜の五位鷺の声
世を捨てつ世に忘られし父君の御墓かざらむ白百合の花
我たから多くあればと幼児の猫にゆづりし古てまりかな
にごりたる思ひは持たじわが胸にやどれる人の影もくもらむ
人死にていくさ勝ちけむ海の上もこの秋風は吹きて来つらむ

ともすれば狂ひやすしよ我心母と呼ばるゝ身にふさはずも
波けぶる鮫洲の里の村雨に肩ぬらし行く若きごぜかな
行く水のなだらかなるに飽きはてぬあたり砕けむ岩もあれなと
おもねらずはゞからずして世に立たむ父の心はわが生命ぞも
雨あがり燕もわれも若かしのしづくにぬるゝ朝風のみち

「玉琴」

片山廣子年譜

明治十一年（一八七八）　〇歳

二月十日、東京麻布三河台三十五番地にて誕生。吉田二郎、かんの長女。のち妹次《つぎ》、弟精一、東作が生まれる。父は埼玉県大里郡奈良村四方寺（現熊谷市）出身で、慶応二年から明治元年までフランス留学をした俊英。外交官となり、この年にニューヨークに赴任、明治十三年に帰国する。母かんは、素封家吉田六左衛門（六三郎・塾「不朽堂」経営）の長女で学業優秀な高柳二郎を婿養子として迎えた。両親は「香水を手巾《てふき》に撒きてわが父が海彼に住みし一千八百八十年」「むさし野の大きなる家にうまれ出でて母はともしく老いたまひたり」（『野に住みて』）と詠まれた。応接間を西洋化した大きな旧旗本屋敷に住む。十八歳まで居住した思い出深い家となる。

三月、東京中央電信局開業式に初めてアーク燈点火。五月、パリ万博参加。十二月七日、与謝野晶子誕生。

明治十四年（一八八一）　三歳

妹次生まれる。母方の祖父吉田六左衛門没。「わが祖父が長者なりしをおもひ出でぬ映画より夢よりなほ不思議なる」（『野に住みて』）と詠まれた。

一月、東京大火。三月、西園寺公望ら「東洋自由新聞」創刊。

明治十五年（一八八二）　四歳

父が清国公使館（北京）勤務で明治十七年まで単身赴任。父不在中の後見人である大伯父清水卯三郎によって与えられた英語の絵本などで早期に英語に親しむ。

三月、上野帝室博物館開館。七月、東京女子師範付属高等女学校設置、八月、『新体詩抄』刊。

明治十七年・十八年（一八八四・五）　六〜七歳

父帰国。小学校入学。この頃より英国人教師による正式な英語教育を受ける。明治十八年十二月二十八日に、父が米国総領事となり赴任する。

十七〜十八、「女学新誌」「女学雑誌」刊。十八・七、婦人束髪会結成。九月坪内逍遥「小説神髄」発表。

明治十九年・二十年（一八八六・七）　八〜九歳

弟東作生まれる。明治二十年、父米国より帰国する。旧旗本屋敷に西洋間を増築し、応接間の調度などを洋風化する。洋風のセンスや思考が、幼い廣子の記憶に焼きつけられる。一生のなかで最も空想が自由なころだったと回想された時期（「うまれた家」）。

二十年二月、「国民之友」創刊。六月、二葉亭四迷『浮雲』。

明治二十一年（一八八八）　十歳

東京麻布鳥居坂の東洋英和女学校予科二年に編入、寄宿舎生活はじまる。自宅近くであったが父母がニューヨーク在住のために、妹次も同様に寄宿舎にはいる。厳格な躾と、宗教教育を受ける。「むかしわれ神の教を学びつる麻布のすみの灰色の家」（『翡翠』）と詠まれた。三河台の家はアメリカ総領事館ダン参事に貸す。父は母を同伴し、十一月二十四日アメリカ総領事として米国に、また十二月二十日イギリス総領事として英国に着任する。

七月、「東京朝日新聞」、十一月、「大阪毎日新聞」創刊。

明治二十三年（一八九〇）　十二歳

予科三年を終了して、本科へ進む。本科での五年間は、さらに料理、掃除、洗濯など家事に及ぶまで厳しい躾がなされた。料理は得意ではなかったが、折に触れて聖書に接する機会を得て深く馴染んだ時期。新訳聖書研究では校長が詩やシェークスピア劇の文句の引用までして面白く教えてくれたという（「身についたもの」）。父母、弟ともにロンドン在住。十月、母と弟東作が小学校入学準備のために帰国。

一月、森鷗外「舞姫」発表。十一月、帝国ホテル完成。

明治二十四年（一八九一）　十三歳

東洋英和女学校本科二年生となる。父、胃潰瘍のためにロンドンより帰国し、外務省を休職する。弟東作、小学校入学、のち東大を主席で卒業し外交官となる。父は体調不振で、明治二十六年（廣子十五歳）まで外務省休職。

十月、濃尾地震。「早稲田文学」創刊。十一月、幸田露伴「五重塔」発表。

明治二十七年（一八九四）　十六歳

三月二十三日付で父（五十歳）、外務省を退官。六月、廣子自宅に戻る。十二月東洋英和を卒業との記述あり（『目で見る東洋英和女学院の110年』）。

五月、北村透谷自死。八月、日清戦争始まる。

明治二十八年（一八九五）　十七歳

東洋英和を卒業後、自宅で古典や国文学の勉学をする。父の洋書を読破。

一月、「少年世界」「帝国文学」「太陽」創刊。樋口一葉「たけくらべ」発表。四月、日清講和条約調印。

明治二十九年（一八九六）　十八歳

麹町区永田町二の六十六番地に転居。十二月に東洋英和時代の親友新見かよ子とともに、佐佐木信綱を訪ね「竹柏会」に入門する。歌を学び、『源氏物語』の講義を聞く。信綱は十月に「いささ川」を創刊したばかりであり、与謝野鉄幹とともに短歌革新の旗手と目された。「一葉女史は濁り江やたけくらべをかいて、世の中を圧倒してゐた時分のことでした」「中島歌子先生はその頃の一ばんの大家でした。それから佐佐木信綱先生はその頃の新人なのでした。どつちに行かうかと思つて、考へてもきまりがつかず、どつちにしようかな？指で決めてたうとう佐佐木先生のところへ入門しました」（「学校を卒業した時分」）とある。西洋文学に親しむと同時に、日本の古典や和歌への関心が深まる。

一月、森鷗外「めざまし草」創刊。六月、黒田清輝ら「白馬会」創立。十月、佐佐木信綱「いささ川」創刊。十一月、樋口一葉没。

明治三十年（一八九七）　十九歳

三月、「いささ川」（第三号）に初めて歌を発表する。「賤が屋は春の夜ごろぞおもしろきひまもる風も梅が香のして」。次号は「わたし守舟こぎとめて眺むめり角田の川のはなの夕ぐれ」（第四号）。エッセーに「学校を出てから私は佐々《ママ》木信綱先生の神田小川町のお宅まで、歌のおけいこや源氏物語のお講義を伺ふため一週一度づつ通つた」「朝九時ごろ人力でゆき、帰りは十二時ごろ向うを出てぶらぶら歩いて帰ると、ちやうど一時間ぐらゐになつた」（「徒歩」）とある。六月、この頃、随筆や小説を書く。

一月、「ホトトギス」創刊。三月、「ジャパンタイムズ」創刊。八月、島崎藤村『若菜集』。十二月、片山潜ら「労働世界」創刊。

明治三十一年（一八九八）　二十歳

「いささ川」終刊となり、二月に「こころの華」（現「心の花」）創刊。創刊号課題文「新年望嶽」（坂正臣選）が天位になる。以後も雅文が多く入選する。年間を通じて随筆や小説の発表が多い。創刊号の歌は「雪中鶯」の題詠で、「春たてとなほふる雪のさむければ花まちかほにうくひすの鳴く」（信綱選）。

二・三月、正岡子規「歌よみに与ふる書」発表。七月、岡倉天心ら日本美術院創立。十一月、徳富蘆花「不如帰」連載。下田歌子「帝国婦人協会」設立。

明治三十二年（一八九九）　二十一歳

四月六日、日本橋倶楽部における竹柏園大会（第一回）の園遊会に参加。五月以降夏、大蔵省勤務片山貞次郎（明治四年一月四日生まれ、新潟県蒲原郡早通村（現亀田町）出身）と結婚する。歌文の勉強を続ける条件。貞次郎は法科大学（後の東京大学法学部）の特待生で、明治二十九年に卒業。廣子は、結婚後の生活について「両親や仲人たちは若い時だけの相談相手で、その後の彼女のためには良人と子供たち、それに良人の働いてゐる世界とが彼女をとり巻くのである」（「よめいり荷物」）と特に書いている。環境の変化のためか、この年から明治三十三年まで、文章の発表はあるが歌の発表はない。これまでの署名は吉田廣子、または吉田ひろ子。

三月、正岡子規「根岸短歌会」興す。四月、福沢諭吉「新女大学」（時事新報）。十一月、与謝野鉄幹「東京新詩社」創立。

明治三十三年（一九〇〇）　二十二歳

東京本郷区駒込千駄木町五十七番地に居住。先に森鷗外が、後三十六年一月以降夏目漱石が居住し『吾輩は猫である』を執筆した家。現在明治村に保存。六月三日、長男達吉（後吉村鐵太郎の筆名で小説発表）が生まれた。「すでに其頃からして黒塀は鼠色に変つて門の柱はくさり家内は至る所鼠のあなだらけで、屋根にはペンペン草の他の草も見えた。其中に若い夫婦は悠然として明日の日を夢みて居た」（「十一年」）と記している。歌の発表なし。家庭人として歌人としての自己確立に苦悩した時期。

三月、治安警察法公布。四月、与謝野鉄幹「明星」創刊。九月、津田梅子「女子英学塾」開校。

明治三十四年（一九〇一）　二十三歳

九月六日、夫の父恭平死去。夫の肩に実家の未婚の妹五人弟一人の世話など長男としての負担が増す。嫁として幼子を抱えての財政面、病弱な義兄弟の介護など苦労が加わる。その中で雅文、翻訳、小説など創作に励む。弟東作、東京帝国大学法学部英法科に入学。二月、『竹柏園集』第一編に「つゆくさ・折にふれて」十二首発表。最初の翻訳「自然の美」（ミラー著）を「こころの華」誌上に発表。依然、随筆や小説が多い。

一月、正岡子規「墨汁一滴」連載開始。三月、国木田独歩『武蔵野』。四月、日本女子大学校設立。六月、孫文が日本亡命。八月、与謝野晶子『みだれ髪』。

明治三十五年（一九〇二）　二十四歳

五月、駒込千駄木町より牛込区矢来町に転居。晩秋より翌年春まで、貞次郎の療養のため鎌倉坂ノ下に仮住まい。「三とせ我かり住居せし長谷寺のみ山のかげの草の家おもふ」（『あけぼの』）とある。五月、『竹柏園集』第二編に五首発表。「こころの華」誌上に歌の発表はない。育児と介護に専念。

一月、日英同盟調印。九月、正岡子規没。十二月、高山樗牛没。

明治三十六年（一九〇三）　二十五歳

五月四日、貞次郎大蔵省（司計局司計課長）退官。男児流産。六月、弟精一（一高生）死去。作歌、随筆、小説ともにままならず。歌は「こころの華」一月号に一首のみ。

一月、中島歌子没。六月、滝廉太郎没。「馬酔木」創刊。八月、新橋品川間鉄道開通。十月、尾崎紅葉没。十二月、落合直文没。ライト兄弟飛行成功。

明治三十七年（一九〇四）　二十六歳

二月、日露戦争はじまる。「人しにていくさ勝ちけむ海の上も此秋風は吹きて来つらむ」（「声なき星」）と詠まれた。この年も鎌倉に在住。四月、「野みち山みち」七首（「春の海憂ひにみてり病む人の病たすけて磯にたてれば」など）。七月、「さきの世」七首。九月、「声なき星」十五首発表、「世にふれどあるかひもなし人の親の女を生むは罪にあらずや」とも詠んだ。貞次郎の体調回復にむかい、生活は落ち着く。

九月、与謝野晶子「君死にたまふこと勿れ」（明星）発表。十一月、旅順総攻撃。十二月、三越呉服店開業。

明治三十八年（一九〇五）　二十七歳

一月、「にひあめつち」十六首。三月、弟東作帝国大学英法科卒業、成績優秀につき銀時計を授与される。外務省に勤務。「深山木」十首。四月二十日、貞次郎日本銀行調査役となる。五月七日、父吉田二郎死去（六十四歳）。正五位勲四等、品川東海寺に埋葬。「されどそはいつも病につかれ居給ひし父君の御顔なり。…略…また髪あぐとて鏡に向ふ時、わが顔のよく父に似たるよと思ふ時など…略」（「霜月日記」）と親しく回想された。六月末、母と妹次、弟東作は東京本郷区駒込富士前町五十一番地に転居。四方寺の母方の実家が全面的にその面倒をみる。七月、「ふきのわか葉」十九首発表。創作文はなし。歌への感興のあらわれと思われる。

一月、夏目漱石『我輩は猫である』を「ホトトギス」に連載（三十九年まで）。晶子らの『恋衣』。九月、日露講和、ポーツマス条約調印。窪田空穂『まひる野』刊。

明治三十九年（一九〇六）　二十八歳

一月、「天つ国」二十一首。三月、府下荏原郡入新井村（大森新井宿三丁目一三五二に表示変更）に転居。四月、長男達吉小学校入学。五月、「くぬぎ原」三十二首。六月、佐佐木信綱選『あけぼの』上梓、「朝月夜」百首で参加。八月二十日、貞次郎、日本銀行調査局長となる。以後、計算局長、文書局長を歴任。同月、「心の花」に「あけぼの」評（松本信夫）掲載。同文中に「片山女史の歌は調想と相叶つた渾然たる美しき芸術品である。」とある。九月、「うき秋」十六首。十一月「朝空」五十首。妹次に縁談があり、廣子が懐妊する平穏な年。生活の安定を得て作歌意欲の旺盛さが窺える。

一月、与謝野晶子『舞姫』刊。二月、坪内逍遥ら文芸協会発足（十一月「ベニスの商人」上演）。三月、島崎藤村『破戒』刊。四月、夏目漱石「坊ちゃん」発表。九月、晶子『夢之華』刊。十二月、前田夕暮「白日社」創立。

明治四十年（一九〇七）　二十九歳

一月、「八日月」二十首。三月、貞次郎の病気療養のため鎌倉坂ノ下に暮らす。春、妹次、上田恭輔（のち満鉄理事）と結婚し大連に居住。「四の袖」四十七首（巻頭掲載）、「ともすれば狂ひやすしよ我心母と呼ばるゝ身にふさはずも」など。六月、「若樫」三十首発表。八月二日、長女總子（宗瑛の筆名で一時文筆活動）生まれる。同月十一日姪はな子（叔母きせの養子であり、廣子の実兄である恭一の娘）誕生。雅文少なく歌に専念。

一月、帝国ホテル創設。泉鏡花『婦系図』発表。「世界婦人」「平民新聞」創刊。三月、森鷗外の観潮楼歌会開始。九月、田山花袋「蒲団」発表。十月、「新思潮」創刊。スト、争議多発。

明治四十一年（一九〇八）　三十歳

一月、「広野」二十五首。四月、「きみ」百首で『玉琴』に参加。四月二十日、妹次の長女誕生。四月二十五日付「東京朝日新聞」の『玉琴』批評文中に、「片山女史の佳調多きは集中異彩を放てり」とある。七月、「野の花」九首。

一月、「婦人之友」創刊。九月、夏目漱石「三四郎」発表。十月、伊藤左千夫ら「阿羅々木」創刊（翌九月「アララギ」）。十一月、「明星」廃刊。自然主義文学隆盛。

明治四十二年（一九〇九）　三十一歳

一月、「春がすみ」三十四首。四月、「夕空」十四首。五月十四日、日本橋倶楽部における竹柏園第十三回大会に参会。八月、追悼歌一首。九月、「さめたる眼」二十五首。十一月、「見はてぬ夢」二十三首。妹次夫妻は大連にて夏目漱石をもてなす（『漱石全集』第十三巻）。

一月、森鷗外、北原白秋、石川啄木ら「スバル」創刊。三月、白秋『邪宗門』刊。四月、山川登美子没。十二月、竹久夢二画集『春の巻』刊。

明治四十三年（一九一〇）　三十二歳

一月二十日、大伯父（祖母むらの兄）清水卯三郎死去。語学に長け翻訳書も多く、英和辞書『ゑんぎりつしことば』を発刊するなど独創性豊かな人物で、廣子に原書を贈ったり、父不在時期の精神的支柱であり多大な影響を与えた。同月、「いつはりごと」四十八首。春、新井宿三丁目に初の自分の家を新築移転。三月、「胸の灯」三十三首。六月、「花かげ」五十八首。八月、北鎌倉に避暑。十月、

「蜜蜂」三十六首。十二月、「大塚楠緒子ぬしを憶ふ」七首。

三月、前田夕暮『収穫』刊。四月、「白樺」創刊。牧水『別離』刊。五月、「三田文学」創刊。大逆事件。八月、啄木「時代閉塞の現状」発表。十月、尾上柴舟「短歌滅亡私論」(「創作」1巻8号)。韓国併合。十二月、啄木『一握の砂』刊。

明治四十四年（一九一一）　三十三歳

長男達吉は十一歳、長女總子は四歳。「どうも此頃は少しどうかしている、親のいふ事は直ぐには聞かない。「…略…小さい時分には、分り過ぎるやうに分かつた児だつたが、段々逆さに年を取るではないか、これからお前の事は逆年寄といふぞ」と父《とう》さんはいつた。」(「十一年」)と達吉の成長ぶりが窺える。充実した家庭生活を送る。五月「二重心」三十三首、六月「郊外より」十二首、九月「我」二十六首、十二月「楠緒君の一周忌に」二首。口語体の小文「十一年」「風の日」など以外は歌のみ。

一月、大逆事件判決。二月、帝国劇場落成、女優劇始まる。四月、浅草新吉原大火。前田夕暮「詩歌」創刊。九月、平塚雷鳥「青鞜」創刊。十一月、白秋「朱欒《ザンボア》」創刊。

明治四十五年・大正元年（一九一二）　三十四歳

一月、「潜めるもの」五十六首。八月、「わざおぎ人」二十六首。十月、「夢」二十六首。作品発表は歌に限られている。

四月、啄木没(二十六歳)。六月、啄木『悲しき玩具』刊。七月、明治天皇崩御、大正と改元。九月、乃木大将夫妻殉死。十月、「近代思想」創刊。十一月、佐佐木信綱『新月』。十二月、岡本かの子『かろきねたみ』刊。米価急騰。

大正二年（一九一三）　三十五歳

一月「白鳥」百首、五月「けやきの村」百首。達吉府立一中に入学。「草団子」（小説）発表時（「心の花」3月）に初めて筆名「松村みね子」を使う。以後「奥さんの日記」（7〜8月）「いちじく」（10月）など思い出を元にした小説を執筆。「奥さんの日記」に七首。九月、「不尽研究会記事」三首。十一月、同二首。十二月、三越呉服店開催の文芸コンテストに「赤い花」を筆名松村みね子で応募、一等となる。「本名を出す位なら賞金（三百円）も要らぬ、棄権をしてしまふといふ程に謙虚な態度を取つておられる…」と紹介された。

一月、白秋『桐の花』。森鷗外「阿部一族」。四月、中勘助「銀の匙」発表。五月、原阿佐緒『涙痕』。九月、牧水『みなかみ』。十月、斎藤茂吉『赤光』。

大正三年（一九一四）　三十六歳

一月、婦人研究会に橘糸重子、石榑千亦らと出席。二月、「海賊の船」六十八首。四月「わが命」五十四首。四月、總子小学校入学。五月〜八月、「闇の精」（ペイン印度古詩）翻訳。九月「夢使」五十一首。「満月」（レディ・グレゴリー著）の翻訳（「心の花」）を初発表。十月、「園守」、十一月、「新月」（いずれもタゴール）翻訳。灰野庄平らとともに早い時期にタゴール紹介。翻訳への傾倒がこのころよりはじまる。

柳川（芥川）隆之介、四月から十月にかけて「心の花」誌上に短歌、旋頭歌、翻訳などを発表。三月、芸術座「復活」初公演。「カチューシャの唄」流行。四月、「水甕」創刊。夏目漱石「こゝろ」連載。六月、「国民文学」創刊。オーストリア皇太子夫妻暗殺。八月、第一次世界大戦参戦。十二月、東京駅開場。

大正四年（一九一五）　三十七歳

一月、翻訳「黒い髪の女」（ショー）。二月、「青」六十八首。「生くる我とゆめ見る我と手をつなぎ歩み疲れぬ倒れて死なむ」「我が心長きなやみにつかれてはかの抱月の恋をも宥す」「秋の夜は枕にそゝぐ香水の香もさびしけれへリオトロープ」などを含む。四月、翻訳「ほめうた」より（タゴール）十四編。七月、『船長ブラスバオンドの改宗』（ショー）（森鷗外序文）刊。八月、「谷のかげ」（シング）。十月、上田敏「松村夫人の翻訳」掲載。各界から翻訳を絶賛される。歌が少なくなる。

三月、柳原白蓮『踏絵』。五月、窪田空穂『濁れる川』。六月、今井邦子『片々』。七月、「潮音」創刊。八月、白秋『雲母集』。十二月、若山喜志子『無花果』。十月、芥川龍之介『羅生門』発表。この年、婦人のパーマネント始まる。アインシュタイン相対性理論完成。

大正五年（一九一六）　三十八歳

一月、翻訳「喜劇新聞きりぬき」（ショー）。三月、第一歌集『翡翠』刊。六月「心の花」、『翡翠』批評号。小説「偶像破壊の日」。「新思潮」（第四次）に芥川龍之介の『翡翠』評掲載。八月、貞次郎が日本銀行理事となる。「櫛」文中歌、追悼歌以外に「心の花」誌上に歌の発表はない。翻訳「アルギメネス王」（ダンセイニ）。九月、翻訳「大うそつきトニイ、カイトの恋」（ハアデイ）、「うすあかりの中の老人」（イェーツ）「三田文学」。十一月、小説「櫛」。十二月、新井洸『微明』評に参加。「同年頃より鈴木大拙夫人ビアトリス指導のもとに初めてアイルランド文学に親しみ…」（『現代短歌全集・第九巻』自筆年譜、改造社）とある。「アイルランドの人々が肉親のように思われまして、翻訳に没頭したのです…」（阿部光子『その微笑の中に』）とも言う。

一月、森鷗外「高瀬舟」発表。「婦人公論」創刊。四月、アイルランドに叛乱。五月、菊池寛「屋上の狂人」発表。タゴール来日。六月、今井邦子『光を慕ひつつ』。七月、上田敏没。十一月、原阿佐緒『白木槿』。十二月、漱石没。

大正六年（一九一七）　三十九歳

一月「星」十二首。翻訳「アンドロクルスと獅子」（ショー）。二月、翻訳「火の後に」他四編（ダンセイニ）（「三田文学」）。二月、「英語青年」に「閨秀英文学者、片山廣子のアイルランド文学翻訳の労作」を紹介。六月、『いたづらもの』（シング）坪内逍遥の序で刊。十月、翻訳「ユダヤに於けるクレオパトラ」（シモンズ）。「時事新報」記者として菊池寛が来訪、「閨秀文壇唯一の翻訳家＝松村みね子夫人」というインタビュー（上下）を掲載。十一月、「英語青年」に「松村みね子訳『いたづらもの』を読む」（市河三喜）掲載。

一月、茅野雅子『金沙集』。菊池寛「父帰る」発表。二月、萩原朔太郎『月に吠える』。三月、「主婦之友」創刊。五月、杉浦翠子『寒紅集』。十月、「短歌雑誌」創刊。十一月、ソビエト政権樹立。十二月、ポーランド独立。

大正七年（一九一八）　四十歳

一月、翻訳「山の神々」（ダンセイニ）。二月、病気見舞いに対する芥川龍之介の謝礼書簡あり（2月28日付）。四月「やみぬれば」十二首。「六十日いねてありしまに大ぞらのあまつ日のいろ春になりにけり」と詠まれた。五月、歌集評「白蓮さんの歌集」。八月、小説「客室に座して」。童話「魔女の林檎」（「赤い鳥」）を書きはじめるが、歌文の少ない年。

二月、岡本かの子『愛のなやみ』。三月、川田順『伎芸天』。四月、東京女子大創立。七月、「赤い鳥」（鈴木三重吉編集）創刊。十一月、第一次世界大戦終結。武者小路実篤ら宮崎県に「新しき村」建設。

大正八年（一九一九）　四十一歳

貞次郎、腎臓結核と診断される。一月「茶色の犬」十二首。二月無題十首。六月、小説「最初のペイジ」。八月「けふの物おもひ」十七首（「覇王樹」）。九月、翻訳「女王の敵」（ダンセイニ）「三田文学」。「軽井沢にて」十六首（「短歌雑誌」）。短歌、散文、ともに寡作。

一月、松井須磨子自死。三月、朝鮮独立運動おこる。柳原白蓮『幻の華』。四月、「改造」創刊。五月、石原純「相対性原理の研究」で恩賜賞。八月、斎藤茂吉『童馬漫語』。「覇王樹」創刊。北一輝「日本改造法案大綱」脱稿。

大正九年（一九二〇）　四十二歳

三月十四日、貞次郎死去。四月、「心の花」に貞次郎五十歳の死を悼む消息あり。同月、長女總子、聖心女学院入学。七月、「生死」二十六首。「なほりなば嬉しからむと君云ひしそのほそき声夜も日もきこゆ」「子ら二人われと向ひて茶をのめば父かへりたまふ夜のごとおもふ」（「生死」）と夫の挽歌が詠まれた。七、八月を御殿場で過ごす。八月、随筆「かなしみの後に」(「三田文学」)、「私はその夜を思ふと泣きたくなる。涙の中に歓びもある。強いえにしがあればこそ其最後の夜に私が其処にゐて、私の胸が夫の最後の寄りかゝり場となつたのだらう」(「かなしみの後に」)とある。文中、歌三首。九月、随筆「御殿場より」、「ある老人の話」(「覇王樹」)。十月、「秋の家」九首(「時事新報」)。十一月、翻訳「貴婦人」(エミイロウエルの詩四編)。十二月、「秋の野にいでて」十二首。

三月、サンガー夫人来日。戦後恐慌。六月、九条武子『金鈴』。島木赤彦『氷魚』刊。九月、東京帝大、女子聴講生入学許可。十一月、新聞の文体が口語体になる。

大正十年(一九二一) 四十三歳

一月、翻訳「一年の夢」(シャアプ)。三月、長男達吉、第一高等学校英法科を卒業。五月、「静かなる月日」二十六首。「わかき日のさびしき折にいのりつるその神々の遠く思はる」「このひと、とせ我をはなれぬかなしびよ着なれし衣《きぬ》のごとくなつかし」等の挽歌を含む。六月、童話「ペイちゃんの話」(「赤い鳥」)。十月、童話「魔女の林檎」(同誌、十二月まで)。十一月、『ダンセニイ戯曲全集』(警醒社書店)刊、菊池寛序文。翻訳「とり入れ」「黄ろい小路」(ジョセフ・キャンベル)「詩聖」2号。翻訳に力点を置いた。

一月、斎藤茂吉『あらたま』。晶子『太陽と薔薇』。二月、三ヶ島葭子『吾木香』。女子の政談集会参加等の禁止をとく(衆院通過、貴族院否決)。八月、北原白秋『雀の卵』。石原純、原阿佐緒との恋愛問題で休職。十一月、中原綾子『真珠貝』。第二次「明星」創刊。プロレタリア文学論興る。

大正十一年（一九二二）　四十四歳

一月、「ある日のこと」十二首。二月、「かや山のうへ」十二首。四月、「三枝子さまに」十二首。六月、『愛蘭戯曲集・第一巻』（玄文社）刊、広告文に「云ふまでもなく、アイルランド文学の愛好者たる松村さんは此訳者として我国第一人者であることは識者の既に確認一致する所である。一言一句もゆるがせにされない多大な努力、訳文に対する松村さんのご苦心は、…」とある。七月、随筆「むかしの人」。九月、山川柳子宛書簡「わたくしはもう二年間ひとりでどうにか生きてゆくこともおぼえましたほとけさまはわたくしの詩か偶像かとさへ思ふやうになつてまゐりましたがどういたしたものかこの夏ひとなつ軽井澤にまゐつてかへつてまゐりましたらまた二年前のいたい気持がその時のまゝに帰つてまゐりました　毎日何の仕事もしずに疲れた顔をしてくらしてをります。」（9・9）とある。十月、「軽井沢にありて」十二首。

四月、「ポトナム」創刊。九月、「橄欖」創刊。七月、森鷗外死去。十一月、アインシュタイン来日。十二月、アイルランド自由国成立。婦人の断髪流行。

大正十二年（一九二三）　四十五歳

一月、翻訳「アドルフ」（ローレンス）。四月、翻訳「ロドリゲスの記録」（ダンセイニ）。六月、玄文社をやめた長谷川巳之吉の第一書房設立の資金援助をする。（「第一書房の創業」）。七月、『シング戯曲全集』（新潮社）刊。九月一日、東京駅前広場にて関東大震災にあう。十二月、「西の人気者」（『シング戯曲集』に収載）新劇協会により上演（渋谷）。「心の花」に歌の発表はない。

一月、「文芸春秋」創刊。ソビエト社会主義共和国連邦成立。二月、「（中部）短歌」創刊。丸ビル竣工。三月、「香蘭」創刊。八月、帝国ホテル完成。九月、関東大震災。震災により雑誌の休廃刊多し。大杉栄、伊藤野枝扼殺。「船頭小唄」流行。

大正十三年（一九二四）　四十六歳

一月、みね子訳「西の人気者」新劇協会により仙台で上演。（二月帝国ホテル、五月渋谷聚楽座でも上演）。二月、『近代劇大系』刊、九巻英及愛蘭篇に翻訳収載。七〜八月、軽井沢「つるや」に滞在、芥川龍之介と出会う。「…けふ片山さんと『つるや』主人と追分へ行つた。非常に落着いた村だつた」（8月19日付芥川龍之介書簡、室生犀星宛）、「もう一度廿五歳になつたやうに興奮してゐる」（同日付小穴隆一宛書簡）とある。廣子も「あなたは今まで女と話をして倦怠を感じなかつたことはないとおつしやいましたが、わたくしが女でなく男かあるひはほかのものに、鳥でもけものでもかまひませんが女でないものに出世しておつきあひはできないでせうか」（9月5日付片山廣子書簡、芥川宛）との書簡あり。以後東京でも丸善や精養軒などにともに出かけ親交を深める（辺見じゅん『桔梗の風天涯からの歌』）。後に「四十路すぎわれ老いたりと思ひしも遥けくふるき物語なる」（『野に住みて』）と詠まれた。芥川との出会いは、その後の廣子の文筆生活のみならず全余生を彩った。一、二月に翻訳の発表はあるが、歌はまったくない。

四月、「日光」創刊。五月、四賀光子『藤の実』。六月、「文藝戦線」創刊。十月、「文藝時代」創刊。十二月、会津八一『南京新唱』。木下利玄『一路』。新感覚派興る。

大正十四年（一九二五）　四十七歳

三月、翻訳『かなしき女王』（フィオナ・マクラウド著）刊。長男達吉東京帝国大学法学部政治学科卒業。長女總子聖心女子学院卒業。芥川龍之介、旋頭歌「越びと」二十五首を「明星」に発表。「あぶら火のひかりに見つつこころ悲しも、／み雪ふる越路のひとの年ほぎのふみ。／むらぎものわがこころ知る人の戀しも。／み雪ふる越路のひとはわがこころ知る。／現《うつ》し身を歎けるふみの稀になりつつ、／み雪ふる越路のひとも老いむとすあはれ。」に始まり「今日もまたこころ落ちゐず黄昏《たそが》るるむ。／向うなる大き冬樹《ふゆき》は梢《うら》ゆらぎをり。／門《かど》のべの笹吹きすぐる夕風の音《おと》、／み雪ふる越路《こしぢ》のひともあはれとは聞け。」と閉じられており廣子を詠ったものとされる。四月、芥川龍之介の室生犀星宛書簡に廣子を詠んだと思われる詩「歎きはよしやつきずとも／君につたへむすべもがな。／越《こし》のやまかぜふき晴るる／あまつそらには雲もなし。／また立ちかへる水無月の／歎きをたれにかたるべき／沙羅のみづ枝に花さけば、／かなしき人の目ぞ見ゆる。」を記す（『芥川龍之介全集・第二十巻』4・17）。八月、軽井沢に避暑。芥川、室生らと「つるや」に投宿。同月二十七日に追分に行く。二十八日帰京。一、二月に翻訳の発表はあるが、「心の花」に歌はない。

二月、土屋文明『ふゆくさ』。四月、治安維持法公布。五月、岡本かの子『浴身』。釈迢空『海やまのあひだ』。「芸術と自由」創刊。普通選挙法公布。

大正十五年・昭和元年（一九二六）　四十八歳

四月、「西の人気者」新劇協会により上演（帝国ホテル演芸場）。八月、「三田文学」に「日中」十八首。翻訳、歌の発表（「心の花」）ともになし。

一月、「新短歌協会」創立。「日本文藝家協会」創立。二月、「槻の木」創刊。三月、島木赤彦没。七月、釈

迢空「歌の円寂する時」（「改造」）が反響を呼ぶ。十二月、大正天皇没、昭和と改元。十二月、改造社「現代日本文学全集」刊行開始。

昭和二年（一九二七）　四十九歳

六月末、芥川龍之介が堀辰雄の案内で廣子宅を訪れる。七月、『近代劇全集第廿五巻　愛蘭土篇』刊。七月二十四日、芥川龍之介自死。「六月末にふいとわたくしの家を訪ねて下さいました堀辰雄さんを案内にして何かたいへんにするどいものを感じましたが、それが死をみつめていらつしやるするどさとは知りませんでした」「それにしてもわたくしはなんでもかでももうすこし死なずにいらしつていただきたかつたのです」「あけがたの雨ふる庭を見てゐたり／遠くに人の死ぬともしらず」（「山川柳子宛書簡」昭和2・8・8）という切々たる手紙がある。十一月五日、読売新聞に「写真ぎらひ」というインタビュー記事掲載。記事中に「もう翻訳の松村みね子は、年をとつたので廃業しやうかと思つてゐます」との言あり。新しい翻訳、歌作はまったくない。

三月、金融恐慌始まる。十一月、日本歌人協会結成。十二月、「日光」廃刊。

昭和三年（一九二八）　五十歳

九月、『世界文学全集・英国戯曲集』『世界戯曲集・愛蘭劇集』に翻訳収録。二、三の随筆はあるが歌作はない。山川柳子、村岡花子、渡辺とめ子、栗原潔子、小金井素子らと「火の鳥」（婦人雑誌）を創刊。

二月、窪川（佐多）稲子『キャラメル工場から』。三月、イプセン「ノラ」上演（築地小劇場）。全日本無産者芸術連盟（ナップ）結成。七月、特高警察拡充。八月、林芙美子「放浪記」発表。アムステルダムオリンピック。九月、牧水死去。新興歌人連盟結成。十一月、無産者歌人連盟結成。九条武子『薫染』。

昭和四年（一九二九）　五十一歳

七月二十八日、急性腹膜炎、「たうとう二ケ月のあひだ寝たきりで私は何処へもいかれなかつた」（「うちのお稲荷さん」「文藝春秋」昭和5・5）とある。「婦人公論」七月号に「芥川さんの回想」（わたくしのルカ伝）を掲載。九月、『現代日本文学全集』（改造社）第三十八篇・現代短歌集に十六首収載。十月、長男達吉、吉村鐵太郎のペンネームにて、長女總子、宗瑛のペンネームにて雑誌「文學」の同人となる。十一月、『世界文学全集三十五　近代戯曲集』刊。翻訳、歌作ともに新作なし。

七月、長澤美津『氾青』。八月、ツェッペリン伯号霞ヶ浦に飛来。九月、館山一子『プロレタリア意識の下に』。小林多喜二『蟹工船』発禁。十一月、茂吉・前田夕暮ら「空中競詠」。十二月、岡本かの子『わが最終歌集』、九条武子『白孔雀』。自由律新短歌盛ん。世界恐慌始まる。共産党弾圧。労働・小作争議頻発。

昭和五年（一九三〇）　五十二歳

十一月、堀辰雄が廣子や長女總子、辰雄などをモデルとした「聖家族」を「改造」に発表。十二月、『近代劇全集第三十九巻英吉利篇』（第一書房）刊。同月報に「アンドロクルスと獅子、運命の人（ショー）」掲載。「夢が現実の中にはひつて来て暗い世界にあかるみをつける。だからショーの書くものはブリリアントなのだ」とある。「心の花」歌作なし。

一月、釈迢空『春のことぶれ』。坪野哲久『九月一日』（発禁）。三月、内村鑑三没。四月、「エスプリ」創刊。

五月、田山花袋没。七月、前川佐美雄『植物祭』。十月、若山喜志子『筑摩野』。「一路」創刊。十二月、土屋文明『往還集』。モダニズム文学流行。

昭和六年（一九三一）　五十三歳

四月、山下陸奥『春』出版記念会（新橋東洋軒）に参会。九月、『現代短歌全集第十九巻』（改造社）に自選「片山廣子集」収録、近影あり。十二月、長野県軽井沢町大字軽井沢、高瀬（通称愛宕下）に別荘を買いもとめた（前所有米人宣教師ウインン）。昭和三十年に大田黒元雄氏息女鈴子に譲渡、後他者に譲られ現在も檜皮葺きの当時の外観をそのまま保っている。この年以降、翻訳の再録以外に筆名「松村みね子」を用いなくなる。

一月、「短歌作品」「短歌新聞」創刊。四月、「歌と観照」創刊。九月、満州事変始まる。十月、日本プロレタリア文化連盟（コップ）結成。

昭和七年（一九三二）　五十四歳

六月五日、佐佐木信綱還暦記念会（麴町三年町華族会館）に参会。

一月、上海事変。三月、満州国建国。五月、犬養首相暗殺（五・十五事件）。チャップリン来日。七月、ロサンゼルス五輪。九月、前田夕暮『水源地帯』。十月、総合誌「短歌研究」創刊。「日本短歌」創刊。短歌散文化の風潮あらわれる。大日本国防婦人会創立。山本有三「女の一生」発表。

昭和八年（一九三三）　五十五歳

長女總子、山田秀三（後に仙台鉱山監督局長）と結婚。秀三はアイヌ文化研究家でもあり、人類学民俗学に秀でており廣子のよい支持者となる。廣子の墓参を總子の死後も引き継ぐ。七月二十五日、五島茂夫妻歓迎会に参会。「心の花」歌文の発表なし。「短歌研究」一、四、十二月に計二十三首。

二月、『与謝野寛短歌全集』。小林多喜二検挙虐殺。三月、国際連盟脱退。五月、石坂洋次郎「若い人」（「三田文学」）発表。九月、土岐善麿『新歌集作品Ⅰ』。発禁続出。十月、ヒトラー国際連盟脱退。十二月、皇太子明仁誕生。

昭和九年（一九三四）　五十六歳

二月、刀禰館正雄の歌集『旅』出版記念会（交詢社）に参会。「心の花」歌文発表なし。

二月、直木三十五没。三月、『三ヶ島葭子全歌集』。四月、白秋『白南風』。六月、「日本歌人」創刊。九月、竹下夢二没。十月、高村光雲没。七月、室生犀星「あにいもうと」発表。十一月、ベーブルース来日。ニュース映画製作始まる。

昭和十年（一九三五）　五十七歳

四月、「心の花」課題選者の中に名が見える。

二月、天皇機関説問題となる。三月、与謝野寛没。保田與重郎ら「日本浪漫派」創刊。五月、土屋文明『山谷集』。六月、「多磨」創刊。八月、石川達三『蒼氓』第一回芥川賞、川口松太郎『鶴八鶴次郎』第一回直木賞。十二月、生方たつゑ『山花集』。小作争議頻発。

昭和十一年（一九三六）　五十八歳

十月、「庭のうた」六首。十一月、「鎌倉郡本郷村をすぎ横浜にゆける日」六首。十二月、「軽井沢釜の澤附近」五首、「葦原のなかの砂地に立ちとまり人がうしろから来るやうにおもふ」などを含む。この頃から作歌を再開。

二月、2・26事件起こる。五月、「明日香」創刊。七月、五島美代子『暖流』。十二月、石川信夫『シネマ』。十二月、堀辰雄「風立ちぬ」発表。

昭和十二年（一九三七）　五十九歳

六月十三日、佐佐木信綱文化勲章祝賀会参会。一月「柿畑」八首。二月「沼袋百観音」八首、「人々のよろこび心につくりたる観音のすがたみなすこしちがふ」「おもひまどふ一つの事にひかれつゝわれまゐるなり百観世音」などを含む、五月「横浜にて」九首、十一月「猫」八首、十二月「煙草」七首。

六月、川端康成『雪国』。七月、風巻景次郎「短歌と雖も終焉を遂げる時はある」（「日本短歌」）発表。日中戦争始まる。十月、加藤克己『螺旋階段』。

昭和十三年（一九三八）　六十歳

一月、「老人」六首。二月、『新万葉集』（改造社）に三十首収録。三月「金の十字」八首。五月「道路」六首。六月、軽井沢に滞在中、堀辰雄夫妻を訪ねる、「風まじり雨ふる林に杉皮の家ぬれてゐたり君が家なるや」（「短歌研究」9月）とある。七月「市街」四首。十月「千束」十首、「待つといふ一つのことを教へられわれ髪しろき老に入るなり」「あまざかるアイルランドの詩人らをはらからと思ひしわがゆめは消えぬ」などを含む。

四月、国家総動員法公布。七月、「立春」創刊。十二月、『支那事変歌集・戦地篇』（大日本歌人協会編）、『支那事変歌集』（読売新聞編）。

昭和十四年（一九三九）　六十一歳

二月、「母」五首を「短歌研究」に発表、「荒野征きみいくさびとら死ぬものをかく女らはかすかに生くる」など。三月、「二月」十首。四月、「土曜日」九首。五月、母かん（安政三年生れ）死去。「庭」九首。七月、「母」十二首、「かずならぬわが生命さへ母のために一つの樹かげつくりしと思はむ」など。八月、軽井沢滞在中の佐佐木信綱、廣子を訪う。「大崎辺にて」三首。十月、「八月」九首。十一月二十五日、長男達吉結婚。

二月、岡本かの子没。四月、「短歌人」創刊。九月、泉鏡花没。第二次世界大戦始まる。十月、帝国芸術院賞創設、第一回高村光太郎「道程」受賞。

昭和十五年（一九四〇）　六十二歳

二月、「鶺鴒」六首（「鶯」創刊号）、「子とわれとすでにいくつもの波を越えあるときは世に馴れしおもひする」「ひとりなる夜の卓子にわが指と銀器がくろき影をもちたり」などを含む。三月「帰還」五首。五月、母の一周忌を営む。「椿」七首（「鶯」）。六月「桃」六首。七月「軽井沢と砧と」より三首。九月「無題」十首（「鶯」）。十月、長男達吉夫妻のために家（大田区南馬込）を建てる。十二月「菊」五首（「短歌研究」）。

三月、茂吉『寒雲』。五月、会津八一『鹿鳴館』。六月、土岐善麿『六月』。茂吉『暁紅』。七月、坪野哲久『桜』。合同歌集『新風十人』。八月、白秋『黒檜』。筏井嘉一『荒栲』。前川佐美雄『大和』。斎藤史『魚歌』。九月、佐藤佐太郎『歩道』。十月、大政翼賛会結成。十一月、史『歴年』。紀元二六〇〇年式典。

昭和十六年（一九四一）　六十三歳

一月「厚木へ」十二首、「近事」（「短歌研究」）十首、「いくたびか老いゆくわれをゆめみつれけふの現《うつつ》在は夢よりもよし」など。二月「無題」（「鶯」）八首。五月、枡富輝子歌集『月鳳里』の会に参会。「つぼみ」四首。「無題」（「鶯」）十首。七月、「おもひいづる」八首。八月、長女總子が夫山田秀三の転勤（仙台鉱山監督局長、のち内閣東北局長）に伴って仙台に転居。九月「無題」（「鶯」）八首。十月、仙台の總子を訪ねて十日間滞在する。十一月、森敬三歓迎会に参会。「窓」（「短歌研究」）五首。

一月、加藤将之『対象』。三月、栗原潔子『寂寥の眼』。国民学校令公布。五月、館山一子『彩』。七月、佐美雄『白鳳』。十月、大日本歌人協会編『支那事変歌集・銃後篇』。十二月、太平洋戦争始まる。言論出版集会結社等臨時取締法公布。文芸作品大量発禁。米国映画上映禁止。

昭和十七年（一九四二）　六十四歳

大日本歌人協会の評議員に推される。一月、「胡桃」五首、「東北に子の住む家を見に来ればしろき仔猫が鈴ふりゐたり」など。「無題」九首（「鶯」）。七月、「荻窪にて、―なき與謝野晶子夫人のみまへに」八首「大いなるもの終る日の寂しさは君みづからも知りたまひけむ」など。九月、「幸福」五首（「短歌研究」）。「無題」八首（「鶯」）。十月、仙台の總子を訪ね十日間滞在。十一月、「秋」七首、「秋づきて寂しき生活《くらし》狐など訪ひくる支那の物がたりめく」などを含む。

三月、佐美雄『天平雲』。五月、与謝野晶子没。大日本歌人会解散し日本文学報国会短歌部会となる。七月、木俣修『高志』。九月、晶子『白桜集』。十一月、北原白秋没。愛国百人一首選定。十二月、ガダルカナル撤退。同人雑誌の大部分が終刊。新聞統廃合。

昭和十八年（一九四三）　六十五歳

二月、「無題」（「鶯」）十三首。三月、「霜と雪」七首、「ガダルカナル波とみそらと密林にわれらの生命かけて祈らむ」など。「信濃小瀬　大河内國子夫人を懐ひて」七首。四月、仙台に總子を訪ねて十日間滞在。五月、「小田急沿線にて」四首。十二月、「栗」八首。歌壇は戦時色一色となる。

二月、佐美雄『頌歌　日本し美し』。『大東亜戦争歌集・将兵編』柳田新太郎編。米英語の雑誌名禁止。三月、「特集作品・撃ちてし止まむ」（「短歌研究」）。五月、谷崎潤一郎「細雪」（「中央公論」）連載中止。七月、斎藤史『朱天』。九月、『大東亜戦争歌集』日本文学報国会編。十月、出陣学徒壮行会。十一月、白秋『渓流集』。十二月、「学徒出陣の歌」（「短歌研究」特集）。白秋『橡』。英米楽曲の演奏禁止。

昭和十九年（一九四四）　六十六歳

三月、「街の湯」（「短歌研究」）五首、「吾もまた湯気にかこまれ身を洗ふ裸体むらがる街湯《まちゆ》のすみに」など。六月、東京杉並区浜田山（下高井戸四ノ九六五）に家を求めて転居。木村和一（和染家）の紹介による。戦争による強制立退き。七月、「春夜」（「短歌研究」）五首。十一月、「星ぞら」四首。

一月、大都市に疎開命令発令。四月、日本出版会歌誌統合。歌舞伎座、帝劇、日劇閉鎖。七月、サイパン島玉砕。十月、佐藤佐太郎『しろたへ』。

昭和二十年（一九四五）　六十七歳

三月十日、長男達吉の妻の父古屋慶隆（衆議院議員）東京大空襲にて死去。葬儀に参列。三月二十日ごろ、強制疎開により大森の家破壊される。三月二十四日、達吉死去。「使来てわれにいひける言葉なりかならず驚きなさいますな」と詠われた。随筆「軽井沢の夏と秋」（『燈火節』）に哀切な回想記がある。二、三、四月合併号「浜田山にうつり住みて後」三首。九月、「無題」（「短歌研究」）九首。六月八日、軽井沢に疎開（つるや旅館）。八月、弟東作、爆撃にて死亡。十月末帰京。

一月、空襲で各雑誌発行不能。五月、「歩道」創刊。六月、沖縄壊滅。八月、広島長崎原爆投下。日本無条件降伏。九、十月「アララギ」「多磨」「潮音」復刊。

昭和二十一年（一九四六）　六十八歳

二月、「明日」六首。三月、「焼野」五首。七月、「蛇」五首。「過ぎたるもの」（「短歌研究」）七首「もろもろの悲しき事もあやまちも過ぎたるものは過ぎ去らしめむ」など。七月六日、妹次死去（気管支拡張症）。その夫恭輔や長男喜一（慶応病院医学博士）などに囲まれ手厚い介護の末の死で「夫子らに気づかはれつつ病む人を心にしみてわがまもりつつ」（「砂漠」）と詠まれた。八月、「古き家」五首「一枚の紙幣を持ちてけふを過ぎ心しぼみぬ吾を笑ふや」など。九月、「ジープ」六首。十一月、「わが手」五首。

一月、天皇人間宣言。公職追放。二月、新円切替。「人民短歌」創刊。三月、小田切秀雄「歌の条件」（「人

民短歌」)。「まひる野」創刊。五月、臼井吉見「短歌への訣別」(「展望」)。六月、「沃野」創刊。十月、「古今」創刊。十一月、日本国憲法公布。新仮名遣い制定。桑原武夫「第二芸術」(「世界」)。十二月、総合誌「八雲」創刊。食糧危機。「リンゴの唄」流行。短歌俳句否定論。

昭和二十二年(一九四七)　六十九歳

三月十一日、達吉三回忌を営む。「吾子のため三とせの春のまつりすと野に出でてけふはよもぎを探す」(「砂漠」)とある。一月、「いたち」五首。四月、「明けくれに」六首。「浮浪人」(「四季」)十八首「浮浪人の呆《ほう》け心に堕ちたまふなと亡き子来たりて吾に言ひたる」など。六月、「ひばりの歌」十二首。

四月、六三制教育制度実施。五月、桑原武夫「短歌の運命」(「八雲」)。六月、近藤芳美「新しき短歌の規定」(「短歌研究」)。七月、太宰治「斜陽」発表。九月、小野十三郎「短歌的抒情に抗して」(「新日本文学」)。十二月、家制度廃止。

昭和二十三年(一九四八)　七十歳

一月、「一つの星」五首。三月、文学的支援者であった菊池寛死去。六月六日、佐佐木信綱喜寿祝賀記念会に参会。「電気とぼしきこのごろ、わが住む杉並区は夜九時すぎまで停電殆ど毎夜なり」(「一つの星」詞書)の記述あり。九月、『佐佐木信綱自撰歌集』へ歌集評「お声そのままに」。十月「街の湯」五首。

一月、小野十三郎「奴隷の韻律」(「八雲」)。二月、近藤芳美『早春譜』『埃吹く街』。大岡昇平「俘虜記」発表。六月、太宰治自殺。「人間失格」発表。九月、日本歌人クラブ創立。十月、宮柊二『小紺珠』。十一月、

極東国際軍事裁判判決。この年「東京ブギウギ」流行。

昭和二十四年（一九四九）　七十一歳

一月、「ある日」一首。二月、「秋日」（「日本短歌」）七首。三月、「冬の日ざし」十二首。五月、達吉未亡人和子、他家に嫁ぐ。六月、「春の日々」九首「わが子あらず四年を経たる坂の家の花盛りなり別れにと来し」など。十二月、「りんご」八首（「女人短歌」）「人は死に吾はながらへ幾世経て今も親しくいともしたしき」など。

四月、斎藤茂吉『小園』。宮柊二『山西省』。八月、「メトード」創刊。九月、「女人短歌」創刊。十一月、湯川秀樹ノーベル物理学賞受賞。美空ひばりデビュー。

昭和二十五年（一九五〇）　七十二歳

一月、「いちごの花、松山の話など」より、五首。六月、「饗宴」（「短歌研究」）十二首「すばらしき好運われに来し如し大きデリツシヤスを二つ買ひたり」など。八月、「すぎゆく日日」（「短歌風光」）九首。

四月、吉川英治「新平家物語」連載。六月、朝鮮戦争。七月、レッドパージ開始。金閣寺全焼。八月、警察予備隊設置。九月、北見志保子『花のかげ』。十月、生方たつゑ『浅紅』。十一月、葛原妙子『橙黄』。

昭和二十六年（一九五一）　七十三歳

一月六日、妹次の夫上田恭輔死去、教養深く良き相談相手であった。四月、「春の色」（「短歌研究」）

十二首。「蠟の火」(「立春」) 九首「人の子のこのをさなごを愛すればわが亡き後の事をかきおく」など。八月「をんどり」(「短歌研究」) 十二首。「白桃」(「日本短歌」) 五首。九月「秋十首」(「美しい暮しの手帖」)。

一月、釈迢空「女人の歌を閉塞したもの」(「短歌研究」)。四月、前田夕暮没。五月、山田あき『紺』。六月、「未来」創刊。八月、塚本邦雄『水葬物語』。九月、「羅生門」(黒沢明監督)、ベニス国際映画祭大賞受賞。日米安全保障条約調印。

昭和二十七年(一九五二) 七十四歳

一月、夏目漱石の「幻影の盾」現代語訳発表(「婦人朝日」)。二月、「天使」(「短歌研究」) 十二首。三月、「ポプラの小路」(「女人短歌」) 七首。四月、『現代短歌大系 第二巻』(河出書房) に「翡翠」他抄出収載。十月、「暗殺者」(「短歌研究」) 十二首。翻訳、岩波少年文庫『カッパのクー』(オケリー他編アイルランド伝説集) 刊。同二十日、竹柏園大会参集。

二月、佐藤佐太郎『帰潮』。野間宏『真空地帯』。四月、近藤芳美『新しき短歌の規定』。五月、メーデー事件。七月、ヘルシンキオリンピック戦後初参加。八月、『現代短歌全集』・『現代短歌大系』刊行開始。十二月、佐佐木信綱『山と水と』。国立近代美術館開館。

昭和二十八年(一九五三) 七十五歳

六月十日、『燈火節』(暮しの手帖社) 刊、四十八編からなる随筆集。同月角川文庫に「鷹の井戸、カスリイン・フウリハン、心のゆくところ」(イェーツ) の翻訳収載。十二月、「心の花」巻末の『野に住みて』刊行の辞（栗原潔子）に「夫人は今春以来健康がすぐれず」とある。推薦のことばは室生犀星、北見志保子、宮柊二、川田順、日夏耿之介。「感度の高い短歌」（北見）、「潔癖幽邃で…歌商人どもと鋭く対立して来られた」（日夏）、「美しい精神の歌」（宮）などの推薦文。

二月、斎藤茂吉没。テレビ放送開始。三月、「コスモス」創刊。四月、加藤克巳『エスプリの花』。五月、「形成」「地中海」創刊。七月、五島美代子『母の歌集』。斎藤史『うたのゆくへ』。八月、森岡貞香『白蛾』。九月、釈迢空没。「雨月物語」（溝口健二監督）ベニス国際映画祭最優秀賞受賞。十月、柊二『日本挽歌』。「近代（のちの「個性」）」「砂廊（のちの「作風」）」「短歌新聞」創刊。十一月、佐藤佐太郎『純粋短歌』。

昭和二十九年（一九五四）　七十六歳

一月、第二歌集『野に住みて』（第二書房）刊。著者病気がちのため、版元と栗原潔子の尽力による刊行であった。十月、「心の花」に「『野に住みて』を読みて」（久松潜一）掲載、「…平易な詞と日常的な素材によつて淡々と歌いこなされてゐる。それでゐて読んで深い感動を覚えたのは、技術を越えた人間性の深さにあると言へるのであらうか。技術と人間性とが一になつてしまつたとも言へる」とある。十二月、阿部光子の随筆に簡素な自宅病室の描写がある。

一月、角川書店総合誌「短歌」創刊。三月、ビキニ水爆実験。六月、三国玲子『空を指す枝』。三島由紀夫『潮騒』。七月、中城ふみ子『乳房喪失』。自衛隊法施行。八月、ふみ子没。鈴木幸輔『長風』。九月、大野誠夫『行春館雑唱』。十一月、寺山修司「チェホフ祭」で登場（「短歌研究」五十首応募作特選）。菱川善夫「敗北の抒情」・上田三四二（高原拓造）「異質への情熱」（「短歌研究」新人評論入選）。

昭和三十年（一九五五）　七十七歳

四月十二日、軽井沢の別荘を大田黒鈴子（大田黒元雄息女）に譲渡、のち他者の所有となるが、外観は当時のまま現存（平成二十八年現在）。この春、『野に住みて』が芸術院賞候補となる。七月、『燈火節』に対し、第三回日本エッセイスト・クラブ賞がおくられた。「教養と趣味の人であり、早くから文筆家としての一面をもっていた広子の残した珠玉の小章四八篇」（藤田福夫『近代歌人の研究』）であるとの記述がある。

二月、坂口安吾自殺。三月、葛原妙子「再び女人の歌を閉塞するもの」（「短歌」）。五月、馬場あき子『早笛』。七月、石原慎太郎「太陽の季節」（「文學界」）発表、翌年芥川賞。砂川事件。八月、河野愛子『木の間の道』。九月、角川短歌賞創設、第一回該当者なし。十月、山崎方代『方代』。

昭和三十一年（一九五六）　七十八歳

脳溢血により病臥。「脳溢血の発作で病床に伏すようになっても、家政婦の秋山ハツネに、「雨の日は畳にたっぷり香水をまいてね」と言った」（辺見じゅん『桔梗の風　天涯からの歌』）とある。質素ながら毅然とした病臥生活であった。九月、角川文庫『海に行く騎者』（シング）翻訳刊。

一月、現代歌人協会創立。三月、塚本邦雄『裝飾樂句』。邦雄「ガリヴァーへの献詞」（「短歌研究」）大岡信との論争。四月、大西民子『まぼろしの椅子』。七月、経済白書「もはや戦後ではない」。九月、富小路禎子『未明のしらべ』。十月、岡井隆『斉唱』。十一月、上田三四二『現代歌人論』。深沢七郎「楢山節考」発表。十二月、国連加盟。谷崎潤一郎「鍵」発表。前衛短歌運動。

昭和三十二年（一九五七）　七十九歳

一月、「心の花」七〇〇号記念号に「片山広子の人と歌」（栗原潔子）掲載。三月十九日午後八時四十五分、死去。二十二日、告別式（自宅）。喪主、山田總子。「葬送の儀式は仏式であった。佐多稲子、堀多恵子、竹柏会の川田順はじめ大勢の人々が参列した」（阿部光子『その微笑の中に』）。同日夜、總子の手によって芥川龍之介からの書簡が自宅裏庭ですべて焼かれた。三月二十三日、「読売新聞」読者随想「松村みね子さん」（福原麟太郎）掲載。四月二十一日、染井墓地（一種イ六号、六側一番）に埋葬。染井墓地の前には慈眼寺があり、芥川龍之介の墓がある。五月「心の花」片山広子追悼号特集。執筆者佐佐木信綱ほか三十四名。

一月、寺山修司『われに五月を』。三月、四賀光子『白き湾』。山中智恵子『空間格子』。五月、吉本隆明と岡井隆の定型論争（「短歌研究」）。八月、尾崎左永子（松田さえこ）『さるびあ街』。東海村原子力研究所原子炉に原子の火ともる。十月、生方たつゑ『白い風の中で』。ソ連人工衛星打ち上げ成功。この年現代歌人協会賞創設、第一回遠山光栄受賞。この年、「有楽町で逢いましょう」大ヒット。

昭和三十三年（一九五八）　没後

三月二十八日、廣子の旧蔵の洋書一六六冊を日本女子大学に寄贈。

一月、大江健三郎「飼育」。二月、菱川善夫『敗北の抒情』。ロカビリー旋風。六月、寺山修司『空には本』。十月、塚本邦雄『日本人靈歌』。十一月、皇太子妃に正田美智子内定。十二月、東京タワー竣工。一万円札発行。この年、米月ロケット発射。

昭和三十四年（一九五九）

九月、「短歌」（角川書店）に多くの未発表作品を含む「砂漠」（一七一首）掲載される、解説中野菊夫。

一月、NHK教育テレビ、放送開始。メートル法実施。二月、馬場あき子『地下にともる灯』。四月、皇太子明仁親王ご成婚。五月、第十八回夏季オリンピックの開催地、東京に決定。六月、塚本邦雄・岡井隆「前衛批判に応えて」。九月、伊勢湾台風。斎藤史『密閉部落』、葛原妙子『原牛』。十月、久保田正文『第二芸術論時代』。

年譜主要参考資料

『近代歌人の研究』（笠間書房）藤田福夫
『片山廣子全歌集』（現代短歌社）秋谷美保子
『日本の歴史』別巻5（中央公論社）
『野に住みて』（月曜社）片山廣子、松村みね子
『燈火節』（月曜社）片山廣子、松村みね子
『現代短歌大事典』（三省堂）

参考文献一覧

『翡翠』　片山廣子　竹柏会出版部・東京堂　大正5・3・25
『燈火節』　片山廣子　松村みね子　月曜社　平成16・11・30　初版
『野に住みて』　片山廣子　松村みね子　月曜社　平成18・4・30　初版
『燈火節』新編　片山廣子著　月曜社　平成19・12・25　初版
「芥川龍之介宛書簡」　片山廣子　高志の国文学館　平成28・8・14　閲覧
『片山廣子全歌集』　秋谷美保子編　現代短歌社　平成24・4・1
『ダンセイニ戯曲集』　ロード・ダンセイニ著　松村みね子訳　沖積舎　平成3・11・30
『金鈴』　九条武子　竹柏会　大正9・8・25　再版
『幻の華』　柳原白蓮　新潮社　大正9・6・12　第9刷
『踏絵』　柳原白蓮　ながらみ書房　平成26・6・30
『かなしき女王』　ケルト幻想作品集　フィオナ・マクラオド著　松村みね子訳　沖積舎　平成11・11・19
『近代歌人の研究』　藤田福夫著　笠間書院　昭和58・3・31
『写実と象徴』　中野菊夫著　短歌新聞社　昭和60・4・25

『片山廣子―孤高の歌人』　清部千鶴子著　短歌新聞社　平成9・4・2
『現代短歌全集』第一巻　著者代表与謝野鉄幹　筑摩書房　昭和55・12・20　初版
『現代短歌全集』第三巻　著者代表石榑千亦　筑摩書房　昭和56・8・25　初版
『昭和文学全集1』小学館　昭和62・5・1初版
『かげろふの日記遺文』室生犀星　角川書店　昭和52・8・30　14刷
『桔梗の風　天涯からの歌』辺見じゅん　幻戯書房　平成24・9・21
『物語の娘　宗瑛を探して』川村湊著　講談社　平成17・5・31　初版
『永井荷風』小島政二郎著　鳥影社　平成20・3・29　二版
『きれいな風貌　西村伊作伝』黒川創著　新潮社　平成23・2・25
『日本近代詩鑑賞』大正篇　吉田精一著　新潮文庫　昭和38・4・25　14刷
『鷹の井戸』イエーツ、松村みね子訳　角川文庫　平成元・11・15
『花』百年文庫67　森茉莉、片山廣子、城夏子　ポプラ社　平成23・3・10
『日本古典文学全集・古今和歌集』小学館　平成元・4・1
『日本古典文学全集・新古今和歌集』小学館　平成元・12・20
『明治大雑誌』復刻版　流動出版　昭和53・6・1
『大正大雑誌』復刻版　流動出版　昭和53・12・10
『現代短歌大事典』三省堂　平成12・6・10

参考文献一覧

『芥川龍之介全集』第9巻　岩波書店　平成8・7・8
『芥川龍之介全集』第11巻　岩波書店　平成8・9・9
『芥川龍之介全集』第18巻　岩波書店　平成9・4・8
『芥川龍之介全集』第20巻　岩波書店　平成9・8・8
『河童』　芥川龍之介　岩波文庫　平成元・7・15　第26刷
『芥川龍之介』　吉田精一　新潮社　平成6・7・20　21刷
『芥川竜之介俳句集』　加藤郁乎編　岩波文庫　平成23・9・26　3刷
『眼中の人』　小島政二郎著　岩波文庫　平成7・4・17　初版
『芥川龍之介』　小島政二郎著　講談社文芸文庫　平成20・8・10　初版
『芥川龍之介と現代』　平岡敏夫著　大修館書店　平成7・7・20　初版
『堀辰雄全集4　物語の女』　堀辰雄著　角川書店　昭和39・4・25　初版
『物語の女　モデルたちの歩いた道』　山本茂著　中央公論社　平成2・5・10
『白蓮れんれん』　林真理子著　中央公論新社　平成26・5・25　5刷
『その微笑みの中に』　阿部光子著　新潮社　平成4・5・10
『私とは何か』　上田閑照徒　岩波新書　平成12・4・20
『山川菊栄評論集』　山川菊栄著　岩波文庫　平成11・4・26　2刷
『宮本百合子全集』第11巻　新日本出版社　平成13・6・1

『日本女性の歴史』角川選書237　総合女性史研究会　角川書店　平成5・3・25　初版
『日本女性の歴史』同225　同　同　平成4・3・30　初版
『明治の表象空間』　松浦寿輝　新潮社　平成26・5・30　初版
『近代日本文学案内』　十川信介　岩波書店　平成20・4・16　初版
『明治大正文学史』　新間進一　東京堂　昭和23・11・30　初版
『世界名詩名訳集』世界詩人全集24　河盛好蔵編　新潮社　昭和43・8・20
『馬込文学地図』　近藤富枝　中公文庫　昭和59・6・10
『信濃追分文学譜』　近藤富枝　中公文庫　平成7・2・18
『田端文士村』　近藤富枝　中公文庫　平成15・12・20
『三ヶ島葭子研究』川合千鶴子ほか　古川書房　昭和51・2・25
『歌ひつくさばゆるされむかも』秋山佐和子　ＴＢＳブリタニカ　平成14・8・8
『白き湾』四賀光子　短歌新聞社　平成5・4・20
『与謝野晶子歌集』吉田精一編　旺文社文庫　昭和44・6・10
『24のキーワードで読む　与謝野晶子』　今野寿美　本阿弥書店　平成17・4・30
『明治新聞事始め』興津要　大修館書店　平成9・3・10
『大正俳句のまなざし』　小島健著　ＮＨＫ出版　平成22・10・1
『村岡花子と赤毛のアンの世界』岡村理恵編　河出書房新社　平成25・3・30

『花子とアンへの道』 村岡恵理編 新潮社 平成26・4・20
『ケルトの風に吹かれて』辻井喬 鶴岡真弓 北沢図書出版 平成6・12・24
『ケルト民話集』 フィオナ・マクラウド著 荒俣宏訳 ちくま文庫 平成3・9・24
『黒髪考、そして女歌のために』日高堯子 北冬舎 平成3・11・10
『ファンタジーの森から』井辻朱美 アトリエOCTA 平成6・7・15
『野口英世とメリー・ダージス』飯沼信子 水曜社 平成19・11・9
『日本の歴史』別巻・年表・地図 中央公論社 昭和42・9・14 初版

＊

「心の花」 竹柏会 明治38・1〜12
「明星」 3月号 与謝野寛編集 「明星」発行所 大正14・3・1
「婦人公論」 近代人物女性史・片山広子（近藤富枝） 婦人公論社 昭和40・11
「幻想文学」 2号 幻想文学会出版会 昭和57・11
「短歌」 昭和34年9月号 角川書店 昭和34・9・1
『短歌』 平成21年6月号 角川書店 平成21・6・25
「短歌」 平成26年9月号 角川書店 平成26・8・25
「NHK短歌」 平成26年4・5月号 NHK出版 平成26・3・20、同4・20
「歌壇」 平成24年10月号 本阿弥書店 平成24・10・1

「鈴木大拙　没後四十年」　河出書房　平成18・5・30

＊

「軽井沢高原文庫通信」第30号　軽井沢高原文庫　平成8・2・15
「軽井沢高原文庫通信」第31号　軽井沢高原文庫　平成8・4・25
「軽井沢と文学」　軽井沢高原文庫　平成4・9・5
「史料室だより」No.67　東洋英和女学院史料室委員会　平成18・11・30
『馬込文士村』　大田区立郷土博物館　平成26・9・6
『日本近代文学館年誌』資料探索9　日本近代文学館　平成26・3・20
「近代文学の一五〇年」　日本近代文学館　平成28・4・2
平成27年度「高志の国文学館紀要」第1号　高志の国文学館　平成29・1・13
「歌人片山廣子と翻訳者松村みね子」　与那覇恵子　平成26・10・5
堀辰雄文学記念館常設展示図録　堀辰雄記念館　平成15・7・12
朝日新聞「片山広子死亡欄」　朝日新聞社　昭和32・3・21

後　記

本書は、平成二十七年四月から同二十九年九月までの二年半の間に三十回にわたって、短歌総合雑誌「歌壇」に連載した「片山廣子ノート・胸もゆるかな」に一部加筆し、さらに改題して纏めたものである。長く書き継いだ片山廣子についての連載を無事に終了し、一冊に纏める運びとなり感慨深い。

片山廣子の歌と生涯に深く心を奪われたのは、十年ほど前のことだ。必要があって芥川龍之介の小説『羅生門』の推敲について調べていたときだった。芥川は、この小説を「帝国文学」（大正4・11）に最初に発表してから後、数度の推敲をした。その卓越した推敲に感心しつつ、芥川の人間的な魅力にも多く触れることになり、余技とも思われる俳句、短歌にまで深い関心をもつことになった。それが、廣子を対象に詠った抒情豊かな芥川の旋頭歌「越びと」（「明星」大正14・3）二十五首を丁寧に読むきっかけとなった。

あぶら火のひかりに見つつこころ悲しも、／み雪ふる越路のひとの年ほぎのふみ。
むらぎものわがこころ知る人の戀しも。／み雪ふる越路のひとはわがこころ知る。
言《こと》にいふにたへめやこころ下に息づき、／君が瞳《め》をまともに見たり、鳶いろの瞳《め》を。
ひたぶるに昔くやしも、わがまかずして、／垂乳根の母となりけむ、昔くやしも。

「越びと」とは片山廣子を指しているが、彼女は東京の人である。第一歌集の「空ちかき越路の山のみねの雪夕日に遠く見ればさびしき」（『翡翠』）という軽井沢で詠まれた歌に因むと思われる。軽井沢は、大正十三年、芥川と廣子が初めて出会った思い出の地だ。夫を亡くしてから四年目の廣子は四十六歳であり、芥川は三十二歳の夏であった。年齢差を厭わず、「わがこころ知る人」と彼が愛情を寄せ信頼しきった廣子、西洋風の鳶色の瞳をした廣子、「ひたぶるに昔くやしも」と詠わずにはいられなかった佳人廣子とは、どのような歌を詠み、どのような生涯を送ったのか、これまで以上につよく興味を惹かれた。

芥川晩年の作品『或阿呆の一生』の第三十七節には、こうもある。

彼（筆者注・芥川）は彼と才力の上にも格闘出来る女に遭遇した。が、「越し人」等の抒情詩を作り、僅かにこの危機を脱出した。それは何か木の幹に凍った、かがやかしい雪を落すように切ない心もちのするものだった。

風に舞ひたるすげ笠の／何かは道に落ちざらん
わが名はいかで惜しむべき／惜しむは君が名のみとよ。

「或阿呆の一生」昭和2・10

当代一の知者であった芥川が、その「才力」に感嘆したという明治生まれの女性歌人への関心は、一層掻き立てられた。「心の花」の同門の齋藤史が「そのものごしのうつくしさ、心の据えかたの聡明さ、心ひかれるお人柄でございました」とのべているのも目にとまる。

小高賢編著の『近代短歌の観賞77』（平成14・6）にも、明治期の女性歌人としてまず最初に廣子の名が挙げられている。与謝野鉄幹、尾上柴舟、島木赤彦、窪田空穂の次だ。晶子や白蓮に比して語られることの少ない片山廣子だが、明治大正の封建社会に生きた女性歌人として、困難な短歌革新の道をたしかに切り拓いた一人であった。

作歌以外にも翻訳に力を注ぎ、特にアイルランド文学に於いては先駆的な翻訳家松村みね子として名を知られている。歌にとどまらない廣子の仕事の幅の広さと質がうかがえるのである。外交官の娘に生まれ、日銀理事の夫との家庭を守り、夫や息子など家族を次々に失う不幸にねばりづよく耐えて、七十九歳の生涯を全うした。その心中には、決して他言できない深い精神的支柱として芥川龍之介の存在があった。芥川の出自の寂しさや不安、自然主義台頭期の文学的混迷、往古来今にわたる彼の知の深さと人間的優しさなどが混然一体となって、廣子の文学を包み込んだのだった。

翻訳や戯曲についてはは、まったくの門外漢であり、残念ながら深く触れることができなかった。しかし、連載終了直前の平成二十九年の春、松村みね子、すなわち片山廣子翻訳になるアイルランド近代劇の公演案内が、手元に届けられた。アイルランドと日本の外交関係樹立六十周年記念の年に当たり、記念行事の一環として廣子の翻訳劇が上演されるというのだ。その脚本は、大正三年に廣子が最初に発表した記念すべきアイルランド劇であった。

日暮里の小さな劇場で、三月十五日から十九日まで、松村みね子訳ジョン・ミリントン・シング作「谷のかげ」と、グレゴリー夫人作「満月」が上演された。どちらもアイルランドの片田舎でくりひろげられる濃密な愛憎劇である。偏狭な村社会に住む人々の耐えがたい閉塞感と、老いへの恐れ、狂気と正気の見分けがたさといった一筋縄では解けない問題が、庶民生活に分け入って緻密に描かれている。劇中にはスラングが飛び交い、訛りが混ざるセリフがじつに多い。深窓に育った廣子が、どのようにしてこうした荒くれ男たちの言葉を翻訳し得たのか不思議に思われるほどだ。こうした底辺の階級の閉塞感をなぜわがものとして訳し得たのか、狂気に隣接する心情をなぜここまで理解し得たのか、観劇後の思いは深い。穏やかで高貴な雰囲気を生涯失わなかった廣子の内面に渦巻く深い飢えと情熱を覗き見るような思いであった。特にグレゴリー夫人作の「満月」は、大正三年一月号の「心の花」に初めて掲載されたアイルランド劇であり、廣子は三十六歳だった。当時の抑圧された社会に対する静かな反骨のエネルギーの噴出口となったのが、民族の解放運動に繋がる翻訳だったと思われる。廣子の心の底の強いレジスタンスをここにはっきり見たと言っていい。

シングの「谷のかげ」（大正四年訳）は、谷間に住む若い女性の生きる道の狭さへの焦燥感と、初老期の男の老いへの恐れが描かれている風刺劇だ。晩年の歌集『野に住みて』には、老いの歌が数多くあった。アイルランド劇の辛辣さと苦さを自己の焦燥感に重ね、長い時間をかけて消化したかなたに、諦観にみちた静かな老いの歌があったのだろう。廣子の歌の真の深みは、その意味深い全活動の俯瞰なくしてはとても理解し得ない。

「谷のかげ」と「満月」を演じた劇団「俳小」を率いる斉藤真《しん》氏に、この劇の翻訳は松村みね子のもの以外にないのですかと尋ねると、「そんなことはないです。でも松村みね子の翻訳が断然いいのです」との答えだった。大正初期に訳された脚本が一番いいとは驚きだ。百年前の一女性、片山廣子の力量に感服する。最前線で演じる俳優や演出家の評価は、机上の理論ではなく、実際に演じる人の実感として貴重であり、忘れられない言葉だ。

西洋の月は古来、狂気の譬えでもある。狂気を誘う皓皓たる満月に本性をあばかれる劇「満月」をアイルランド文学として最初に選び、翻訳した廣子の真意は書き残されていない。しかし、廣子が生涯にわたって敬愛したグレゴリー夫人の「満月」は、人間がみなどこかに狂気を秘めながら、社会人として一律に生きていかねばならない現代の悩みにも重なる。

廣子が歌人であったからこそ、魅力的な翻訳が可能だったと同時に、翻訳という窓からまったく違う世界をのぞいたことによって、歌人としての深みと幅が生まれたとも言える。本書では、常に片山廣子という名のもとに、歌も散文も翻訳も述べてきたが、それら全てが廣子の切り離しがたい属性であったと思うからである。

本書は大きく四部に分け、Ⅰ部「時間と抒情　歌にたどる廣子」、Ⅱ部「越境の精神　散文と翻訳にたどる廣子」、Ⅲ部「匂いたつ思慕　書簡にたどる廣子」、Ⅳ部「廣子歌枕　場所にたどる廣子」として、片山廣子の全体像をたどる構成とした。本書の内、「軽井沢探訪」は、短歌総合雑誌「短歌往来」（平成24・6）に「家族と革新」と題して掲載した稿と同誌（平成30・3）に「記憶と文学」と題して発表した稿、及び中部短歌会機関誌「短歌」に四回にわたって連載した随筆を含んでいる。それぞれが独立した項目であり、どこから読んでも廣子の心に触れることができると思っている。

各項目ごとに代表歌を先立てたので、つねに歌と離れることなく、歌に添って揺れ動く廣子の心が垣間見えると思う。年譜は、各種の先行年譜を参考にして、歌を織り込み、社会の出来事をも書き添えて、時代との関連に配慮した。代表歌として著者選の一二五首を添えて参考とした。雅文、随筆、小説、脚本など多岐にわたる文筆作品を充分には紹介しきれなかったが、さらなる研究のよすがとなれば、これ以上の幸せはない。

連載中に、思いがけなく芥川龍之介宛の片山廣子書簡十四通の初公開があり、また期せずしてアイルランド・日本外交関係樹立六十周年という記念の年にもめぐり合った。また、廣子没後六十年という意味のある年に連載を完了し、生誕一四〇年の今年、一冊に纏めることができるのは望外の喜びである。

連載という場にお誘い下さった本阿弥書店の奥田洋子さん、上梓を勧めて下さいました本阿弥秀雄さん、そしてこまごまとアドバイスをいただきました編集部の安田まどかさんに心からの感謝を申し上げます。また、常に温厚に支援して下さる中部短歌会の大塚寅彦代表に感謝いたします。同会の長谷川と茂古さんにはさまざまな情報の提供をいただき、惜しみない協力をいただきました。また高志の国文学館のご協力も忘れられません。装幀の小川邦惠さん、ほか多くの方々のご厚意をいただき本書が上梓されました。記して厚く御礼申し上げます。

平成三十年三月十九日

古谷智子

著者紹介

古谷智子（ふるや　ともこ）

1944年（昭和19）12月18日生まれ。青山学院大学卒業。75年、「中部短歌会」入会。現在同会編集委員、選者。春日井建、稲葉京子に師事。歌集に『神の痛みの神学のオブリガート』（85年、ながらみ書房）、『ロビンソンの羊』（90年、同前）、『オルガノン』（95年、雁書館）、『ガリバーの庭』（2001年、北冬舎）、『草苑』（11年、角川書店）、『立夏』（12年、砂子屋書房）、評論集に『渾身の花』（93年、砂子屋書房）、『歌のエコロジー』（共著、94年、角川書店）、『河野裕子の歌』（96年、雁書館）、『都市詠の百年』（2003年、短歌研究社）、『幸福でも、不幸でも、家族は家族』（13年、北冬舎）がある。

片山廣子　―思ひいづれば胸もゆるかな

平成三十年七月七日　第一刷
令和元年五月二十四日　第二刷

著　者　古谷　智子
発行者　奥田　洋子
発行所　本阿弥《ほんあみ》書店
東京都千代田区神田猿楽町二―一―八　三恵ビル
〒一〇一―〇〇六四
電話　（〇三）三二九四―七〇六八（代）
振替　〇〇一〇〇―五―一六四四三〇
印刷・製本＝三和印刷
定価はカバーに表示してあります。

ISBN978-4-7768-1348-4 C0092(3064)　Printed in Japan